刑事立法与刑法解释前沿问题研究

田馨睿 洛桑东洲 李 红 著

北京理工大学出版社
BEIJING INSTITUTE OF TECHNOLOGY PRESS

内容简介

本书分为上下两编，上编为刑事立法与刑法解释方法，具体内容包括犯罪扩张与刑法解释应对、刑法立法扩张的刑法论反思及立法事实论的提倡、刑法解释方法：争议与检讨。在犯罪扩张与刑法解释应对中，关注了重大公共安全、秩序的犯罪扩张与刑法解释应对、新型危害行为的犯罪扩张与刑法解释应对，以及微罪的犯罪扩张和刑法解释应对。在刑法立法扩张的刑法论反思及立法事实论的提倡中，对刑法保护机能与保障机能的协调、冲突和纠缠，风险刑法理论与功能主义刑法观的检视，象征性立法、情绪化立法的警惕与规避，立法事实理论的建立与提倡进行了梳理。在刑法解释方法：争议与检讨中，包括法律解释方法的内涵、刑法解释方法的价值、刑法解释方法的种类与关系。

下编是刑法分则罪名前沿问题解释、金融犯罪典型罪名刑法解释与适用，其他典型罪名与行为的刑法解释适用。包括非法吸收公众存款罪的刑法解释与适用、互联网金融视野中的非法吸收公众存款罪、信用卡诈骗罪的刑法解释与适用、集资诈骗罪的刑法解释与适用、对"环境污染司法解释"非法经营罪条款的再解释、环境资源行政执法与刑事司法的衔接和联动机制、"敲诈勒索公私财物"的解释适用、制售网络游戏外挂行为的刑法学分析。

版权专有　侵权必究

图书在版编目（CIP）数据

刑事立法与刑法解释前沿问题研究／田馨睿，洛桑东洲，李红著. —北京：北京理工大学出版社，2020.11
　ISBN 978-7-5682-9253-5

　Ⅰ.①刑…　Ⅱ.①田…　②洛…　③李…　Ⅲ.①刑法－立法－研究－中国　②刑法－法律解释－研究－中国　Ⅳ.①D924.04

中国版本图书馆 CIP 数据核字（2020）第 228583 号

出版发行／北京理工大学出版社有限责任公司
社　　　址／北京市海淀区中关村南大街5号
邮　　　编／100081
电　　　话／（010）68914775（总编室）
　　　　　　（010）82562903（教材售后服务热线）
　　　　　　（010）68948351（其他图书服务热线）
网　　　址／http：//www.bitpress.com.cn
经　　　销／全国各地新华书店
印　　　刷／河北盛世彩捷印刷有限公司
开　　　本／710毫米×1000毫米　1/16
印　　　张／14
字　　　数／244千字
版　　　次／2020年11月第1版　2020年11月第1次印刷
定　　　价／85.00元

责任编辑／时京京
文案编辑／时京京
责任校对／刘亚男
责任印制／李志强

图书出现印装质量问题，请拨打售后服务热线，本社负责调换

目 录

上编　刑事立法与刑法解释方法

第一章　犯罪扩张与刑法解释应对 ……………………………… 3
第一节　重大公共安全、秩序的犯罪扩张与刑法解释应对 ……… 3
第二节　新型危害行为的犯罪扩张与刑法解释应对 ……………… 15
第三节　微罪的犯罪扩张和刑法解释应对 ………………………… 18
第二章　刑法立法扩张的刑法论反思及立法事实论的提倡 …… 22
第一节　刑法保护机能与保障机能的协调、冲突和纠缠 ………… 22
第二节　风险刑法理论与功能主义刑法观的检视 ………………… 23
第三节　象征性立法、情绪化立法的警惕与规避 ………………… 29
第四节　立法事实理论的建立与提倡 ……………………………… 33
第三章　刑法解释方法：争议与检讨 …………………………… 40
第一节　法律解释方法的内涵 ……………………………………… 40
第二节　刑法解释方法的价值 ……………………………………… 46
第三节　刑法解释方法的种类与关系 ……………………………… 49

下编　刑法分则罪名前沿问题解释

第四章　金融犯罪典型罪名刑法解释与适用 …………………… 65
第一节　非法吸收公众存款罪的刑法解释与适用 ………………… 65
第二节　互联网金融视野中的非法吸收公众存款罪 ……………… 91
第三节　信用卡诈骗罪的刑法解释与适用 ………………………… 108
第四节　集资诈骗罪的刑法解释与适用 …………………………… 144
第五章　环境资源犯罪刑法解释与行刑衔接 …………………… 165
第一节　对"环境污染司法解释"非法经营罪条款的再解释 …… 165
第二节　环境资源行政执法与刑事司法的衔接和联动机制 ……… 178
第六章　其他典型罪名与行为的刑法解释适用 ………………… 194
第一节　"敲诈勒索公私财物"的解释适用 ……………………… 194
第二节　制售网络游戏外挂行为的刑法学分析 …………………… 208

上编
刑事立法与刑法解释方法

第一章
犯罪扩张与刑法解释应对

第一节 重大公共安全、秩序的犯罪扩张与刑法解释应对

1997年修订后的《刑法》实施二十年来，共颁布了10个《刑法修正案》，《刑法修正案一至七》修改、补充、完善62条，《刑法修正案（八）》则达到50条，《刑法修正案（九）》达到52条。《刑法修正案（十）》之后刑法罪名总数达到470个，涉及分则个罪构成要件与处罚原则，更涉及总则刑罚结构、制度等，总体上方向是刑法扩张化趋势明显。[①] 我们认为刑法扩张化首先鲜明地表现为犯罪、刑罚的量和质扩张：首先是"标记"犯罪的立法过程中呈现出强烈的扩张化特点，在形式上犯罪范围的扩大，罪名数目增加，构成要件扩大，犯罪形式呈现多样性。实质上降低犯罪门槛，前置刑法干预起点，体现出鲜明的预防性；其次，在"创造"刑罚过程中，宽严并存，但总体上倾向于适用更严厉的刑事处罚。

基于刑法扩张化的实践状态，我们在分析其发生的规律后发现，这种扩张是犯罪和刑罚整体性的扩张，这种扩张的背后是犯罪论和刑罚论的观念扩张，是在刑法论意义上扩张的结果，可以说是相关刑法论对犯罪论、刑罚论起到深层次的影响。风险刑法理论呼应了风险社会的观念，功利主义刑法观产生了积极刑法观、预防性刑法观等形式，在立法活动中得到相当程度的体现，这需要我们的审视与反思，同时也产生了象征性立法、情绪化立法的现象，也必须得以警惕和限制。为此，我们主张刑法扩张必须基于确定的客观事实，并且这样的客观事实具有相当的法益保护必要性。在以上思路和观念的指引下，我们的刑法解释予以相应展开，对刑法扩张的实践现状予以解释性的消解，扬长避短，将立法的总体思

[①] 特别是《刑法修正案（八）》《刑法修正案（九）》修改罪名多，方式多样，内容复杂，在本文中不再一一赘述，而是针对某些具有代表意义的犯罪加以列举，并结合分析以归类表述。对于这方面的研究著述也有不少，具有代表有：梁根林：《刑法修正：维度、策略评价与反思》，载《法学研究》2017年第一期；刘仁文：《刑法修正评估与立法科学化》，社会科学文献出版社2018年版；喻海松：《刑法的扩张》，2015年版等。

想与具体犯罪论和刑罚论相结合，解释分析刑法扩张化在犯罪、刑罚的具体实际展开，提出其立法扩张的必然性，并将这种扩张性合理解释限定在立法事实轮的框架下。

刑法扩张化反映了犯罪论方面的基本态度，在相关学术理论的背后往往体现出一定方面的共同性：行为无价值理论、抽象危险犯理论可以说是刑法扩张化的犯罪论基础来源，结合风险刑法理论，在功利主义刑法观的影响下，持这样观点的犯罪论者更容易接受、主张刑法的扩张化，并且为刑法扩张化在犯罪论上的实现方式提供了理论支撑，如将具体危险犯抽象危险化，结果犯罪行为犯化、帮助行为正犯化，等等。同时，针对具体犯罪的扩张，争议一直存在，特别是涉及重大公共安全犯罪、新型危害行为、轻微危害行为的犯罪立法扩张，支持和质疑的声音一直存在：对于涉及重大公共安全的犯罪扩张化，支持和接受的立场占有主流，但对于个别类型犯罪下的个别罪名的设立、修改仍然有较大的讨论空间，诸如恐怖主义犯罪、食品药品犯罪、交通安全犯罪、环境犯罪等类型犯罪，个别罪名的争议还十分激烈，如危险驾驶罪，支持和反对声音都很响亮，理由都似乎各自充分；对于新型危害行为的犯罪化，积极予以犯罪化和谨慎予以对待同时并存，个别领域如网络犯罪已经体现了立法扩张的立场，而人工智能、基因领域等，刑法仍然保持了谦抑和限缩；而对于轻微危害行为的犯罪扩张的现状，刑法理论界则争议巨大，有观点支持轻微危害行为的犯罪化，认为这种犯罪化是劳动教养制度退出后的正常反映，同时也有观点对扩张化的提出质疑和担忧，对于其入罪的理由、带来的后果、社会管理效果等都有巨大的讨论空间。

对于犯罪扩张化的态势，我们要认真加以分析对待，并提供相应的刑法解释的方向和态度。对于不同的犯罪扩张，我们要从犯罪化是否符合客观实际、是否具有必要性、入罪的司法效果等角度予以分析探讨，从而得出其犯罪化的正当性和必要性是否充足；在此基础上，在立法活动相对稳定、滞后的特征下，充分发挥刑法解释的灵活特性的特征，使犯罪的适用更加周延完美。针对入罪具有客观性、必要性的犯罪，予以适度的积极、预防主义的刑法解释，使刑法解释更加有利于入罪；而对于入罪客观性、必要性欠缺或具有较大争议的，刑法解释要保持审慎和谦抑，使刑法解释成为出罪机制的有力保障。

涉及重大公安安全、秩序的刑法活动，是近年来立法活动的主要内容，也是公民、社会、国家都共同予以高度关注的立法内容，不论大家是否承认风险刑法理论，不得不承认的是，"全球风险社会已经到来，风险无处不在是不争的事实"。① 涉及公共安全、秩序的风险尤为突出，基本上可以说是刑法的重点关注类型，扩张的广度、深度都是明显的。下面我们就涉及重大安全犯罪的几个重点领域予以专门讨论。

---

① 梁根林：《刑法总论问题论要》，北京大学出版社 2018 年版，第 44 页。

一、重大公安安全犯罪的扩张与刑法解释应对——以恐怖主义犯罪为例

（一）我国恐怖主义犯罪扩张的历史演进

我们对恐怖主义犯罪的刑事立法在我国有 20 年的历史演进予以简单梳理：

恐怖主义犯罪的确立阶段：1997 年《刑法》对恐怖主义犯罪做出了明确规定，首次规定了组织、领导、参加恐怖组织罪，该罪名的内容里首次出现了"恐怖活动""恐怖活动组织"等概念，有学者提出这一阶段包括了纯正恐怖活动犯罪和不纯正恐怖活动犯罪。[①] 纯正恐怖活动犯罪就是指组织、领导、参加恐怖活动犯罪；不纯正恐怖活动犯罪指各种危害公共安全，和恐怖主义息息相关的犯罪。

恐怖主义犯罪体系初步建立阶段：在"9.11"后全世界严峻的反恐形势，并结合我国的反恐形势，适时在《刑法修正案（三）》增设"资助恐怖活动罪"；在洗钱罪的上游犯罪类型中增加了将恐怖活动犯罪；加重法定刑。这一阶段恐怖主义犯罪体系初步建立，处罚力度严厉化。

恐怖主义犯罪体系进一步完善阶段：主要源于我国面临的国内外严峻的反恐局势，特别是 2008 年后，在我国新疆地区出现了极端主义、分裂主义、民族主义为主的恐怖主义活动，并且向内地蔓延，为此主要是《刑法修正案（八）》《刑法修正案（九）》的恐怖主义犯罪相关密集型的立法。一是刑罚规定增加了对恐怖主义犯罪限制减刑、成立特别累犯、限制假释的规定，对恐怖主义犯罪增设财产刑；二是增设恐怖主义相关类型犯罪，增设帮助恐怖活动罪以吸收之前的资助恐怖活动罪，增设准备实施恐怖活动罪以将帮助行为正犯化处理，增设强制穿戴宣扬恐怖主义、极端主义服饰、标志罪，非法持有宣扬恐怖主义、极端主义物品罪，利用极端主义破坏法律实施罪；三是将恐怖主义犯罪增加进其他犯罪内容中，在拒绝提供间谍犯罪证据罪中增加拒绝提供恐怖主义、极端主义犯罪证据，在偷越国境罪中增设"为参加恐怖活动组织、接受恐怖活动培训或实施恐怖活动"的目的类型，并匹配更高法定刑。

（二）对恐怖主义犯罪扩张的观点争鸣

对于恐怖主义犯罪领域出现的立法情况，支持、反对抑或中立的观点都有，其中支持观点要多于批评的声音：

首先，我国反恐立法具有鲜明的"敌人刑法"特征。敌人刑法中的"敌人"是相对于"市民"的概念。恐怖主义犯罪分子属于对人格上的极端偏离者，不

[①] 参见王利宾：《反恐怖犯罪刑事法完善研究——兼论反恐系统化立法》，载《政治与法律》2014 年第 4 页。

能将其作为普通市民对待,其应该被贴上"敌人"的标签,面对刑罚时,应当被当成敌人予以排除,而不是获得同市民一样的权利。① 敌人刑法的理论在国内外均受到广泛的批评,认为其无视法治基本原则,存在侵犯人权,甚至是亲近纳粹思想的嫌疑。② 国家立法权不能简单地将恐怖主义贴上"敌人"的标签,并对其作出法律标签意义上的极端化区分,这是一个国家依法治国的根本底线立场。也有对敌人刑法在恐怖主义犯罪立法的作用持积极评价,认为恐怖主义是人类公认的野蛮行径,对此类犯罪人予以区别对待,是符合公众价值取向,唯一需要担心的是将其限定在恐怖主义犯罪范围之内,不能随意扩大。

其次,我国反恐立法具有积极的预防主义特征,对于这种预防性的立法,有人持否定态度,认为在反恐刑法领域,体现了鲜明的非法治的特点,这与法治的客观要求是时代精神是不相符的,不能为了追求秩序的安全而随意践踏基本人权,即使恐怖分子也有人权的接受公正的刑事制裁的底线;③ 也有不少观点支持这种预防性的恐怖主义立法,认为恐怖主义犯罪是特殊犯罪类型,其对社会的摧毁性伤害是其他犯罪无法比拟的,传统刑法理论中回应性刑法无法应对恐怖主义,只有对其采取预防性的刑罚方法是合理、合法的,并且实践具有可行性和有效性的。④

再次,我国反恐立法中的基础性概念界定不清。在《反恐怖主义法》出台前,对于恐怖主义、极端主义的概念,长期处于模糊状态,其法律定义只能零散在相关国际公约里,我们自有的立法工作没有解决这个问题,造成对恐怖主义、极端主义概念的虚无;随着《恐怖主义法》立法完成,从法律规定的角度上解决了恐怖主义和极端主义概念的虚无,其第3条第1款规定:"本法所称恐怖主义,是指通过暴力、破坏、恐吓等手段,制造社会恐慌、危害公共安全、侵犯人身财产,或者胁迫国家机关、国际组织,以实现其政治、意识形态等目的主张和行为。"其后的条文还对恐怖活动、恐怖活动组织、恐怖活动人员和恐怖事件的概念进行了确定。但通过仔细研读,这些概念在司法层面依旧出现不确定的状态。比如"政治、意识形态"缺乏明确标准,恐怖主义犯罪与危害公共安全犯罪界限不清。如何避免恐怖主义和极端主义犯罪实践认定的泛化,将是一个事关国家能否坚持依法反恐的重大问题。⑤

---

① [德]雅科布斯:《市民刑法与敌人刑法》,徐育安译,载许玉秀主编:《刑事法之基础与界限——洪福增教授纪念专辑》,台湾学林文化事业公司2003年版,第39页。
② [德]米夏埃尔·帕夫利克:《人格体主体公民——刑罚的合法性研究》,中国人民大学出版社2011年版,第50-51页。
③ 阴建峰、侯日欣:《我国新时期反恐刑法宏观问题论要》,载《北京师范大学学报》(社会科学版)2015年第6期,第37页。
④ 参见王政勋:《论我国反恐刑事立法的演进》,载《时代变迁与刑法现代化(上卷)》,中国人民公安大学出版社、群众出版社2017年版,第390页。
⑤ 参见何荣功:《"预防性"反恐刑事立法思考》,载《中国法学》2016年第3期,第156页。

最后，对于恐怖主义犯罪的刑罚设置，存在科学、合理性的质疑。一是质疑其罪刑体系的系统不协调，鉴于恐怖主义犯罪的极端特殊性，应当建立专门类别的罪名，并提供与之独立匹配的刑罚，与反恐的整体态势不匹配，总体上罪名和刑罚配置不科学、不合理。① 不能将普通犯罪的刑罚体系简单直接套用到恐怖主义犯罪。二是恐怖主义犯罪具体刑罚设置不科学，刑种匹配不全面，特别是附加刑的种类缺乏，其中尤以资格刑和财产刑为重。财产是恐怖主义犯罪事实重要条件，但针对属于恐怖主义类别的单独财产刑没有全覆盖，资格刑也是预防和减少恐怖主义分子获得犯罪便利条件的有效途径，但是目前资格刑主要是政治权利的剥夺，对于恐怖分子而言几乎等同于没有。

(三) 对恐怖主义犯罪扩张的刑法解释应对

一是对恐怖主义犯罪扩张化过程中的敌人刑法倾向予以坚决的批判。敌人刑法的观点在全世界抬头的趋势明显，但质疑的声音从未停止，其主张对恐怖分子予以单独敌对人员的对待，具有相当的民意基础和政治正确，但仔细分析会发现，这样的观念是危险和虚假的。刑法扩张的对象来源必须是确定的事实，那么问题就是"敌人"的概念是否明确和具体的，如果认为恐怖主义是"敌人"，那么其他犯罪人为什么不是敌人？同时，是否当某种犯罪的危害性变动十分突出时，这部分犯罪人也会变成敌人？这些问题的答案恐怕会引起较多争议，对于这种缺乏确定性的"敌人"，不能成为刑法扩张事实的来源，必须坚决对此种观念予以排斥。对于恐怖主义应该按照其本来的法益破坏、社会危害性等予以对待，相匹配的刑罚制度也应该与之匹配，而不能基于"敌人"的原因加重处罚。

二是对恐怖主义犯罪扩张体现的预防性刑法观念采取有限度的主张。恐怖主义犯罪在罪名的设置、修改方面体现了鲜明的预防性特征，特别是表现在预备行为实行化、帮助行为正犯化、行为犯大量出现的情况。

首先，预备行为实行化，如准备实施恐怖活动罪，将以往为实施恐怖活动的准备行为单独规定为了犯罪，为实施恐怖活动与境外组织、人员联系的，其他策划准备活动。我们认为这样的规定将以往需要具体判断的预备行为，予以类型化，并配置了独立刑罚，是典型的预备行为实行犯处理。对于这样的扩张，我们认为是基本符合事实要求，是在充分调研的前提下，将实证确定的事实——各种准备活动予以类型化，而且这些准备活动具备充分的处罚必要性，本可以在共同犯罪的框架里予以处罚，但单独的予以规定更能体现其处罚必要性。刑法解释对于此类行为的解释可以适当地采取积极的预防主义方式，从而体现刑法立法之目的。

其次，帮助行为正犯化，如将资助恐怖活动罪修改为帮助恐怖活动罪，将资

---

① 参见于志刚：《恐怖主义犯罪与我国刑法应对》，载《人民检察》2011年第21期，第36页。

助恐怖活动培训及其他帮助行为等予以类型化。实质是帮助行为正犯化处理。我们认为其大体是符合客观事实的要求,对于各种帮助的行为,也是在实证确定的事实——各种帮助恐怖主义犯罪的活动予以类型化,这些帮助活动为恐怖主义的顺利实施提供了充分的生存空间,具备充分的处罚必要性,是维护公共安全法益的必要要求。因此,刑法解释对于此类行为的解释也同样可以适当地采取积极的预防主义方式,从而体现刑法立法之目的。

最后,行为犯大量出现,如增设了强制穿戴宣扬恐怖主义、极端主义服饰罪、标志罪,非法持有宣扬恐怖主义、极端主义物品罪。对于这样的规定,我们要仔细分析研判,其科学性和合理性存在疑问。一是恐怖主义的内容缺乏确定性,在刑法解释中容易产生偏差。关于恐怖主义是《反恐怖主义法》中规定的,虽有一定明确性,但其根本上不是刑事法,而关于极端主义则无法明确其客观事实表现,造成对极端主义的司法认定出现极大的不确定性、随意性。特别是极端主义的服饰、标志很容易和宗教习惯、标识相混淆,如女性黑色面纱、宗教图案的旗帜等,若任性适用将造成打击面过度,引发更严重的对立。刑法解释的工作务必采取保守的观点,防止扩大化。二是某些恐怖主义犯罪行为的刑法保护必要性有待商榷。以上几种犯罪中强制穿戴、非法持有恐怖主义、极端主义服饰、标志或物品的行为,即使承认这些行为对公共安全有威胁,具有法益保护必要性,但这种保护完全可以由行政法规、教育规范等手段予以实施,刑法过早或者说过于积极地干预只是强制性的压抑这种思想,但对于这种思想的主动放弃并没有积极的意义。所以是实质的缺乏法益的刑事保护必要性。为此,刑法解释的工作务必采取保守的观点,防止刑法越位替代其他部门法的功能,造成刑罚处罚范围不必要的扩大化。

三是须完善恐怖主义犯罪的基础性概念界定。正如前面所讲,自《刑法修正案(三)》以来,恐怖主义、极端主义等基本概念一直处于界定不清的情况,即使《反恐怖主义法》对恐怖主义相关概念有了法律意义上的规定,但仍然在司法实践中产生适用困难,而且其根本上不属于刑法体系,不能完全对等解决刑法中的概念问题,而极端主义的概念则更加的缺乏不确定性。因此,必须对恐怖主义犯罪所依赖的基本事实予以确定化,如果一直任其模糊化,那么恐怖主义相关犯罪将面临缺乏立法事实的尴尬境地,从而从立法、司法的角度都是不具备科学性的。

四是探索完善恐怖主义犯罪的罪刑系统性配置。一方面是探索建立独立的恐怖主义犯罪类型,将其独立作为分则犯罪类型,制定与之独立匹配的刑罚,改变现有恐怖主义犯罪散见于刑法分则体系,与反恐的整体态势不匹配的现状。另一方面是完善恐怖主义犯罪的刑罚体系设置。基于恐怖主义犯罪的事实的归纳,为了更好地保护公共安全的法益,要完善与恐怖主义犯罪相匹配的附加刑种类,特别是对财产刑和资格刑的充分运用,有效地运用这些刑罚来增加恐怖主义犯罪事实的难度，降低再犯的可能性。

二、重大经济秩序犯罪的扩张与刑法解释应对——以食品安全犯罪为视角

（一）我国食品案犯罪扩张的历史回顾

我国食品安全犯罪经过 20 多年的历史进程，从建立到逐步完善：1997 年《刑法》建立了独立的食品安全罪。涉及的条文是第 143 条，生产、销售不符合卫生标准食品罪；第 144 条，生产、销售有毒、有害食品罪。1997 年《刑法》之前的食品安全犯罪是由单行刑法《关于惩治生产、销售伪劣商品犯罪的决定》中按伪劣商品犯罪处理的。值得注意的是，生产、销售不符合卫生标准食品罪由原本规定的结果犯修改为具体危险犯，只要产生了足以严重食物中毒或其他严重食源性疾病就成立犯罪。① 生产、销售有毒、有害食品罪则是行为犯，只要行为人实施了相关行为即成立犯罪。

《刑法修正案（八）》则进一步修改完善了食品安全犯罪：修改生产、销售不符合卫生标准食品罪为生产、销售不符合安全标准食品罪。一是改变了原有罪名，使《刑法》的规定与《食品安全法》的规定保持了一致。二是加大刑罚处罚。增加了刑罚档次，取消了单处罚金刑的方式，所有犯罪行为都要承担自由刑的制裁；取消了罚金数限制性规定，采取无限额罚金制；修改生产销售有毒有害食品罪，主要体现在加大了处罚力度，明显的提高违法犯罪成本；取消了拘役，最低刑为有期徒刑，取消单独适用罚金，取消了罚金的限额，采取无限额罚金制，增加了有其他严重情节的，弥补了原来规定中无法解决的没有造成严重危害但情节严重的情况等，明确地表明了对食品安全犯罪高压打击态势；增加了食品监管渎职罪，单独对食品监管领域的职务犯罪设立了新罪名。之前我国《刑法》对食品监管领域的职务犯罪都是按普通滥用职权罪和玩忽职守罪处理，新罪名的设立将食品安全监管人员作为职务犯罪的特殊主体对待，并且匹配了比普通渎职犯罪严重的刑罚处罚力度，表明国家对于食品安全要求监管人员落实职务职责的力度，有利于食品安全犯罪的趋势得以遏制。

（二）对食品安全犯罪扩张的观点争鸣

第一，对于食品安全犯罪归属的定性问题。食品安全犯罪通常是作为违反社会经济秩序罪来予以归类，但随着司法实践即公众感知的实际情况的发展，涉及食品安全的案件非常受公众舆论关注，特别是在全国范围内引起广泛影响的三鹿奶粉案件、瘦肉精案件，对于部分主犯按照危害公共安全罪予以定性，使得危害

---

① 参见《中央有关部门、地方及法律专家对刑法修订草案（征求意见稿）的意见》，载高铭暄、赵秉志编：《新中国刑法文献资料总览（下）》，中国人民公安大学出版社 1998 年版，第 2163 页。

食品安全的行为可能同时符合危害公共安全罪和食品安全罪，对于食品安全罪的定性有争议。有观点认为，食品安全犯罪不管是生产、销售不符合安全标准食品罪还是生产、销售有毒有害食品罪，实际对于不特定多数人的健康、生命权都构成威胁或侵害，"将食品安全相关罪名归入危害公共安全类犯罪，是符合食品安全管理安全管理目的的"①。但是也有观点认为，危害食品安全犯罪虽然都要危害公共安全，但将其调整至危害公共安全类罪名缺乏一定必要性：其他生产、销售伪劣产品的罪也要威胁公共安全，如果只调整食品类犯罪，则缺乏调整依据；如果要调整则需将所有涉及食品安全的犯罪调整是危害公共安全罪，在当前刑法体系结构没有大变化的前提下，动静太大，易造成体系的不稳定。②

第二，食品安全罪在刑法和行政法存在不协调，甚至割裂。食品安全领域最重要的法律就是《食品安全法》，于2009年通过，并于2013年修订；《刑法修正案（八）》，是2011年修订，就是在《食品安全法》出台和修订的时间之间，但是从内容看并没有与食品安全领域的最新法律要求保持协调一致：

首先，食品安全的刑事违法和行政违法的边界模糊，行刑衔接不够通畅。食品安全犯罪在司法实践出现的比较突出的薄弱点，就是食品安全行政违法行为和刑事犯罪的有效衔接和过渡问题。行政执法中发现了不少危害性较大的案件，但由于刑法和行政法的不协调，对于一些刑法没有明确的行为，行政执法人员无法明确行为的刑事违法性，加之已经收到行政处罚，刑事司法工作人员也没有将其划为刑事犯罪，无法使其收到刑事司法处理。这种情况固然有程序法律缺失、部门协调机制欠缺等原因，但根源上来说，还是因为刑法中对食品安全罪的规定内容与行政法中的食品安全违法行为相脱节。

其次，食品安全环节的刑法保护相对于行政法周延性严重缺乏。《食品安全法》对食品安全的运行环节予以了充分的考虑，涵盖了食品生产、加工，食品流通、餐饮服务；食品添加剂的生产、加工、使用；食品相关产品的生产、加工；甚至还涉及食品监管环节，基本涉及食品的全流通环节——生产、加工、包装、运输、贮藏、销售和监管。相比较，刑法中关于食品安全犯罪的规定只包括了食品的生产、销售和监管行为，对于其他密不可分的环节忽视，造成对生产、销售环节以外的、危害食品安全的行为无法采取刑事处罚。虽然有观点指出可以通过总则关于共同犯罪的规定对其他环节予以刑事管辖，将这些行为定义为食品安全犯罪的共犯予以处罚，也可以解决其刑事责任的问题。但对这种观点和做法也有人质疑，将食品安全犯罪相关帮助行为予以犯罪处理，虽是共犯规定和理论可以

---

① 刘伟：《风险社会语境下我国危害食品安全犯罪刑事立法的转型》载《中国刑事法杂志》2011年第11期，第65页。

② 参见张伟珂、杨朔：《回顾与展望：危害食品安全犯罪刑事立法20年》，载《时代变迁与刑法现代化》，中国人民公安大学出版社、群众出版社2017年版，第488页。

解决的，但这只是基于共犯理论的当然解释。① 而且共犯理论无法解决加工、包装、流通、储存等环节的问题，而这些环节往往是生产、销售的前序或后续行为，这些行为只能在进入生产、销售的环节后才能以相关罪名定罪处罚，显然不利于食品公共安全的保护。

第三，食品安全的刑法保护对象相对于行政法过于狭窄。《食品安全法》对"食品安全"保护对象相关的定义涵盖了食品、食品添加剂，食品的包装材料、容器、洗涤剂、消毒剂和用于食品生产经营的工具、设备，可以说是专业地对食品生产、运输等各个环节的对象予以列举概括，是依据食品生产经营客观事实而做出的。反观刑法对食品安全的保护对象则一成不变，仅仅限定于食品，一般就是指加工出来的可以直接食用的成品或者半成品。

最后，食品安全罪的刑法规定过于保守，没有体现积极的预防主义，司法解释"越位"弥补缺憾。正如前述，刑法相比较行政法方面，保护对象过于狭窄、周延性严重缺乏。这样保守性在一定意义上可以说是坚持了刑法谦抑性，体现了刑法的稳定性，是符合传统刑法理念。也可以说是刑法在法律体系中特殊独立性的体现，说明刑法不受其他部门法的牵制。不过对于这样的现象，批评的声音认为刑法过于坚持自己的独立性，对社会生活、司法实践、法律体系等发生的变化视而不见，或者消极应对，这是一种过于保守的做法。对于这种质疑和批评，立法者没有做出积极的回应，反而司法者积极利用司法解释的形式予以一定程度的修正。2013年，"两高"《关于办理危害食品安全刑事案件适用法律若干问题的解释》中将滥用食品添加剂解释为食品安全的范畴，可以按生产、销售不符合食品安全、有毒有害食品罪的对象予以对待；对于食品整个流通环节被刑事立法忽视的生产、销售以外的环节，诸如种植、养殖、销售、运输、储藏等，实施危害食品安全的行为，也按生产、销售不符合食品安全、有毒有害罪予以处置。对这样的司法解释，司法实务和社会公众持有积极的评价。但是这种利用司法解释去弥补立法缺陷的做法，有不少批评的声音认为司法解释的灵活性毋庸置疑，但其和立法活动相比较，解决的是对法律文本司法适用的问题，其所做的解释也不能超越法律文本基本、清晰的表达含义，更不能代替立法的功能，越位解决立法自身的缺陷，这样的做法值得商榷和警惕。

（三）对食品安全罪扩张化的刑法解释应对

第一，对于食品安全犯罪类型归属的问题。食品安全到底是公共安全还是经济秩序，这不是一个非黑即白的判断，对于食品安全罪的类型归属也必须在确定的、既定的事实之上，而食品安全罪的内涵必然是公共安全和经济秩序的双重体

---

① 参见舒洪水、李亚梅：《食品安全犯罪的刑事立法问题——以我国〈刑法〉与〈食品安全法〉的对接为视角》，载2014年第5期，第96页。

现,既有不特定多数人的生命健康权,也有稳定的食品生产、经营秩序,所以我们认为无论将其放在哪个归属都是符合客观事实的。进一步,从法益保护的必要性来说,公共安全和经济秩序都是具有保护必要性的法益,但是从保护有效性的角度,似乎公共安全罪的整体严厉程度要强于经济秩序,整体刑罚配置要严于经济秩序,而且基本属于自然犯的范畴,而经济秩序犯罪整体刑罚配置轻缓于公共安全罪,基本属于行政犯的范畴。而食品安全犯罪严重的依赖于相关行政法的规定和治理,虽然其危害公共安全的特征突出,但是从法益保护的有效性角度来说,将其放在危害公共安全类罪中缺乏有效性的实质基础,不具有法益保护的价值选择要求。

第二,刑法解释要力求完善食品安全罪在刑法和行政法体系协调问题。食品安全罪所依据客观生活中种种危害食品安全的行为,是体现在整个食品生产经营的环节中,其对象也是多种多样,而对这些情况加以描述提炼是必须完成的过程。这方面行政法领域里《食品安全法》已经专门的调研和实践解决,可以说是比较完善的规制。据此,对于食品安全罪的刑法解释从经济效率的角度来说,最好的方式就是充分借鉴行政法的现有规定,从而使刑法层面的食品安全罪建立在充分的、确定的客观事实之上。也就是说行政犯必须要对行政法规予以尊重。具体来说:首先,完善食品安全的行刑衔接,对于食品安全领域的行政违法、刑事违法建立科学合理的鉴别平台,对处于边界的违法犯罪行为进行充分的论证和定性,确立职责明确的解决机制,明确行政机关、司法机关的工作职责,是行刑衔接的交叉工作有体制保障;其次,完善食品安全罪关于食品生产经营的环节、对象的规定,强化司法解释解决的有效性和便利性。为此,在司法解释中要完善食品安全环节规定的周延性,覆盖从原材料种植、加工开始,到食品生产、加工、流通、餐饮服务终端等全流程环节,结合社会生活实际,扩大的食品安全的对象,覆盖食品本身以及周边物品,包括食品添加剂、包装材料、容器、工具设备等,从而使得食品安全犯罪的司法运用真正与实践情况相一致。

第三,食品安全罪的刑法解释要适度体现积极预防主义。对于刑法立法出现的过于保守,没有体现积极的预防主义的情况,要适当运用司法解释"越位"弥补缺憾。正如前述,刑法相比较行政法方面,保护对象过于狭窄、周延性严重缺乏。2013 年,"两高"《关于办理危害食品安全刑事案件适用法律若干问题的解释》中将滥用食品添加剂解释为食品安全的范畴,可以按生产、销售不符合食品安全、有毒有害食品罪的对象予以对待;对于食品整个流通环节被刑事立法忽视的生产、销售以外的环节,诸如种植、养殖、销售、运输、储藏等,实施危害食品安全的行为,也按生产、销售不符合食品安全、有毒有害罪予以处置。对这样的司法解释,司法实务和社会公众持有积极的评价,我们认为这样的司法解释是符合客观实际情况的,也是和食品安全相关法规相协调一致的。

三、交通安全犯罪的扩张和刑法解释应对——以危险驾驶罪为视角

交通领域涉及公共安全的犯罪是最受公众关注的犯罪类型，因为交通安全属于人民日常生活的一部分，每个人都可能成为受害者或犯罪人，交通安全犯罪往往都是舆论新闻的高发关注点。近年来，在公共交通安全领域最受瞩目的就是危险驾驶罪的增设，自诞生之初就被聚光灯关照，支持、争议之声不绝于耳。在此我们以危险驾驶罪为视角，予以刑法论意义上的讨论。

（一）我国危险驾驶罪立法的回顾

《刑法修正案（八）》新增设了危险驾驶罪，包括两个类型的行为，追逐竞驶，具体为在道路上驾驶机动车追逐竞驶，情节恶劣的，或者在道路上醉酒驾驶机动车的，处拘役，并处罚金。此次修法的背景是在全国发生了几起轰动的交通安全事故，都是由于醉驾引起，公众不满意见巨大，严惩犯罪人、防止醉驾的呼声巨大，理论界也有支持将醉驾行为入刑的支持，并提出了相应方案：设置属于抽象危险的危险驾驶罪[1]；将醉驾作为交通肇事的加重量刑情节[2]；设置危险驾驶致人死伤罪[3]。最后将危险驾驶罪以抽象危险犯罪的形式增设。

《刑法修正案（九）》在此基础上增加了客运超载、超速和违规运输危化品两类行为，具体为从事校车业务或者旅客运输，严重超过额定乘员载客，或者严重超过规定时速行驶的；违反危险化学品安全管理规定运输危险化学品，危及公共安全的。至此，危险驾驶罪共计四种行为，除违规运输危化品是具体危险犯外，其余三项行为都是抽象危险犯。

（二）对危险驾驶罪的观点争鸣

虽然危险驾驶罪的设立及时回应了公众对于醉驾驾驶的呼声，在一定程度上加大了对醉驾等行为的处罚，但是同样受到了很多诟病：

首先，危险驾驶罪所涉及的行为模式不易采用抽象危险犯的方式。抽象危险犯的危险不需要司法上的具体判断，只需要根据一般社会经验，认定行为发生即推断其具有危险。[4] 而对于危险驾驶罪的行为模式，实际上并不是完全符合抽象危险的情况，比如司法实践中出现的醉驾人员在自己车位驾驶汽车调整位置，在荒无人烟的路段醉驾的行为，如果有醉驾行为就认定为产生了危险，与现实情况不符。而且抽象危险犯能否提出反证来出罪又缺乏司法保障，导致只要有醉驾行

---

[1] 参见周光权：《有必要在我国增设危险驾驶罪》，载《中国社会科学报》2009年8月18日第7版。
[2] 参见于志刚：《危险驾驶行为的罪刑评价——以"醉驾驾驶"交通肇事行为为视角》，载《法学》2009年第9期。
[3] 参见刘明祥：《有必要增设危险驾驶致人死伤罪》，载《法学》2009年第9期。
[4] 参见张明楷：《刑法学（第五版）》，法律出版社2016年版，第167页。

为即入罪的情况。特别是相关司法解释将是否醉驾的认定标准定为血液酒精含量 80 mg/100 ml，这样机械又缺乏实证的标准没有任何依据，不能成为产生"危险"的逻辑和实证前提。

其次，醉驾驾驶入罪的法律经济成本巨大。酒驾一律入罪时，比较将醉驾行为纳入已有犯罪的刑罚量刑情节，或行政法规规制来说，其边际成本巨大，包括醉酒驾驶一律入罪实现成本的巨大增量、机会成本的增量、不必要成本的增量，犯罪圈的边际成本大于边际收益，没有实现社会净收益的最大化，并非最优犯罪圈（点），而是比最优犯罪圈大的犯罪圈，没有实现资源的有效配置。①

再次，从实际运行效果来看，相对于行政执法的效果，醉驾入刑的社会治理效果没有得到明显体现，背离了立法动机。有数据显示，公安部于 2009 年 8—9 月在全国实施酒后驾驶违法行为专项整治，共查处违法行为 65 397 起，酒驾引起的交通事故下降了 37.5%、死亡人数下降了 36.2%。② 而从 2011 年醉驾入罪后，在公安机关同样严格执法下，截至 2015 年酒驾参与的道路交通事故数量下降了 25%，死亡人数较下降了 39.3%。这个数据反映醉驾入刑对于酒驾行为的预防似乎效果不是特别明显，或者从另一方面说明，公安部门严格的路面执法才是减少、预防醉酒驾驶的最有效的法律规制手段。只要公安机关主动严格执法，相信醉酒驾驶行为将大幅降低，就能够有效减少醉酒驾驶类交通肇事案件。

最后，司法实践的情况已经侧面反映了醉驾入刑的立法缺陷。一是大量的醉驾案件一度成为各项刑事犯罪中数量之王，司法成本巨大，如 2013 年全国法院一审终结刑事案件 95.4 万件，其中危险驾驶罪案件 9 万件，占比约 1/10，2014 年全国各级人民法院新收案件 116.4 万件，危险驾驶案件 11.1 万件，占比约 1/10。③ 二是司法部门对大量案件主动采取不起诉决定，特别是相关司法解释的出台直接予以法定化，最高人民法院《关于常见犯罪的量刑指导意见（二）（试行）》（2017 年 5 月 1 日起试行）规定醉酒驾驶机动案件，应当综合考虑被告人的醉酒程度、机动车类型、车辆行驶道路、行车速度、是否造成实际损害以及认罪悔罪等情况，准确定罪量刑。对于情节轻微危害不大的，不与定罪处罚；犯罪情节轻微不需要判处刑罚的，可以免于刑事处罚，可以从司法的角度来弥补立法的缺陷，主张醉驾行为是具体危险犯。三是早期大量案件基于抽象危险犯的处理方式，很多轻微违法人被做有罪判决，虽然刑罚较轻，但由于是有罪定性，对当事人产生了一系列后续影响。

---

① 参见程青：《醉酒驾驶法律规制的法经济学分析》，山东大学硕士学位论文 2013 年。
② 参见徐伟、林燕：《专家热议是否增设危险驾驶罪》，《法制日报》2009 年 9 月 24 日，第 5 版。
③ 参见最高人民法院院长周强在第十二次全国人民代表大会第二次会议所作的《最高人民法院工作报告》，2014 年 3 月 10 日。

(三) 对危险驾驶证罪的刑法解释应对

针对危险驾驶罪的种种争议，我们主张在刑法法制相当稳定的前提下，加以逐一分析，对其提出刑法解释的应对修正意见：

第一，将危险驾驶的多数行为定性为抽象危险行为不符合客观事实，应当在刑法解释阶段修正为具体危险犯。醉驾行为危害巨大、社会反响强烈，可以说是必须纳入刑法规制的，但是对于刑法活动，必须客观地反映事实，而不能为了积极预防的目的，就违反客观事实，将醉驾等行为强行化为抽象危险。退一步来说，即使论证其具备抽象危险，但由于缺乏抽象危险反证的司法制度保障，导致其实际上演变成立行为犯。大量的司法案例实践已经印证了这样的观点，因此应当在刑法解释的环节如实地将危险驾驶行为表述为具体危险犯。

第二，在对危险驾驶罪予以解释时要防止行政执法效果优于刑法效果的观念，从而走向泛无罪化的解释路径。针对危险驾驶罪的设立没有实践执法效果，行政执法的效果更优于刑法方式，没有必要入罪的观念，笔者认为不可取。笔者认为，要重点考察论证醉驾等危险驾驶行为入刑对公共安全法益的保护是否具有必要性、有效性。前述认为行政执法效果更好的观点，笔者认为缺乏有力证据，其用1个月集中整治的数据比对几年常态执法的数据没有参考价值，同时也有相反的数字，如公安部交管局发布2011年5月—2012年4月的醉驾案件同比下降44.1%。① 这些数据和发布机关有着各种利益的关联，参考价值不大。同时，认为公安机关认真执法即可有效地防止醉驾的情况并不能必然得出没有醉驾入刑的观点，因为同样会得出公安认真按《治安管理处罚法》执法，将大量减少各种刑事案件的观点，但绝不会认为刑法的相应罪名没有设立的必要。而且最重要的一点是，"醉驾入刑"的标签已经深入人心，使得公众树立了醉驾司法成本巨大的观念，其保护法益的效果就非常好，虽然公众并不清楚不予起诉、判处刑罚的相关规定。如果一旦宣告取消会使得公众立即觉得醉驾的违法成本大幅下降，使得多年的"严打"结果付之东流。对于这种所有人都认可的结论，刑法解释者要充分予以考虑，因为这本身就是"事实"，它会直接干预人们的行为，是会直接影响到法益保护的有效性。

第二节 新型危害行为的犯罪扩张与刑法解释应对

当下的世界正处在高速发展中，科技发展日新月异、社会生活变幻莫测，新事物爆发式的出现。新生事物可能带来诸多便利、益处，同时也可能带来各种危

---

① 参见焦轩：《全国酒驾醉驾降幅均超四成》，载《人民公安报 交通安全周刊》2012年5月3日第1版。

害行为，而且由于其新生的特点，打击和防范都会较为困难，一旦秩序失控，立法者惯常的做法就是祭出刑事制裁的大旗，这样的处理方式确实能起到震慑犯罪、维护秩序的作用，契合风险刑法、积极预防刑法观的要求，但自身带来的"刑法的风险"一样突出。随着网络技术高速发展，利用网络实施的违法犯罪活动日益猖獗，且最为典型和突出，近年来影响较大的以拒不履行信息网络安全管理义务罪最有典型意义，争议颇多，笔者以该罪为视角对新型危害行为的刑法扩张加以分析和研判。

一、新型危害行为的犯罪扩张及争议——以拒不履行信息网络安全管理义务罪为例

《刑法修正案（九）》增设了拒不履行信息网络安全罪，网络服务提供者不履行法律、行政法规的信息网络安全义务，其行为模式是经监管部门责令采取改正措施而拒不改正，违法信息大量传播、用户信息泄露造成严重后果、致使刑事案件灭失情节严重或者其他行为的。

该罪的入罪背景和2016年审结的"快播案"息息相关，该案做了传播淫秽物品牟利罪的判决，但当时在定性方面存在较大争议。支持判决的观点认为快播公司在将他人储存在快播公司服务器上的淫秽视频文件，打散后传播给用户，再在用户端重组，并以此带来的巨大流量获取利益，该公司之前因涉及传播淫秽视频受过两次行政处罚，其对传播淫秽物品并谋利是知情的。快播公司承担网络服务者的管理义务，其拉拽淫秽文件到服务器产生了防止淫秽文件传播的不作为义务，后又有传播文件的行为，综上快播公司的行为是传播淫秽物品罪。反对的观点认为，快播案的实质中立帮助行为的刑事责任问题，快播公司不是淫秽视频的提供者和所有者，其也不是专门发布平台，只是一个播放流媒体的播放软件，其提供的技术为淫秽视频的分享提供了便利，这是其涉嫌犯罪的唯一事实，其实质是外观上无害但客观对正犯的实施起到了帮助。[①] 对于中立帮助行为的定性在法理和司法上存在是否处罚的争议，在立法层面上必须要有具体明确的依据才能处罚，没有具体规定而基于类推、扩大解释而处罚的依据牵强。

虽然快播案定罪的原因不是基于中立帮助行为，但该案引起的广泛讨论使人们意识到网络服务提供者的中立行为是否要承担刑事责任问题，随后的刑法活动通过增设拒不履行信息网络安全管理义务罪将具有争议的行为予以明确定性，并以单独定罪的方式予以正犯化。对于该罪的设立有不少争议：

第一，对于是否入罪有争议。反对入罪的观点认为，网络服务提供者虽然有网络安全的管理义务，但将其直接上升为犯罪缺乏合理依据。一是该罪是否存在严重社会危害性，有争议。与相关网络管理行政法规比较，该罪列举的几项情节

---

① 参见车浩：《谁应为互联网时代的中立帮助行为买单？》，载《中国法律评论》2015年第3期。

并不显得必然严重，同时其是不作为犯，应当以危害结果作为要件，反而以情节作为要件，不能体现其危害严重程度。二是刑罚处罚必要性存疑。我国相关网络管理法规众多，这些法规对拒不履行网络安全管理业务，最重的可采取吊销经营许可证或者营业执照的行政处罚，这是对于法人最严重的行政处罚措施，只要严格执法，其效果应该是非常明显的。而且该罪是轻罪，对于单位只能处罚金，从社会管理的实际来看，管法人一般效果好于管个人，因此强化行政法规的执行才是规制此类行为的首要措施。

第二，在有罪的前提下，对其刑事责任根据有争议。有人认为是共犯理论，认为网络服务商对于正犯来说，是处于帮助犯的地位，其行为和危害结果有明确的因果关系，应当追究其刑事责任；有人认为是监督过失理论，认为网络服务提供者具有对危害结果的预见和回避可能性，实施了监督过失行为；中立帮助行为理论，认为在认定其为中立帮助行为的前提下，依据帮助犯理论，结合主客观要件及法益侵害性，限定中立帮助的处罚范围；① 保证人理论，认为保证人理论能独立地解决没有正犯的困境，是最合理的。②

二、对拒不履行信息网络安全管理义务罪的刑法解释应对

一方面，网络服务提供者承担刑事责任的义务来源存疑，刑法解释要注意适度保守谦抑。虽然网络服务提供者确实富有管理义务，且其有一定的管理能力和技术条件，但其作为承担刑事责任的义务来源是否存疑，如警察不履行义务造成严重后果可能构成玩忽职守，但商场管理人不履行义务造成严重后果不必然承担刑事责任，除非这种危害结果和不作为有可以被归责的因果关系；且刑法规定，好比网络服务提供者，我们认为其不履行安全管理义务后，是否必然具有和危害结果形成可归责的因果关系存疑，唯一确定的实施具体违法行为的行为人是因果关系的确定参与人，故对于因果关系存疑的行为直接上升为犯罪；同时，网络服务提供者是否真有值得可处刑罚的严重社会危害性有争议。其违法行为是与相关网络管理行政法规比较一样的，不能因为被刑法规定纳入其社会危害性就自然提升，而且该罪的列举是几项情节并不显严重，同时其是不作为犯，应当以危害结果作为要件，反而以情节作为要件，不能体现其危害严重程度。综上，犯罪的确定必须建立在确定且实证证明的事实上，网络服务提供者行为缺乏这样的确定性，至少是存疑的。那么对于刑法解释者，就应当具体分析网络服务提供者的不履行义务的行为和危害结果（情节）的因果关系，在这种因果关系明确的前提下才能予以入罪化的解释，反之，没有刑法意义的因果关系，则要做出罪化的解释。

---

① 参见郭泽强、张曼：《网络服务提供者刑事责任初论——以中立帮助行为》，载《预防青少年犯罪研究》2016 年第 2 版，第 91 页。

② 《论网络服务提供者承担刑事责任的理论根据及其性质》，载《时代变迁与幸福现代化（下卷）》2017 年版，第 1314 页。

另一方面，犯罪的成立必须建立在具有刑罚处罚必要性的基础之上，而这方面，该罪恰好存疑。前述已经有观点指出，我国相关网络管理的选择法规对拒不履行网络安全管理业务的处罚措施和效果都要明显和有效，强化行政执行才是当务之急，而不能将"锅"丢给刑法，在刑法解释过程中务必保持谦抑和保守。

综上分析，笔者认为，对于新型危害行为是否入刑的问题，必须审慎分析，在刑法解释活动中宁可错漏千罪，绝不放一伪罪。要确定新型危害行为的危险性是否真实确定的存在，可以比照现行相关行为的危害程度，并分析这种危害性是否达到刑法规制的程度；同时，还要考察新型危害行为的用刑法保护，是否能使相关法益有效地获得保护，如果这种保护是可以由其他措施或部门法替代的，则完全没有必要予以刑法规制。

第三节 微罪的犯罪扩张和刑法解释应对

近年我国刑法的一个显著特征就是增加了一些非常轻微的犯罪，这些犯罪的加入使得刑法的体量相对修订前的增加不少，而且在质上是将犯罪圈的下限予以降低，是我国刑法的重要发展，笔者认为有必要对微罪予以考察分析，并提出其刑法解释的应对路径。

一、微罪概念的内涵

依据犯罪严重程度划分不同犯罪种类，在国外刑法理论和立法、司法实践有明确体现，如美国将犯罪分为重罪、轻罪、微罪、违警罪，德国分为重罪、轻罪，法国分为重罪、轻罪、违警罪[①]。我国刑法没有直接在立法中按重罪、轻罪予以区别，理论和司法层面通常结合《刑法》关于管辖、缓刑规定区别重罪与轻罪，认为重罪是法定最低刑为 3 年以上有期徒刑的犯罪，而轻罪是法定刑为 3 年及以下有期徒刑的犯罪。此外，最高人民法院的司法统计将判处 5 年及以上刑罚的称为重罪，5 年以下刑罚的称为轻罪。[②] 但是对于微罪的概念，理论界和司法界一直没有形成相对统一的认识，有观点认为无须判处刑罚或免除刑罚的犯罪，[③] 也有人认为微罪是法定刑 3 年以下的故意犯罪、后果不严重的过失犯罪、亲告罪。[④]

[①] 参见张平寿、张凯：《刑法微罪扩张的正当性评判与司法适用分析》，载《河南警察学院学报》2017 年第 6 期，第 80 页。

[②] 参见储槐植、李梦：《我国刑法微罪制度初探》，载《时代变迁与刑法现代化》2017 年版，第 267 页。

[③] 参见盛宏文：《微罪被不起诉人社区帮教工作机制探索》，载《中国刑事法杂志》2012 年第 1 期。

[④] 参见钱叶六：《应对微罪之刑罚处罚方法探究》，载《南京财经大学学报》2009 年第 6 期；潘丽娜：《刑法微罪出罪及其机制研究》，华东政法大学 2008 年硕士学位论文。

不过随着刑法修正案增加了一些显著轻微的犯罪，比之前轻罪的概念也轻微不少，有学者主张应当以拘役为标志，法定刑最高为拘役的罪为微罪。笔者认为这个观点是符合近年来刑法修正的客观实际情况的。我国刑法中三个典型的微罪是危险驾驶罪，使用虚假身份证件、盗用身份证件罪，代替考试罪。

二、我国微罪扩张的主要争议

（一）微罪的扩张与刑法谦抑性有悖

微罪将以往大量行政法规制的行为纳入刑法予以调控，使刑法越位帮助行政法规做自己的自身工作，与刑法谦抑性的要求相违背，我们现在设立的三个微罪是否应当由主动出击管理行政法规的行为具有争议。有人认为行政立法和执法及时到位，就无须刑法予以干涉，这些行为之所以屡禁不止的根本原因在于行政执法的被动型与功利性。[①] 而且造成刑法过于积极补位，而行刑衔接不畅，大量行政案件不移交，效果依旧不好，又归咎于刑罚轻缓，后期有加重刑罚的恶性循环。

（二）微罪将犯罪人赋予犯罪标签，不利于其回顾社会

微罪的刑罚处罚虽是最轻的，但是对于原本是行政违法行为来说，最大的不利后果就是犯罪记录。一旦贴上这个标签在求学、入伍、就业时都会遇到极大阻力，使其失去很多人生选择的机会，甚至还可能影响近亲属的就学、公务员录用、加入政党。可以这样讲，对于这些轻微违法人员来说，其人身危险性本就非常低，这样的非刑罚法律后果实际是不公平的。

（三）微罪的刑罚不公现象

微罪的刑罚由于本身就属于相当轻微，反而在实践中严格的执行，一方面是因为其下降空间有限，如果轻易地适用从轻、减轻的处罚，则会造成该罪入刑显得没有必要。另一方面，如果更严重的罪名都可以根据情节减轻、免除处罚，则会造成刑罚不公的情形。特别是反映在危险驾驶罪的情况，在最初实施阶段，几乎全部按有罪判决，直到最高人民法院《关于常见犯罪的量刑指导意见（二）（试行）》明确规定醉酒驾驶机动车案件，应当综合考虑被告人的醉酒程度、机动车类型、车辆行驶道路、行车速度、是否造成实际损害以及认罪悔罪等情况，准确定罪量刑——对于情节轻微危害不大的，不予定罪处罚；犯罪情节轻微不需要判处刑罚的，可以免于刑事处罚这样才基本扭转了局势。

[①] 参见陈志军：《中国轻微犯罪立法的反思与完善》，载《时代变迁与刑法现代化（上卷）》2017年版，第276页。

(四) 短期自由刑自身弊端无法排除

微罪的主刑只有拘役者一种，但是该刑罚的弊端已是公认的：首先，惩罚和预防功能太差，时间太短威慑力有限，和普通犯人共同关押，反而容易受影响，产生"教好不足、变坏有余"；其次，对于人身危险性很低的犯罪人，这样的处罚又显得过重，甚至会摧毁很多人的家庭、事业，使其回归社会的难度因有罪的判决而大大加大。

三、微罪扩张的刑法解释应对

第一，对于微罪的入罪正当性有争议，刑法解释必须慎重入罪，积极出罪。笔者认为入罪的行为必须有确定的、证实的对法益的危害，三个微罪中，笔者认为只有危险驾驶罪的行为的危险性是已经被证实了，且这种行为可能危害的是刑法关注的公共安全，这样的危险必然是刑法解释的当然内容，只是其形式应当是具体的危险而不是抽象的危险，这在前面已经论述。对于代替考试罪、使用虚假身份证件、盗用身份证件罪，我们则认为其确定的、证实的法益破坏是欠缺或不明显的，代替考试确实影响考试公平性，但在作弊行为里不算最严重的，而且其破坏力有限，单次只有一个人，这样的对法益的破坏性确实需要予以进一步证实。对于盗用身份证、使用虚假身份证，我们认为单从对国家对身份证件管理秩序来说，其对法益的侵害也是最小的，既没有制造假证，也没有代替国家机关履行职能，所以其危害性到底在哪里，还值得探寻。为此，我们认为在对相关微罪的刑法解释活动中，务必做到审慎、谦抑，必须发现明确的具有对法益侵害的情况才能予以入罪解释，不能仅仅从形式符合的角度来替代实质符合的要求，使该罪的适用扩大化，导致更多不具有实质危害性的行政违法、违规行为进入刑法规制的范围。

第二，对于微罪的入罪必要性问题，刑法解释必须慎重入罪，积极出罪。对于微罪的行政法补充性问题，笔者认为必须讨论微罪的设立是否有利于法益的保护，即这种保护是否是必要和有效的。我们认为只有危险驾驶罪和交通行政执法的效果相比，虽然有很多观点主张行政执法更优于刑法方式，没有必要入罪必要，但我们认为不可取。一是缺乏有力、权威的实证数据支持；二是"醉驾入刑"的标签已经深入人心，使得公众树立了醉驾司法成本巨大的观念，其保护法益的效果基本人人皆知、人人接受。对于这种所有人都认可的结论，立法事实论也要充分予以考虑，因为这本身就是"事实"，它会直接干预人们的行为，是会直接影响到法益保护的有效性。而对于代替考试罪、使用虚假身份证件、盗用身份证件罪，相对于行政执法，法益保护的有效性就显得不够充分，代替考试的行为用考试资格的长期乃至终身剥夺，笔者相信效果更好，司法成本也更低，相关范围的考生也更公平，使作弊的人因一次作弊而彻底失去进入某项职业、学业的途径，越想得到什么就让他失去什么，估计对所有人都是最公平的。对于使用虚假身份证、盗窃身份证的，笔者认为，如果其动机是为了合法利益的实现，那么给予治安处罚即可；如果是其他犯罪目的，按其他犯罪处理即可，单独对于这样的行为给予刑法规制完全没有必要。

第二章
刑法立法扩张的刑法论反思及立法事实论的提倡

在刑法立法扩张的实践状态下，从立法的内在要素出发，笔者认为刑法立法扩张化归根结底是刑法论中涉及立法的根本观点的集中反映，在刑法论重大理论问题上，持有什么样的观点，就会明显或潜移默化地反映到刑法立法活动中去，从而反映立法的倾向、特征。我国刑法立法在近年来的表现是扩张化的趋势明显，既体现在犯罪的立法扩张，也体现在刑罚的立法扩张，可以说是整个刑法体系性的扩张。在这里，笔者必然要讨论整个刑法论意义上对刑法立法扩张起重大决定作用的理论。通过对近年来理论界和立法实践的梳理，笔者发现主要有以下刑法论理论问题和刑法立法扩张化形成紧密联系：刑法保护机能和保障机能的冲突协调、风险刑法论和功能主义刑法观对立法扩张的影响、宽严相济刑事政策对刑法立法扩张的影响、象征性立法和情绪刑法立法的出现等，下面笔者对相关问题予以考察和反思。

第一节 刑法保护机能与保障机能的协调、冲突和纠缠

刑法的保护机能和保障机能是刑法机能密不可分的两个方面，保护机能强调刑法的惩罚和社会保护功能，保障机能强调刑法的矫正和人权保障机能，两者在不同历史阶段具有不同的表现形式，刑法立法扩张化必然反映两个机能的比例失衡状态。

一、刑法的保障机能是刑法立法扩张的限制界限

罪刑法定原则决定了刑法保障机能的重要地位，罪刑法定原则的核心要求对于罪和刑必须法律明文规定，反对不确定的罪与刑，反对单纯严苛的刑罚，禁止类推，不得溯及既往。

在罪刑法定原则的指导下，刑法的保障机能显得尤为重要，这样的机能不仅是司法层面上，更是立法层面上的要求。限制立法层面的犯罪和刑罚的泛滥，首先，立法者对犯罪的设立应当适度，不能无所限制地扩大犯罪的范围，任意地设置新罪名，扩大旧罪名的处罚范围。其次，立法者对刑罚的设立应当遵循法定化、明确化、适度化的要求，特别是适度化的要求，不能任意地扩大刑罚种类、

幅度，随意加重犯罪人的刑事负担。特别是刑罚领域的量刑问题，司法实践中法官的量刑权的滥用已经成为关注的焦点。① 刑法的保障机能客观要求刑法立法活动扩大必须遵循适度原则，不能突破人权保障的限度。

二、刑法的保护机能是刑法立法扩张的原始动力

刑法的保护机能旨在强调刑法对犯罪的惩罚，某种意义上罪刑法定原则也从另一个角度保证刑法对于犯罪和刑罚的法定确认，可以说是保护机能的一种体现。但刑法的保护机能从根本上更强调刑法的惩罚和保卫社会的功能，这一功能的内在属性必然会促使刑法的不断扩张，反映在刑法立法上就是不断地扩张犯罪的成立范围，加重刑罚的处罚力度，这是保护机能先天所带的属性。所以和刑法的保障机能相比，保护机能是明显的走向另一个方向，二者的关系首先是对立。

三、刑法保护机能和保障机能在刑法立法扩张化过程中的冲突与协调

刑法的保护机能和保障机能是刑法机能密不可分的两方面，两者的矛盾冲突是必然的，二者的力量对比在刑法立法上将直接表现为扩大还是缩限。保护机能强调刑法的惩罚和社会保护功能，为了达到相应的保护效果，在立法层面讲表现为积极的扩张；而保障机能强调刑法的教育和人权保障机能，为了体现人权保障的效果，在立法层面势必表现为适度的收紧。

我们认为虽然两者的内在要求可能是冲突、矛盾的，但两者又是刑法机能密不可分的两方面，刑法立法活动不可能背弃任意一面。现在刑法立法扩张化背景下，刑法的保护机能被展现得更加突出，犯罪和刑罚的立法扩张也显得较为明显，但越是这种情况之下，越要抓住刑法保障机能不放手，因为这是罪刑法定原则最核心的价值反映，刑法立法扩张化的过程必须坚守刑法保障机能的底线。一是在犯罪立法的扩张上，坚决杜绝犯罪立法的过度化扩张，防止保护机能名义下犯罪恣意扩张，造成罪名泛滥，犯罪数量暴增；二是在刑罚立法上，坚决防止重刑化的倾向，更要警惕刑罚轻缓化的名义下，实质则是重刑化的发展，防止刑罚单纯向惩罚功能方向发展；三是为了限制刑罚权滥用，社会公众对量刑公正的要求愈发期望，为此刑法立法活动中，要坚持刑法保障机能的底线，确立明确的量刑制度和规则。

第二节　风险刑法理论与功能主义刑法观的检视

近年来，世界范围内出现了社会发展的极速转变期，各种工业现代化过程中

---

① 姜涛、吴伟文：《量刑法定化：罪刑法定原则内涵的应有拓展》，载《西南政法大学学报》2013年第3期。

社会风险大量出现，我国作为世界上发展最为迅速的国家，短短的 40 年改革开放取得了举世瞩目的成就，但同样也面临着巨大的社会挑战，社会风险也大量涌现。在此背景下，有学者提出在风险社会理论背景下，建立"风险刑法"的理论观点，以前置化处置犯罪来防止各种风险。① 这种观点具有相当的代表性，也确确实实反映在了刑法立法活动中，刑法立法扩张化就是其影响明显结果。同时，也有部分学者提出"风险刑法"本身就是"刑法的风险"，会危及传统刑法，与之有明显的矛盾。②

一、风险刑法理论与刑法立法论

风险刑法理论来源于风险社会学的理论，与传统刑法相比，作为风险控制机制的组成部分，刑法不再是基于报应与谴责，而是为了控制风险而进行威慑，威慑是刑事制裁的首要理由。③ 在此风险刑法的理论支撑下，刑法立法领域势必体现出犯罪圈的扩张，刑罚的"重刑主义"倾向，产生了很多的刑法理论问题，直接影响刑法观念的变化。

（一）风险刑法理论在刑法立法方面的表现

一方面，风险刑法理论支持下，刑法立法在犯罪方面表现为犯罪圈的扩大。为了防止危险的发生，刑法立法活动势必表现为增设新罪名，犯罪门槛降低，犯罪圈持续扩充：首先，风险刑法主张刑法是为了控制风险而对犯罪予以处罚，而我国社会发展恰好处在转型期，社会、经济、自然环境等都面临着以往无法想象的各种风险，这样的客观需求必然使得刑法在犯罪方面持续保持立法的扩张；其次，风险刑法理论主张预防是刑法的首要任务，立法层面的犯罪扩大符合有效防止犯罪的要求；最后，风险刑法对于犯罪在立法层面的扩张，本就不排斥，甚至还是持欢迎态度，这种现象使得立法扩张化有了更加有利的基础。

另一方面，刑法立法在刑罚方面表现为"重刑化"倾向，风险刑法理论主张刑罚的目的是防止危险的发生。在我国社会治理的实践中，刑罚权被赋予了特殊地位，甚至在很多场合被当作是社会治理最可靠的手段，在此背景下，重刑主义往往受到欢迎。正如前面概括的近年来我国刑法立法在刑罚上的规律，刑罚的总体趋势是从严的趋势，这和风险刑法的内在价值不谋而合。

（二）风险刑法理论的反思和传统刑法理论的坚守

对于以上风险刑法对刑法观念的影响，笔者认为必须予以审慎的研究与反

---

① 劳东燕：《风险社会中的刑法：社会转型与刑法理论的变迁》，北京大学出版社 2015 年版，第 4 - 6 页。
② 陈兴良：《"风险刑法"与刑法风险：双重视角的考察》，载《法商研究》2011 年第 4 期。
③ 劳东燕：《公共政策与风险社会的刑法》，载《中国社会科学研究》2007 年第 3 期。

思：第一，风险是客观存在的，具有客观性，人造成的风险和自然的风险，都是客观世界中风险的正常状态，如果无法理解这样的规律，而强调对风险的人为干预，是否符合客观规律值得反思和探讨，而且可能造成更加严重的风险；第二，风险概念本身并不意味着单纯的消极，风险本身可能也具有积极意义，一味地予以刑法的制裁，势必会抑制风险的积极意义的产生；第三，风险和危害结果的因果性具有相当的不确定性，这种不确定性是客观存在的，如果基于这种不确定性就加以刑法的规制，实质是对不确定性的风险基于确定的负面评价；第四，风险刑法本身具有"刑法的风险"的可能，而这种风险是对刑法保障人权机能的潜在破坏，是对以牺牲刑事法治为代价的风险防控，其滞后的破坏力可能比原本的风险更加巨大；第五，风险刑法观使得刑法越位成为防范风险发生最行之有效的办法，而忽略了作为危险发生复杂的社会和自然原因，使得刑法这一和危险源本身并没有直接关系的因素成为防范风险最"依赖"的手段，对风险防范乃至根除并没有积极作用，甚至在一定程度上还会掩盖真正的解决办法，从而与风险刑法的首要价值——防范风险背道而驰。

风险刑法在犯罪和刑罚立法方面的扩张化影响，在引起支持者的赞同的同时，也引起了对于传统刑法理论坚守的呼声。首先，风险刑法对于罪刑法定原则具有极大的挑战，刑事法治的基本标志就是对国家刑罚权的限制，保障公民的基本权利不受不可控的国家权力的侵害，而风险刑法基于防范风险的需求而对公民基本权利予以提前规制，是对传统刑法理论的巨大挑战；风险刑法中的风险本身具有中性，和传统刑法中的危险并不是一样的概念，传统刑法中的危险是否定的、消极的，不论是具体的危险还是抽象的危险都是对法益的潜在威胁；传统刑法理论中已经有抽象危险犯的理论，其产生的时间远远早于风险刑法理论，不能说风险刑法理论是抽象危险犯大量增加的合理理论依据，而且抽象危险是被证明确定的危险存在，只是从举证责任角度推断危险存在而已，而风险则是不确定的危险，不能用不确定危险作为大量抽象危险犯产生的依据。

(三) 风险刑法理论对刑法立法论的影响

风险刑法理论使得立法者在立法时有了更多的理论选择，在刑法保障和保护、自由和秩序方面选择，有了更多的理论支撑。我国刑法立法扩张化态势明显，可以说风险刑法理论为这种态势的合理性提供了刑法论意义上的理论支持，虽然如前面所讲，风险刑法理论本身值得反思，相对传统刑法理论，其理论完善性、正当性都值得商榷，但要承认其在刑法立法活动中实实在在起到明显的作用。这种作用反映在刑法立法论层面上，就是在产生了功利主义的刑法立法论，主张刑法对于风险的防控要主动出击，积极应对，形成积极的刑法观，对于风险本身强调预防为主，形成了预防性刑法观。但是值得注意的是，这些刑法立法观本身具备了相应独立性，风险刑法理论自身的矛盾并不会必然传导至这些理论。

可见，风险刑法理论契合了刑法立法扩张的现实状况，但其自身本身有诸多理论矛盾和不完善，因此不能完全反映刑法立法的实践依据。但不能就此认为刑法立法扩张化不具有理论正当性，而是风险刑法理论不足以支撑刑法立法扩张化的实践合理性。

二、积极刑法立法观的提倡与限度

我国刑法立法的扩张化现实，体现了刑法对于社会现实积极反应，表现为刑法频繁修改，刑法立法活跃，这种现象被称为积极刑法观的确立。① 其与传统刑法立法观相对，传统刑法立法观主张刑法的谦抑性，刑法应当消极、被动。积极刑法立法观实质是一种功利刑法观的体现，其不再坚持刑法是社会治理最后手段的观点，主张刑法应当主动积极参与社会治理，对社会生活中各种危险行为进行早期的刑事干预。这种积极刑法立法观不仅是理论上的反映，更是对刑法立法现状的描述，最重要的是这一观点已经被立法者明确表达，其明确指出刑法对于社会主义核心价值观、规范社会生活方面具有积极的推动和保障作用。《刑法修正案（九）》在立法制定思想上将刑法定位为"引导和推动社会发展的力量"，这是从立法决策层反映了积极刑法立法观的客观存在。②

（一）积极刑法立法观具有相当的实践合理性

其实积极刑法立法观和传统刑法谦抑性立法观，本质上并没有高低优劣，立法者采取何种立法观根本取决于其主张的刑法价值立场，而这种价值立场往往又是刑事司法实践、社会治理实践、国家治理实践紧密相关的。对于积极刑法立法观，有观点持积极支持态度，认为积极刑法观符合时代精神，是社会治理的"刚性"需求。③ 有观点持谨慎立场，认为积极刑法观的出现并不意味着传统刑法立法观的过时，这种积极刑法立法观还没有正式的确立。但是对这种积极的立法观也给出肯定评价，也认为刑法立法的扩张趋势，是对社会治理需求和社会控制客观需要的反映；是废除劳动教养后刑罚体系调整的客观需求；符合"宽严相济"刑事政策的内在要求，应该给予积极的评价。④

特别是有些犯罪，如恐怖主义犯罪相关立法，积极刑法立法观得以合理性的解释立法的正当性，而传统刑法立法观无法解释立法活动正当性。基于恐怖主义在全世界普遍危害性得以达成共识，对相关犯罪的打击为主转变为预防为主，世界各国基本自觉的积极应对，主张防患未然比事后惩罚更有社会意义，而且对于

---

① 周光权：《积极刑法立法观在中国的确立》，在《法学研究》2016 年第 4 期。
② 全国人大常委会法制工作委员会：《关于〈中华人民共和国刑法修正案〉（九）（草案）的说明》，2014 年 10 月 27 日，全国人大常委会第十一次会议。
③ 周光权：《积极刑法立法观在中国的确立》，在《法学研究》2016 年第 4 期。
④ 梁根林：《刑法修正：维度、策略、评价与反思》，载《法学研究》2017 年第 1 期。

恐怖分子的个别预防比一般预防显得格外重要，因此，积极的刑法立法观也得到广泛认可。再如网络犯罪，积极刑法立法观将早期的网络犯罪萌芽扼杀在预备阶段，并阻止帮助犯的参与，有利于最大限度解决犯罪预防问题。如果由传统刑法立法规则会遇到诸多理论问题，无法实际地解决问题，而且无法实现刑法的修改。

（二）积极刑法立法观的限度

积极刑法立法观具有相当的实践合理性，并不意味着可以任意以此为依据而对刑法进行恣意的改造，而是要在一定条件下予以限制：

对于积极刑法立法观与时代精神关系。法治的发展必然反映时代精神，那么必然要求我们考察我们所面对的这个时代，我国现在所处的时代不同于西方国家的发展历程，西方现代国家经历的阶段和我国现阶段经历有着许多不同。简单来说，我国的现状是多种社会状态的混合体，经济、社会高速发展的变革时刻，要求我们的刑法立法活动适时积极地做出反应；同时，我国自身法治建设时间并不长，立法和司法层面对于法治来说，还处在建设阶段，对传统刑法的各种价值观还处于建立和推广的阶段，不仅不应该过早地淘汰，反而应该大力发展和提倡。所以在此意义上，积极刑法立法观并不应该全面排斥传统刑法立法观，而是找准自己的位置，不能过度地加以运用，对于无须积极予以适用的犯罪，可以继续坚持传统的刑法立法观，强调刑法的谦抑性。

对于积极刑法立法观与社会刚需的关系。人的需求是多样和分层的，法律作为人类需求之一，是因为法律满足了人类安全的需求，而安全的需求可以说是人类的首要需求。为了满足安全的需求，人类对于法律的需求越来越多，但法律终究无法完全满足人类的需求，始终具有滞后性，不可能将人类对于安全的需求主要寄托于法律的完善。特别是现代社会中，人类安全的刚需靠的是综合社会治理措施，必须充分认识到法律措施，特别是刑法措施只是保证人类安全需要的重要措施之一。虽然在某些特殊历史时刻发挥着其他措施无法替代的有效性，但绝不能就认为刑法措施是最有效的措施，在任何时候都是各种措施之中优先考虑的对象。所以应当将刑法治理措施纳入社会整体措施中予以考虑，反对无条件地对社会变化予以积极的刑法立法体现，而是要综合观察各种治理措施，只有在穷尽其他措施无效或收效甚微的情况下，再采取积极的刑法立法，从而平衡刑法的治理和其他治理手段的关系。

三、预防性刑法立法观的出现与思考

基于风险刑法理论，预防刑法，只是为了防止危险对法益的侵害；基于对安全、风险的关注，而在刑法立法上体现出明显的预防性特征，具体表现为犯罪化、危险犯增加、安全价值优先、刑罚积极预防等为特征的预防性立法。① 预防性刑法立法观体现在对犯罪和刑罚的制定方面，都以预防为导向。

（一）预防性刑法立法观的现实合理性

预防刑法作为我国刑法立法活动的客观描述，是和当下的时代背景、现实需求有着必然联系的。

首先，社会需求是预防性刑法立法观的现实依据。传统刑法立法观反对刑法对社会秩序过分干预。在风险社会理论的支撑下，对于大量出现的风险，在其转化为危险的可能性下，要求国家采取预防的措施，排除潜在的危险，从而保证安全状态。② 法律作为国家制定并保障的规则体系，为了回应风险社会的客观需求，必然表现为预防性的特征。和之前的积极刑法立法观有着异曲同工之处，刑法立法行为体现了鲜明的预防特征。因此，刑法立法的预防表现是对社会现实需求的直接反映，是无法避免的时代趋势。

其次，预防性刑法立法是国家职能现代转折的当然反映。国家的职能在早期法治国家时期的表现是对公民自由的保护，防止国家权力，特别是刑事权力对公民个人的侵犯。随着现代工业国家发展，风险的防范逐步成为国家职能的重要部分，防范社会、经济等各个方面的风险，防止风险实害化，为国家、社会和公民提供安全的秩序，逐步上升为国家的首要任务，这样的变化必然反映到刑法的立法活动中，刑法逐步改变了过去保守谦抑的价值倾向，而逐步转变为积极预防的价值立场。

最后，预防性刑法是其他社会治理规范失效的必然结果。预防刑法的横空出世不是完全主动的结果，而是其他社会治理手段失效或效果不佳时，国家所能依靠的最有力的手段。一方面，法律体系以外的诸如道德伦理规范，一旦无法有效化解风险，防止其向危险转变，国家必然寻求法律规范手段，其中刑法又是最有力的规范措施；另一方面，在法律规制手段内部，也会出现民法、行政法等手段失调的时候，作为补充法的刑法当然要主动参与，而且这种参与逐步变成了提前介入，而无须民法、行政法的前期调整。

（二）对预防性刑法立法观的思考

如果过于强调预防刑法主张的预防导向，是否会造成刑法干预社会过度化越界？是否会伤害刑事法治的核心价值？鉴于预防刑法立法虽然已是客观事实，但作为理论建构仍然还处于探索时期，我们在这里先做一些初步的思考。

---

① 高铭暄、孙道萃：《预防性刑法观及其教义学思考》，载《中国法学》2018 年第 1 期，第 166 - 167 页。

② ［日］川岛武宜：《现代化与法》，申政武等译，中国政法大学出版社 2004 年版，第 221 页。

首先，预防性刑法立法观和刑事法治的内在要求具有矛盾冲突。国家作为刑法立法的主体，既是公民权利的守护者，也可能演变成公民权利的破坏者。在以往传统刑法立法观里面，对国家刑法权的限制一直是主流价值，主张刑法的谦抑性，反对刑法过度参与社会生活。但在风险社会背景下，刑法的积极性被予以强调，主张刑法预防机能在立法活动中得到体现，甚至对预防性的刑法立法给予积极评价，客观上放松对刑罚权的限制，极有可能伤害到刑事法治的根本。虽然从动机的角度是为了更好地保护公民权利，而结果则可能是预防性刑法本身就是对公民权利的威胁。其反映的国家意志是为了使风险可控，保护未来的某种法益不被侵害，国家限制了公民的某项引起风险的某种行为，反而对自身刑罚权放松了控制。这种背景下的立法活动，如果没有与之相匹配的新约束机制，没有任何理由可以确保如国家刑罚权不会威胁公民自由。可见预防性刑法立法观和刑事法治中国家权力的限制具有矛盾冲突。比如在欧洲，预防性的反恐刑法措施频繁诞生，为此，德国学者希尔根多夫认为，这种安全优先于自由通常是合理的，是面对极端恐怖主义危险的合理立法行为，不过需要注意的是手段务必适当和必要。①

其次，预防性刑法立法存在制度上的瓶颈。刑法立法活动是刑事法治体系对社会生活的首要反应环节，特别是在风险社会下，我国近年来几次的刑法修正不断体现预防性立法的倾向，形成了初具规模的预防性立法动态，对传统刑法立法思维具有极大的冲击。但是，这些立法实践活动的效果还需要时间和社会的进一步考验，立法活动中的民主性、科学性存在较大的争议，新近立法的效果有待检验，立法的科学性等问题仍存争议。可见，预防性刑法立法缺乏可靠、完备的制度护航，容易滋生立法权力的恣意，容易使得立法权异化，从而预防性刑法自身变成了不可控的"风险"，进而危害公民权利。

最后，预防性刑法立法观在法教义建构方面仍显薄弱。正如前面讲到，预防性刑法立法虽然已经在立法实践层面大量出现，但在理论层面上，预防性立法仍处在探索阶段，对传统的刑法体系并未构成直接的影响和威胁，而在此基础上形成的预防性刑法观只是雏形，还没有成熟和完整的体系。但从预防刑法观在立法上的重大影响来看，其涉及了刑法价值观的基本态度，是刑法教义学必须面对的重大议题，预防性刑法观念建构抑或放弃不宜迟滞不前。

第三节　象征性立法、情绪化立法的警惕与规避

从近年来立法实践情况看，刑法立法活动中有两种值得警惕的立法思想和观

---

① ［德］埃里克·希尔根多夫：《德国刑法学：从传统到现代》，江溯、黄笑岩等译，北京大学出版社2015年版，第44页。

念,即象征性立法、情绪化立法,这两种立法观念已经引起立法实践层面和理论界的注意。他们在立法实践层面已经产生了实质的影响,甚至还有继续扩大的趋势,为此我们要认真加以分析、考察,并适当地予以警惕和规避。

一、象征性立法的提出、表现及警惕

一般而言,所谓象征性立法指立法者为了满足政治需要、政策意图或回应民意,在政治宣示、安抚民意的真实动机下贸然立法。① 这就是"象征性立法",这样的立法实质上是将法律视为工具。一般的观点都认为象征性立法与立法活动的科学性、有效性原则相背离,

"有形式意义上的立法存在感"或宣示一种"规范声明"注释。② 可见,虽然对于象征性立法的看法多数是消极的,但其也揭示了"象征性立法"与"必要"的立法修改相互混同,也势必会造成当前刑法立法活动缺乏正当性、科学性。

结合近年来我国刑法立法领域的实践,刑法的象征性立法具有显著的表现:首先,刑法立法者的政治偏好在立法中得以尽情展现,甚至可以这样说,为了维护和体现立法者的政治倾向而对刑法立法权予以积极发动,象征立法实质上是一种政治表态,其表面上的立法目的明确,即是为了维护某种特定的价值而不惜动用刑罚手段,但其背后仍是"象征性刑法的核心特征在于立法启动的随意性与立法过程的非科学性为基础,"③;其次,象征性的刑法立法活动对热点社会问题回应得更加积极。对于国家、社会、经济、公民权利等各个方面,刑法均积极介入,表现为象征刑法的主动关切,形式上表现为立法前置化、法益抽象化的形式。④ 象征性的刑法积极甚至是过度回应公众的需求,展现了刑法立法者对于公众需求的重视和回应,缺乏对刑法立法本身的本位思考,过度的关注公众的态度和评价,使得刑法的立法科学性受到挑战。

笔者认为,这种象征性的刑法立法现象必须加以重视和警惕,虽然其产生存在大量的合理性基础,特别是在风险社会的背景下,契合了公众对于风险防控的需求和立法者政治诉求的完美结合,具有相当程度上的实践合理性,但其负面的特征还是必须予以警惕:

首先,象征性刑法立法可能导致刑法立法的正当性受损。刑法立法的正当性在于立法过程本身的独立性,而象征性立法将刑法作为积极回应公众情趣、实现立法者政治目的工具,容易陷入忽视立法自身独立性的境遇。刑法立法的正当性

---

① 高铭暄、孙道萃:《预防性刑法观及其教义学思考》,载《中国法学》2018年第1期,第174页。
② 高铭暄、孙道萃:《预防性刑法观及其教义学思考》,载《中国法学》2018年第1期,第175页。
③ 魏昌东:《刑法立法"反向运动"中的象征主义倾向及其规避》,载《环球法律评论》2018年第6期,第50页。
④ 魏昌东:《新刑法工具主义的批判与矫正》,《法学》2016年第2期,第91页。

还体现在立法目的的正当性，象征性立法过分地关注立法者的政治主张、公众的情绪反应，反而忽视了刑法的法益保护的目的，特别是为了某种象征性的目的而伤害到刑法本来的目的的实现。

其次，对传统刑法理论体系构成价值观上的冲击乃至破坏。象征性的刑法立法注重刑法的工具属性，强调刑法在国家治理、社会转型中的工具地位和象征意义，为此，可能使得刑法立法本身异化为社会管控的某种最行之有效的工具。这种立法活动对于传统刑法理论体系的冲击乃至破坏是根本性和系统性的，特别是对于刑法谦抑性的破坏，导致刑法立法由保守变得积极，由审慎变得恣意，由理性变得任性。

再次，象征性的刑法立法效果存在较大争议。由于象征性立法的出发点和关注点过多关注刑法之外的公众满意和政治正确，势必造成为了立法而不断突破刑法立法自身的规律和价值要求，这样的立法结果往往导致刑法自身法律价值和实践意义遇到极大争议，特别是导致大量的象征性立法条款的"僵尸化"。这些条款存在的意义就是一种观点表达，一旦出现司法适用又会引起极大争议，甚至出现公众满意和政治正确自身的否定。例如，在金融刑法领域，基于金融管理部门的需求，大量的象征性立法产生，导致很多金融领域的违法行为上升为刑事违法行为，但其刑法治理效果又收效甚微，有些罪名长期予以闲置，如期货类犯罪，有些罪名在适用时基本被其他罪名所涵盖吸收，无法独立适用以规制犯罪。如擅自设立金融机构罪，伪造、变造转让金融机构经营许可证、批准文件罪等，本就可以通过行政管理手段予以管控，即使入罪后也是被其他更严重的犯罪按吸收犯、牵连犯等予以吸收处理。

二、情绪化立法的出现、批判及规避

基于近年来刑法立法活动的观察和描述，刑事领域中的情绪性立法应指，立法机关因受情绪化的民意、舆论的左右影响，导致在刑事法律修正的过程中而冲动地、让步式地增设、修改或删除刑事法律条文的行为。[1] 我们可以观察到刑法立法越来越积极的回应和关注"民意""舆论"，甚至在某些情况下这些体现社会大众情绪的内容有过度摄入、影响刑事立法的嫌疑，这种现象是在整个刑法立法活动中都有一定展现的，由此导致不理性的情绪性刑事立法现象频频发生。在讨论情绪化立法的同时，我们不能想当然认为所有的民意或舆论都是一种"情绪"，受其影响的立法都是情绪性立法。"情绪"一词的语义表达具有主观性、短暂性和非理性的特点。因此，只有"情绪化"的民意或舆论对刑事立法产生实质影响，才能定义情绪性立法。

---

[1] 刘宪权：《刑事立法应力戒情绪——以〈刑法修正案（九）〉为视角》，载《法学评论》2016年第1期。

对于情绪化立法的现象，我们认为必须予以坚决的批判：

首先，情绪化的民意和舆论本身并不能真正地代表民意和舆论的实体价值。尊重民意本身并没有错，而且正确地了解民意是制定包括法律在内国家规制的必备基础，这是由国家权力本质属性决定的，而且从立法的实质分析，其行为本身就是将符合程序采集的真实民意上升为国家法律的过程。可以这样认为，包括《刑法》在内的所有法律都是民意的正当化的国家体现。但是我们必须清醒地认识到，民意本身具有随意性、不可控、从众性、易被操作性。特别是进入互联网时代，民意在网络空间得以充分展现，立法者也更容易获取民意，但这样的民意又往往最不可信，随意不可控、从众易被操纵性反而更加淋漓尽致。这种离开了民主制度与程序的民意是最终不可测、不可信的民意。"要很精确地来谈民意，与了解圣灵的工作没有两样。"① 如果刑事立法据此种民意和舆论来进行立法工作，将会陷入虚假、冲动、非理性的泥沼之中，而立法的成果将缺乏基本的正义性，演变成"多数人的暴力"在立法层面的反映。

其次，情绪化的刑法立法会导致刑法功能的异化。刑法的功能首要是对法益的保护，其主要的任务是对需要刑罚权予以捍卫的法益得以实现安定性。情绪化的立法活动会把关注点放在民意和舆论上，而这种民意和舆论并不必然地反映应当被刑法所保护的法益，导致立法结果的功能脱离法益保护，极有可能只是突出反映民意，而忽视刑法的本位功能，最终导致某些领域的刑法在功能上处于失效状态。

最后，情绪化的刑法立法导致的负面后果会对整个法治体系造成伤害。情绪化的刑法立法虽然只是在刑事法领域产生直接影响，但由于刑法调整的社会关系是所有部门法中最为广泛的，而且也是和公众生活最为密切关联的，并且刑事案件往往是舆论关注的焦点，也是民众最为关心的话题，所以一旦在刑法领域开启了情绪化立法的大门，所造成的对法治体系的破坏将是不可估量的。而且直接造成的对公民权利的侵害也是部门法中最为严重的，将直接影响法治体系的建立和公众对法治的信任、信仰。

在对情绪化立法批判的基础之上，我们要力求做到积极、有效的规避。首先，对民意或舆论，要坚持区分对待，审慎参考。对于民意，在刑法立法活动中，要坚持有所为有所不为，对民意和舆论保持理性的态度，不能轻易地吸收抑或排斥民意，既要认识到民意中包含的刑法立法应予以考虑的价值，又要摒弃其中包含的不合理宣泄情绪。其次，刑法立法要坚持建立和遵守完善的程序，民意的吸收接纳必须在法定程序框架内予以实施，切忌出现网络调查、投票左右规范的立法程序的情况，立法的过程必须依法独立实施。最后，坚持处理好刑法的稳定性价值与前瞻性的关系。刑法的稳定性价值是罪刑法定原则的内在要求，一旦

---

① 彭怀恩：《政治传播与沟通》，台湾风云论坛出版有限公司2002年版，第103页。

被制定便要保持基本的稳定性,防止情绪性的变动性,对于维护刑法的价值极为重要。面对风险社会中复杂多变的新型犯罪,在立法领域频繁变动的背景下依然要坚持稳妥的立法模式,防止刑法的频繁修改带来的对法治体系的深层破坏。

第四节 立法事实理论的建立与提倡

前述内容笔者对刑法立法论中出现的各种重大倾向予以了讨论,在我国刑法立法扩张化趋势明显的背景下,笔者必然不能回避刑法论位阶价值上的刑法立法理论的探讨,在对刑法保护、保障机能协调,风险刑法理论与功能主义刑法立法观的反思评价,象征性立法、情绪化立法的警惕和规避等基础上,笔者认为有必要提出刑法立法理论的探寻和建构。

一、立法事实论的提出——基于规范与事实的关系

立法是执政者的特定主体以政权的名义,依据一定职权,遵循一定的程序,运用一定的技术,提供具有普遍性、明确性法律规范的活动。① 据此,刑法立法就可以概括为执政者,按一定职权、程序、技术,确立犯罪和刑罚规范的活动。基于认识论的原理,法律规范是人类在立法活动中对客观事实予以抽象认知,并将抽象的事实赋予确定法律后果的规则。从认识论的角度,立法过程是人类第一认识阶段(从客观到主观)的活动,而法规的产生目的在于通过这种对事实的法律意义上的规定达到规范社会的目的,而且正是在这种规范的过程之中,使得立法行为所依据的事实被加工为刑法规范,是立法者对于一定客观事实的刑法价值的主体认识反映。

可见,刑法立法活动从本体上是刑法立法主体和立法所依据的事实之间的关系,简言之,即立法者和立法事实的关系。讨论和评价刑法立法活动的优劣必须回归到刑法立法活动的本质上来,分析和建构立法者与立法事实的关系、互动,发现立法者与立法事实如何科学地对应,以此回应、评价刑法立法活动在现实诸多的表现。

二、立法事实论的内涵——立法事实的探究是立法活动之基石

前面笔者列举了刑法立法活动中出现的种种观念,特别是在风险刑法理论背景下,产生了功利主义刑法立法观,其中值得注意的是积极刑法观、预防刑法观,这些刑法立法观念有褒有贬,在适度提倡的情况下还要注意适度的限制。此外,还出现了值得警惕的象征性立法、情绪化立法的立法活动,更值得警惕。笔者认为,之所以出现这样的情况,是因为没有从刑法本体理论的角度确立刑法立

---

① 徐向华主编:《立法学教程》,北京大学出版社2017年版,第40页。

法活动的本质，在刑法立法理论层面缺乏指导性、原则性的解决方案，使得对于刑法立法出现的各种思潮和现象，多是形式上的批判和建议，缺乏深层次的探究。为此，笔者从认识论的角度，从规范与事实的关系出发，认为刑法立法活动是刑法立法主体和立法所依据的事实之间的关系，简言之，即立法者和立法事实的关系。在这种关系中，最重要的或者说首要的任务就是确立立法所依据的事实的内容，即立法事实的内容。

（一）立法事实的内容确立

说到立法事实，我们必须首先明确此处讨论的语境范围。结合前述所谈内容，立法事实的内容首先是相对于立法者而言的，或者说立法事实是立法者立法活动所指向的客体，是立法活动所依据的客观事实，是客观事实进入立法者的规范评价后所产生的事实。其认识论的本质是客观事实被认识主体的认识活动所指向并规范后之事实。

此外，立法事实最重要的区分对象应该是司法事实（裁判事实）。司法事实从认识论的角度，是立法活动完成后形成了法律规范，再用法律规范去适用客观事实所形成的一种事实，其实质是认识论的第二阶段，其本质是人类认识活动后形成的成果（法律），再去适用客观事实后形成的成果（法律事实）。而立法事实从认识论的顺序上看，属于第一阶段的认识论活动，是立法者对客观事实予以分析、判断所依据的对象，"它不是具体的事实，而是普遍的、抽象的事实"，[①]立法活动务必落实在客观的社会实践基础上，以丰富的社会生活作为对象。

据此，我们认为立法事实之内容应该表述为：通过立法活动所确认的，具有刑法之法益保护必要性的客观事实，刑法立法活动必须基于此展开。这一表达有以下内涵予以展开：首先，立法事实必须通过立法活动才能获得，即不是脱离人类认识活动的独立的客观事实，是与人类活动，特别是立法活动紧密联系的客观事实；其次，立法事实是具有刑法之法益保护必要的客观事实，这是刑法立法事实论的核心。在此意义上，笔者认为，不是被刑法立法所指向的客观事实都是真正的立法事实，因为这样的事实只是"非正常"地进入了刑法立法活动，其缺乏刑法之法益保护的必要性，不能认为所有的社会生活事实只要被刑法所关注就能成为立法事实。我们必须清醒地认识到刑法的法益保护必要性是立法事实的内在实质要求，甚至可以说是刑法立法事实论的核心价值。

（二）立法事实与法益保护必要性

上面，我们提出了立法事实的核心价值和内在实质要求是具有刑法之法益保

[①] 姜涛：《立法事实论——为刑法立法科学化探索未来》，载《法制与社会发展》2018 年第 1 期，第 119 页。

护的必要性，也就是从根本上提出一个问题：什么样的客观事实才具有法益保护的必要性，从而成为刑法立法事实。

在这里必然要讨论法益的概念，根据张明楷教授主张的观点：法益是一种利益，是与法相联系并被法律所保护的一种利益，法益必须具有可侵害性，法益必须是和人相联系。对于受侵害的角度来说，法益是受到侵害或威胁的利益，从受保护的角度来说，法益是法所保护的利益。①

按照对法益的概念描述，笔者认为立法事实具有法益之保护必要性就必须考察以下几个方面：

第一，立法事实必须反映一定的利益所在，是能够满足人们某种利益的一种事实。如果某种事实仅仅是一种客观生活状态的存在，对于人们来说，不具有任何意义的满足价值，则不能成为立法事实的来源。

第二，立法事实必须是作为犯罪所侵害或威胁的对象。这里所表达的意思就是成为立法事实的客观存在必须能够成为潜在犯罪行为的危害对象，具有可被伤害性；如果某种对于人们虽然有利益关系的事实，但这种事实本身不可能成为危害行为的伤害对象，那么这种事实也不应该成为立法事实，更不应该最终成为犯罪立法的事实来源。

第三，立法事实是必须具有刑法保护必要性。虽然某种客观事实体现了一定利益所在，且能够成为危害行为的侵害对象，但是可以通过其他部门法予以充分调整和保护，那么这种客观事实也就没有必要予以刑法立法保护，从而不能成为刑法立法事实之来源。

第四，立法事实是必须和人这个主体相关联，特别是某种具体、群体的人。如果某种事实体现可以是被侵害的利益，而且是具有刑法保护之必要性，但仔细推敲后发现，这种看似具体而必要的法益，缺乏具体的人与之关联，最终使得立法的必要性得以落空，这样的事实也不能成为立法事实之来源。

通过以上论述，我们的观点是：立法事实是通过立法活动所确认的，具有刑法之法益保护必要性的客观事实，刑法立法活必须基于此展开，离开这样立法事实，刑法的立法活动将缺乏最基本的科学性，从而不能有效把控各种功利立法观念的边界和限度，极易滋生象征性立法、情绪性立法。

还有问题值得探讨的是，立法事实论和法益论之间的关系。法益论解决了犯罪的标准认定问题，是解决犯罪化、非犯罪化的重要工具。从某种意义上，法益论具有刑法立法意义上的标准之地位，立法事实也要判断法益保护之必要性，那么在这种情况下，还有无单独提出立法事实论的必要？笔者认为，之所以有这样的理论顾虑，是因为对两者的本质和定位缺乏清晰的认识，没有充分认识到两者的互补性：

---

① 张明楷：《刑法学（第五版）》，法律出版社2017年版，第62-63页。

首先，法益论的本质是解决犯罪化、非犯罪化的标准和根据，解决是标准问题，但是长期受到质疑的是其本身的不确定性。虽然法益的概念并非绝对明确，但似乎没有找到其他更为理想的理论概念，在这种情况下，"立法事实使法益内容具体化、可操作化"，① 作为法益的前置概念，立法事实为法益的判断指出了具体的对象和参考的事实，为抽象的法益概念提供了具体的落实途径。

其次，立法事实论的本质是刑法立法活动的来源与对象，解决的是立法的根据和事实问题。但这种立法事实论需要有一个限度标准，防止立法事实的来源过于庞杂和泛滥，而且对于犯罪的标准在刑法理论中已经于犯罪论部分予以了充分的讨论，法益论是比较成熟的理论，也是比较可靠的犯罪化或非犯罪化的依据。

可见，立法事实论主张在法益保护必要性的讨论之下，确立立法事实的范围与内容，使其内涵具有充分的刑法学意义上的合理性。同时，立法事实论的建构在立法层面可以使法益的内容具有了具体和明确的内容，将法益的保护在立法层面纳入了思考的范围。

三、立法事实论的提倡——刑法立法论的科学化

立法事实论的确立和积极发挥，必须依赖于立法实践的直接运用，刑法立法论的科学化要建立在立法事实论在犯罪和刑罚立法方面的贯穿和坚持，这样的实践运用决定了立法事实论的最终效果及刑法立法论科学化的实现。

（一）"创设"犯罪的立法事实论提倡

第一，刑法对犯罪的描述必须严格依赖于既定立法事实，不能基于推测的事实描述。

刑法对犯罪的描述，主要采取的是构成要件的形式，在总则和分则中分别运用共同要件和具体要件的方式宣示犯罪的具体内容，而这种构成要件的描述是基于既定的立法事实的归纳，是对符合法益保护必要性的立法事实的归纳概括，这样的描述基本是对既定立法事实的客观描述即归纳。反之，刑法若对犯罪的描述是基于推测的事实，而不是既定的事实，即使其看起来具有某种法益保护的必要性，但因为缺乏最基本的客观立法事实，其犯罪立法的科学性都是相当存疑的。

在刑法的立法表现中比较突出的就是兜底条款中兜底部分的描述，立法者为了"完美"地解决所有的类型问题，在对既定立法事实的描述基础之上，对一些在实际中没有出现的可能性"事实"也加以规定，但这种规定又往往是缺乏确定的语言描述，往往是用"等等"予以概括。且不论这样的表述对罪刑法定的挑战，即使以立法事实论的角度，在立法阶段，这样的创设犯罪都是不符合立

---

① 姜涛：《立法事实论——为刑法立法科学化探索未来》，载《法制与社会发展》2018 年第 1 期，第 122 页。

法事实论的要求,有问题的。

此外,在本文前述讨论过的风险刑法理论,其立论的基础是风险社会的客观事实,但有观点认为"风险社会"本身就是一种推测的事实。这种观点认为,风险社会并不是社会的真实状态,而是文化或治理的产物,社会公众所感受的风险并不是真正某种事实的会产生的直接实际后果,而是源于各种推测的因素,如心理、社会、文化、媒体宣传等。① 所以,以这种推测的事实作为基础的风险刑法理论,一直受到质疑,按立法事实论的观点,这样推测出来的风险不应该成为刑法立法事实的来源。

最后,我们要警惕披着"事实"外衣的伪事实。在立法过程中,许多立法对策是基于一种进入人们视野的社会现实的反映,而这种社会现实可能往往是看上去是客观事实,实质确是其真实全面性存疑。如近年来对未成年人刑事责任年龄降低的立法诉求,其一个主要的立论来源就是未成年人恶行犯罪的数据上升,这种根据往往得到公众的认同。具体分析可见,公众的认同感往往来源于各种舆论媒介的渲染和推波,而不是具体客观的未成年人的犯罪数据,如果基于这种公众认同的"事实"开展刑法立法活动,其得到的结果必然也是脱离事实。

第二,刑法对犯罪的确立必须建立在确定的法益保护必要性之上,不能使刑法保护的法益虚空化。

立法事实论要求对于立法事实的判断要建立在实证的立法事实基础之上,对于纳入犯罪规定的事实行为必须要进行实证的分析,确定其为既定事实且有法益保护必要性,才能纳入立法活动。实证分析的方法显得尤为重要,必须警惕纳入犯罪的行为在缺乏直接用刑法保护法益必要性的实证研究情况下,在其他部门法还没有任何介入的时候就直接采用刑事制裁的方式。因为这样的创设犯罪方式背离了立法事实论的核心价值,缺乏法益保护的刑事必要性的论证,立法的科学性受到严重质疑,会造成刑法扩张的正当性存疑。这两种立法方式都是基于推测的立法事实,违背了立法事实论的基本要求。

为此,我们要特别注意立法实践中典型的两种实证分析的方法运用。一是司法实践中暴露出刑法立法上的漏洞,这种漏洞无法通过刑法解释予以解决,而且其法益保护必要性相对突出。笔者认为这样的漏洞就是典型的立法事实,发现漏洞的过程和方式就是典型的实证分析方法,如强制猥亵罪的立法就是这样的体现。当然,如果这种漏洞可以由刑法解释的方法予以弥补解决,则其再次单独立法予以法益保护的必要性也就没有了。二是司法实践中出现了刑法适用的矛盾和冲突,这种缺陷无法通过刑法解释予以解决,而且有刑法予以法益保护必要性的,这种矛盾和冲突所指向的事实就是典型的刑法立法事实,是刑法立法活动必须予以纠正的对象,如强奸罪与嫖宿幼女罪的先天矛盾,必然引起刑法立法活动

---

① 张明楷:《风险社会若干刑法理论问题反思》,载《法商研究》2011年第5期,第83-85页。

的干预。

据此，我们认为凡是缺乏立法事实论要求的犯罪化立法都应当不被允许：

首先，立法所依据的"事实"不具有真实确定性。刑法立法者不应采取立法的处理，不能基于不确定的、推测的事实开展立法工作，如恐怖主义犯罪中关于强制穿戴极端主义服饰罪的规定，这种行为对于恐怖主义犯罪本身的实施和发生作用并不是确定的，其立法的科学性有待考察。

其次，事实所体现的法益不具有刑事保护的必要性。刑法立法者就没有必要对其采取立法行动，如果这样的法益完全没有必要予以保护，即使看上去受到了某种侵害，但保护的必要性的欠缺也不应该使其成为立法的对象。或者这种法益可以得到刑法之外的部门法的保护，其也没有刑事方式保护的必要性，因而缺乏刑法立法的必要性。如聚众淫乱罪所指向行为模式，在当今社会开放的社会观念下，自愿支配的性行为缺乏法益保护的必要性，将其纳入刑法保护确实值得反思。还有近年来主张增设的暴力阻扰人民警察执行公务罪，笔者认为妨害警察执行公务的立法事实是妨碍公务罪已经考虑过的事实，这样的法益已经被保护了，其再次立法的保护的必要性严重存疑。还有增设考试作弊犯罪，笔者认为其法益保护完全可以由行政法规予以规制，对其基于刑事保护的必要性严重存疑。

最后，事实所体现的法益虽是客观存在，而且形式上也是具有保护必要性，但在价值层面，不具有法益保护的价值性时，也不应该予以关注。立法者在对事实进行判断时，必然要涉及价值判断，而这种价值判断在事实判断、法益必要性判断之后，它解决的是刑法是否关注这样的法益。这种观点实际上是主张刑法保护的法益要有价值性取舍的。如安乐死，虽然生命权是确定的事实，也有保护的必要性，但在价值取舍上，对于符合安乐死的生命权的放弃，刑法会有自己的价值取向，这种价值取向确立了其是否成立犯罪，归根结底是价值选择问题，不是立法事实不清抑或法益无关紧要。

（二）"制定"刑罚的立法事实论提倡

第一，制定刑罚体系的立法活动的安排必须要符合立法事实。

不能基于推测的事实来确立刑罚。具体来说，刑罚体系的确立必须要依赖确定事实对象。首先，刑罚所矫正的犯罪人，是确定客观存在的，刑罚的体系必须予以客观的对应。对待未成年人、成年人、老年人的刑罚体系要予以确立，对应怀孕女性的犯罪人则应该制定相应的量刑情节，等等。如果犯罪人的情况不是客观存在的，则不能对其制定相应刑罚措施，如对所有强奸罪犯罪人实施化学阉割，而犯罪人是女性的场合（共同犯罪），则这样的刑罚处罚措施是无法执行的。其次，刑罚方法的效果是切实可行并予以实证的，不能基于推测而确立刑罚体系。如主刑之间的配置比例，附加刑的设置适用都要予以实证研究，不能轻率地予以确立或删除。如终身监禁制度，目前在我国缺乏实证的研究，无法明确预知其效果，这种情形下确立实施有推测其会取得良好效果的嫌疑，但这种推测的代价则是犯罪人的终身自由。

第二，刑罚的确立必须充分考量其对法益保护的必要性。

如果某种刑罚的确立是符合法益保护必要性的，则其立法的科学性大大得到强化；反之，如果不利于法益保护的必要性，则其立法的科学性会受到必要挑战。如禁止令的设置，如果确实对于法益的保护起到明显效果，则说明其法益保护的必要性十分充足；如果其设置并不能使得法益得到有益的保护，则其欠缺法益保护的必要性。

综上，笔者认为，凡是缺乏立法事实论要求的刑罚立法都应当不被允许。首先，立法所依据的"事实"不具有真实确定性，刑罚立法不应也不能基于不确定的、推测的事实开展立法工作。其次，刑罚的确立并没有体现法益保护的必要性。刑罚的制定、实施并不能带来法益保护的功能，则其必要性会受到质疑。

第三章
刑法解释方法：争议与检讨

虽然法律解释学目前是法学研究中的"显学"，但随着哲学诠释学对法律解释学的"入侵"，出现了某种以本体论解释学反对方法论解释学的浪潮，对法律解释方法的强劲冲击甚至忽视也随之而来。但是，法律解释方法具有独特的法学意义与方法论价值，甚或是捍卫法治的必要手段，有必要对此进行检讨和重申。就鲜明强调罪刑法定主义的刑法解释领域，同样也在强调刑法客观解释立场和目的解释方法的基础上，主张刑法解释方法的多样性和任意性，[①] 充分表明刑法解释方法也呈现出某种更加开放、自由的姿态。那么，刑法解释方法作为一种捍卫刑事法治的必要手段，对其理论争议进行梳理并展开学术检讨十分必要。

第一节　法律解释方法的内涵

刑法解释方法是法律解释方法在刑法领域的运用。在研究刑法解释方法的独特性之前，有必要先厘清法律解释方法的内涵。关于法律解释方法，我们直观的印象就是文义解释、体系解释、历史解释、目的解释等具体的各种解释方法。很多著作和论文也常常直接从具体的解释方法着墨，反而对"法律解释方法"这一上位概念关注不多。但是笔者认为，对法律解释方法进行整体上的研究分析是有意义的。具体的意义我们将在下文的研究中逐渐展开。

一、法律解释方法的不同名称及其反映出的意义

文献检索发现，学界对法律解释方法的称谓和理解并不一致。德国拉伦茨称为法律解释的标准。[②] 日本学者则在法律解释方法之下区分解释的参照对象与条文的适用方法，我国学者对此概括为法律解释技巧与法律解释理由，[③] 除此之外我国大陆地区学者一般称为法律解释方法。而我国台湾地区学者则既有法律解释方法之称，亦有法律解释规则之谓。黄茂荣称之为法律解释的因素，并解释说：

[①] 周光权：《刑法解释方法位阶性的质疑》，载《法学研究》2014年第5期。
[②] 杨艳霞：《正当性刑法解释路径研究》，博士学位论文，中国政法大学2004年印制，第127-128页。
[③] 张明楷：《刑法学（第四版）》，法律出版社2011年版，第38-39页。

"所说明的只是法律解释时，必须考虑到的因素，它根本就不是解释的方法。"①张志铭认为，法律解释方法是法律解释操作的可行路径，是法律解释操作所应该遵循的准则，是法律解释操作结果——法律解释论点或主张——的形态，是支持法律解释论点或主张的理由。这就是法律解释方法的四种"面相"：规范类——解释的准则、规则、规范、标准、原则、指令、预设或格言等；路径类——解释的路径、方式或方法等；形态或结果类——解释论点；理由类——解释的理由、论据、根据、前提、要素、因素、渊源等。并且指出，上面四种名称均反映出了法律解释方法某一方面的特性，四者是"既是……也是……"的关系。②综上可见的法律解释方法之称谓，同时还有法律解释的路径/方式/技巧、法律解释的标准/规范/规则/准则/原则、法律解释的理由/论据/根据/前提/要素/因素/渊源，等等。可能正是受哲学诠释学"只要有理解，理解便不同"理论的影响，法学界对法律解释方法的不同称谓和理解本身就代表了某种多样性和任意性。

笔者认为，张志铭教授的研究非常准确、全面地抓住了法律解释方法的"众生相"，并且事实上法律解释方法在不同的场合也会展现出这些不同的特点。但是，需要进一步研究的是，法律解释方法的这四种"面相"是否存在矛盾，不同的名称的选择是否意味着对法律解释方法的不同的态度选择？在张志铭教授的研究基础上，笔者认为，上述问题的答案是肯定的。首先，上述四种"面相"展示的是法律解释方法的不同特点。规范类展示的是法律解释方法的严格性、规则主义的特点，路径类展示的是法律解释方法的方法论性质的特点，结果类展示的是法律解释方法的价值导向特点，而理由类展示的是法律解释方法的逻辑性、说理性特点。其次，结果类"面相"和其他类之间是有矛盾的。正如一个东西不能既是手段又是目的，不能既是过程又是结果，法律解释方法也不能既是论点又是论据。这也正是目前理论界一种有力的学说，将扩张、限制解释驱逐出法律解释方法范畴或者将扩张、限制解释与文义、体系、目的解释等分为解释技巧和解释理由的逻辑所在。③再次，理由类与规范或路径类"面相"也存在矛盾。前者展示出的法律解释方法是一种柔性的、可以随意拿捏、运用的工具形象，而后者展示的是一种刚性的具有独特存在感的类似法律规范的形象。所以，笔者最终的结论是，由于四类"面相"有内在的矛盾存在，不同的"面相"也表征了法律解释方法的不同特点，因此，有必要有所侧重，在法律解释方法的名称选择上就体现出一定的态度。笔者的选择是使用路径类的"方法"。理由在于，规范类"面相"体现出的法律解释方法过于刚性，过于偏向严格解释、形式主义，且在实践当中难以做到完全按照既定的规则得出结论。同时，解释规则的用语有的学

---

① 杨艳霞：《正当性刑法解释路径研究》，博士学位论文，中国政法大学2004年印制，第127-128页。
② 张志铭：《法律解释学》，中国人民大学出版社2015年版，第46-47页。
③ 详情参见本文第三部分"刑法解释方法的种类与关系"之论述。

者也赋予不同于解释方法的含义，如陈金钊认为法律解释规则是法律解释方法的运用准则；① 理由类"面相"体现出的法律解释方法过于柔性，过于重视法律解释的价值导向功能而忽视了法律解释方法的独立方法论价值，在实践中可能导致只要结果合理，理由无限的现象；结果类"面相"根据上文论述似乎不应当成为法律解释方法的特征。因此，走折中路线的"方法"一词仍然是最好的选择，同时也是早已约定俗成的概念。看似笔者上面论述了一大篇，并没有引起什么实质性改变的结论，但是当我们对"法律解释方法"一个称号所反映的法律解释方法的内涵有所了解之后，我们对法律解释方法的理解和运用无疑更加透彻了。

二、法律解释方法之于法律解释学的独立意义

受哲学诠释学"只要有理解，理解便不同"理论的影响，相当一部分学者更加重视解释者的能动性，相反更加忽视解释方法的客观性、规则性。如有学者认为，运用方法来拘束解释者的企图是无法实现的。② 还有学者认为，立场选择与方法运用是"道"和"器"、"体"和"用"的关系。解释立场决定着刑法解释的方向和角度。而解释方法则只是刑法解释的技术和工具。③ 意思就是解释立场重要，而不同的解释立场下可以任意选择不同的解释方法得出自己想要的结论，解释方法的不重要性溢于言表。"人们尽管作出了种种努力，以求发现一种理解、解释法律的方法，然而我看不出在通过法律解释而获得更确定的法律这个问题上人类有多少进步。"④ "运用方法来拘束解释者的企图是无法实现的"或许是实证主义视角下的相对真理，但是是否意味着对解释方法的全盘否定和放弃？显然不可能。正如"防止犯罪"永远无法达到，但是并不否认防止犯罪是刑事法治所追求的目标；同样的道理也存在于证明对客观真实的追求、刑事诉讼程序对"不枉不纵"的追求之中。"不论传统法律解释方法的种类多寡，它们总透着法律解释如何可能之精神，并试图要消解法律的不确定性这一关键问题……这一不可为而为之的努力延绵不绝，这既有人穷理的执拗，更有法律活动，尤其是裁判活动对确定性的需求。"⑤ 并且，上述正反两方面的观点其实对于法律解释方法限制解释、拘束解释者的意义的认识是一致的，所不同的是对这种意义是否实现所持乐观或悲观态度。笔者认为，有必要重新检讨这种意义。

具体而言，法律解释方法之于法律解释学具有以下几点意义：

一是限制解释过程的任意性，恪守罪刑法定的人权保障价值。法律解释学的

---

① 陈金钊：《法律解释规则及其运用研究（上）》，载《政法论丛》2013 年第 3 期。
② 付玉明：《诠释学视野下的刑法解释学》，载《法律科学》2011 年第 3 期。
③ 高翼飞、高爽：《立场选择与方法运用：刑法解释的"道"和"器"》，载《中国刑事法杂志》2012 年第 10 期。
④ 苏力：《解释的难题——对几种法律文本解释方法的追问》，载《中国社会科学》1997 年第 4 期。
⑤ 郑永流：《出释入造——法律诠释学及其与法律解释学的关系》，载《法学研究》2002 年第 3 期。

漫长历史中，解释态度总是在严格解释和灵活解释之间摇摆。"权力会一直行使，直到遇到障碍为止。"法律解释也是一样，它总是呈现一种扩张的、不愿意受到束缚的面相。"以解释为核心的方法助长了权力与权利扩张的趋势，并为权力与权利的争夺提供了方法论的支撑。"① 而法律解释方法便是作为解释的"障碍"而出现。当前，实质解释论正在成为理论界和实务界较为主流的解释立场。而过度实质化的现象值得我们警惕。如将冒充军警人员抢劫中的"冒充"解释为假冒和充当。在过度实质化的解释论中，可能存在不重解释方法、随意超越既有的解释方法、以泛价值化的解释方法取代规则主义的解释方法的现象。所以，坚守解释方法的底线，即是对过度实质化、过于任意的法律解释的限制。

二是确保解释结果具有预测可能性，限定刑法漏洞的司法填补范围。预测可能性是整个法治的内涵之一。法律解释是对法规范含义的阐明，自然涉及阐明之后的法条含义是否超越一般人预测可能性的问题。虽然预测可能性是针对解释结果，但是如果解释结果是完全依照既定的解释规则（也就是解释方法）而得出的必然结果，我们几乎可以肯定，这种结果是符合预测可能性的。相反，在无解释方法、解释方法不明确、不遵守既定解释方法的情况下做出的解释结果，则有可能超出国民的预测可能性。

三是独立的方法论意义，恰当平衡秩序与自由的紧张关系。目前，越来越多的学者逐渐认识到法学方法论对于法治的重要意义。② 法治既要关注结果的合理性，也要关注过程的合理性。陈兴良所倡"刑法教义学"和张明楷所倡"刑法解释学"都关注从微观的层面以规范的方式来解释刑法。这其实是对法学方法论的提倡。而法律解释学本身就属于法学方法论的范畴。③ 再具体到法律解释学之中，如果说解释立场、解释目标是宏观层面的价值引领，解释方法就是微观层面的方法论。可以说，解释方法是方法论中的方法论。

三、哲学诠释学对法律解释方法的影响

（一）哲学诠释学的转向与方法论解释学的回归

哲学诠释学是讨论法律解释所绕不开的问题。解释学在现代存在一个从方法论解释学向本体论哲学诠释学的转向。古典的解释学源于教会对《圣经》的诠释，认为文本的含义是客观的，诠释或解释的本质在于发掘文本的客观含义，解释立场上是以主观解释论为主，解释方法以文义解释为主，要求严格解释，限制

---

① 陈金钊：《法律解释学——权利（权力）的张扬与方法的制约》，中国人民大学出版社2011年版，第4页。
② 舒国滢：《并非有一种值得期待的宣言——我们时代的法学为什么需要重视方法》，载《现代法学》2006年第5期。
③ 王利明：《论法律解释学》，载《中国法学教育研究》第1辑，第5卷。

解释的任意性、自由性。而本体论哲学诠释学的代表人物是海德格尔、伽达默尔、科利尔等。他们共同的看法是认为文本的意义不是客观、独立存在的，而是读者与文本共同创造的。文本只有在与解释者之间的不断互动中才能显示出意思。进一步，由于解释者的"前见"存在，只要有解释，解释便不同，不同解释者之间需要进行对话、商谈，达成共识。① 以之为导向的法律解释立场上是以客观解释论为主，解释方法以目的解释为主，要求进行价值判断、实质判断。哲学诠释学是近年来法学界随着法律解释学的升温而热议的话题。研究法律解释学的学者和文章，几乎文必谈哲学诠释学。很多人认为，传统的解释学无法解决法律理解、适用问题，必须采取本体论哲学诠释学范式的新的法律解释学。

在哲学诠释学炙手可热之际，法学界也有部分学者保持了清醒的头脑，对其持保留态度甚至展开了批判。更多的学者则采取的是在方法论解释学的基础上吸收哲学诠释学的合理成分，或试图在二者之间寻找平衡点或探寻"第三条道路"。② 这或许是新一轮的方法论解释学对哲学诠释学的反击，预示了方法论解释学的正名和回归。

（二）哲学诠释学对解释方法的影响

哲学诠释学是反对严格遵守既定解释方法的，或者说根本不关心解释方法。从理论基础上说，哲学诠释学就是以本体论反对方法论。从思想上说，哲学诠释学反对文本的客观性，强调解释主体的"前见"对解释的决定性。从本质上说，哲学诠释学是属于对世界本质是什么的回答，其探讨的将解释者与被解释者之间的互动过程作为存在的方式来看待，而不解决解释的方法和结果问题。"后现代主义法律解释是一种自身带有主观主义、相对主义和虚无主义倾向的理论范式。在该范式下，解释主体是视角主义的，解释对象是情境主义的，解释目的是游戏主义的，解释方法是非理性主义的。"③

因此，哲学诠释学一方面对解释方法不屑一顾，④ 另一方面，对传统的解释方法产生负面影响。这种负面影响一是价值判断过度入侵解释方法领域。传统

---

① 姜涛：《基于主体间性分析范式的刑法解释》，载《比较法研究》2015年第1期；聂立泽、庄劲：《从"主客间性"到"主体间性"的刑法解释观》，载《法学》2011年第9期。
② 相关论述参见姜福东：《返回方法论的法律解释学》，博士学位论文，山东大学2009年印制；陈金钊：《法律解释学的转向与实用法学的第三条道路》，载《法学评论》2002年第1、2期。
③ 姜福东：《后现代法律解释主义批判》，载《政治与法律》2014年第3期。
④ 虽然有的学者也提出了哲学诠释学范式的法律解释方法（参见袁林：《人本主义刑法解释范式研究》，博士学位论文，西南政法大学2010年印制，第171-180页），但是与传统法律解释方法相比，只有"对话协商"是在传统解释方法之外的新东西。其所列举的对话协商的解释方法，分为非制度化的对话协商方式（包括通过大众传媒如网络、报纸、电视等传媒进行的讨论，也可以是其他形式的对话与讨论，如学术会议、专家咨询论证等）和制度化的对话协商方式（包括协商性司法制度、陪审制）。可以看出，所谓对话协商的解释方式，已经很难被认为是法解释学意义上的解释方法了。

的、狭义的解释方法①是限制解释的，是排斥价值判断的。虽然历史进程已经证明，要想让法官成为自动售货机式的法律机械执行者、完全不解释法律是不可能的，法律解释过程或多或少必然会加入价值判断。但是哲学诠释学是从根本上的颠覆，近似于只要价值判断，不要规则判断。价值过度入侵具体法律解释方法表现在文义解释在语言学的转向②背景下，已经不再固守词义、语法，而目的解释则由于其强烈的价值导向性和强大的解释能力，已经成为解释方法中的桂冠。二是直接放弃对法律解释方法的坚守和研究。三是即使在部分坚持法教义学、法解释学的学者中，其所坚持的规则主义也不过是将解释结论的合理性、妥当性以及公众认同与解释方法从逻辑上结合得更紧密、更好而已。而高高在上的永远是结果、价值导向，解释方法已经沦为达到结果的利器。虽然法学界兴起不随意批评立法、转而解释法律的浪潮，也不过是将解释者自己化身为造法者而已。

　　上述影响是已经发生的事实。已有学者认识到问题所在，并对此予以澄清。有的学者认为，方法论解释学和本体论诠释学是从不同层面上探讨解释问题的，二者并不冲突，也不能互相取代。③"问题的根本在于这两种解释学的出发点不同。正如哲学解释学一再声称的那样，它不是为解释提供方法和技术，也不是指导人们如何理解，而只是描述理解和解释的实际情形。对它来说，理解是人的自我理解，是此在的人的一种生存方式。因此，哲学解释学就是存在论，或者就是所说的本体论解释学。但是，方法论解释学，则属于认识论或知识论的范围，因此，它自然要突出理解和解释的对象和目标，并进而强调理解和解释的方法问题。"④ 现在哲学界、包括法学界对哲学诠释学的出发点和关心的问题并没有很好的理解，很多人把哲学诠释学看成一种具体的解释方法，并因此认为其和方法论解释学对立。这其实是一种误解。这二者一个是存在论意义上的解释学，另一个是知识论意义上的解释学，出发点和兴趣犹如分水岭，它们对"意义"和"对象"的关注点自然也不同。从这种意义上说，哲学解释学挑战方法论解释学，或者方法论解释学反击哲学解释学，都有点"无的放矢"。海德格尔的"解释"不是从解释实在的文本的角度上说的，而是指对人的存在本身的展现、澄明。这种揭示、澄明就是对存在的意义的解释。海德格尔明确指出他的研究目的并不是解决主客关系，获得关于客体的正确知识，而是把人直接体验到的

---

① 广义的法律解释方法包括狭义的法律解释方法、漏洞补充和价值补充。
② 语言学存在从语义学向语用学的转向。参见王政勋：《刑法解释的语言论研究》，商务印书馆2016年版，第301页以下。
③ 杨艳霞：《正当性刑法解释路径研究》，博士学位论文，中国政法大学2004年印制，第38页。
④ 王中江：《"原意""先见"及其解释的"客观性"——在"方法论解释学"与"哲学解释学"之间》，载于孔子2000网，网址：http://www.confucius2000.com。最后登陆日2016年1月24日。

自己的存在的种种状态展现、揭示出来。显然，这和如何认识客观真理并无冲突。① 因此，作为法学理论研究和司法实践工作者，都应当对哲学诠释学的性质及其与方法论解释学的区别有着清醒的认识，并进一步认清法律解释方法的独立意义和价值，对法律解释在任意解释与严格解释、规则主义与人文主义之间掌握好平衡。

第二节 刑法解释方法的价值

解释方法在刑法领域与非刑法领域有无不同，这是刑法解释方法是否具有独立于一般法律解释方法的价值所在。对这个问题的研究，其实也为法律解释学研究提供了一个重要的素材。对此存在肯定和否定两种观点。否定说认为，刑法解释与法律解释并无本质不同。"如果说刑法解释与其他法解释有什么不同，也仅仅在于刑法的目的与其他法律的目的不同。"② 肯定说认为，刑法解释方法具有自身的独特性，独特性在于罪刑法定原则和禁止类推对刑法解释方法的独特限制。笔者赞同肯定说，认为对比非刑法领域，刑法解释方法具有独特价值，体现在以下几个方面。

一、恪守罪刑法定的价值

如果说民事领域的帝王条款是诚实信用原则的话，刑法领域的帝王条款无疑就是罪刑法定原则。罪刑法定原则要求法无明文规定不处罚（广义的"不处罚"包括"不定罪"和"不处罚"）。而民事法律理论则明确认为，没有具体法律规则规定的，可以依据法律原则作出判决。法官不能以没有法律规定为由拒绝判决。由此可见，在包括民事在内的很多部门法领域，全面定分止争是其价值。而在刑法领域，则有所不同。罪刑法定原则所要求的是，国家强大的刑罚权必须有边界，这就是法律规定。罪刑法定原则是单向的入罪限制，而不是双向的。法无明文规定不处罚的反面并不是法有明文规定必须处罚。恪守罪刑法定原则，既显示出刑法在面对严重危害社会的行为时的谦抑性、不得已性、必要性，又显示出刑法在防止刑罚权滥用、防止罪刑擅断、保障人权方面的作用。具体到司法实践中，区别也很明显。民事领域的判决需要达到的效果，用文件语言来说是"三个效果"的统一，用考核指标来说是调解率越高越好，判决率、上诉率越低越好，用法言法语来说是两造皆服，用时髦的语言来说是和谐，用不客气的语言来说是"摆平就是本事"，总结起来就是定分止争。而刑事领域，虽然也会提上述口号，

---

① 杨艳霞：《正当性刑法解释路径研究》，博士学位论文，中国政法大学2004年印制，第38页。
② 张明楷：《刑法分则的解释原理》（第二版）（上），中国人民大学出版社2011年版，第83页。

但是必须容忍一定不会最终判决有罪的犯罪嫌疑人、被告人存在。这些情况，一方面来自诉讼法上证据不足，另一方面则来自罪刑法定原则的不可逾越。刑事法官不可能因为被害人很可怜或者被告人行为的社会危害相当严重，便不顾法律底线作出有罪判决。因此，刑事司法的特殊之处就是必然造就一帮人的逍遥法外、浪费部分侦查、公诉方面的司法成本、面对一些愤怒或可怜的上访群众。但是罪刑法定原则的防止刑罚权滥用、防止罪刑擅断、保障人权方面的作用正是在国家对部分"坏人"的无可奈何中体现出来。

因此，刑法解释方法与民法解释方法相比，在价值上也呈现出这种恪守罪刑法定与全面定分止争的区分。民法解释方法在定分止争价值引领下，呈现出更加任意、自由的姿态。只要能够达到定分止争的目的，文义也好、目的也好，甚至完全不受方法制约，均无可无不可。而刑法解释方法在恪守罪刑法定价值的前提下，应当说在理论上与实践中都坚持了相当程度上的保守主义立场。① 这种保守性对比民事领域，就在于不能完全由价值引领来作出解释结论，有时不得不接受解释有罪不能的结论。公权力必须忍受部分"犯罪分子"的逍遥法外，法官也必须忍受自己内心法情感、法正义的召唤，不得不作出无罪的判决。因此，那种认为"不是立法问题，而是个人的解释能力问题"的观点在刑法领域应当受到一定限制。这种限制从宏观层面体现为恪守罪刑法定原则，从微观层面就体现为恪守具有保守性的刑法解释方法。

二、限定漏洞的价值

刑法解释方法限制解释，民法解释方法具有创造性。"所谓法解释的创造性，指法律解释具有造法的作用。法律解释并非单纯对法的理解活动，也有造法的作用，具有立法的延长的性质。"② 与创造性相关，民法解释普遍承认广义的法律解释方法，即狭义的法律解释方法、价值补充和漏洞补充。③ 梁慧星认为，诚实信用原则的功能之一就是在法律解释中进行漏洞补充。④

所谓法律解释具有创造性也即司法具有造法性质的提法，在规则主义时代是不可想象的，而在法学由规则主义转向人文主义之后，才犹抱琵琶半遮面地出现。但是即便如此，在刑法领域，尚难以见到公开鼓吹刑法解释可以造法的观点，相反的，都是对某司法解释、判决、学理解释是否超越了法律规定，是否属于类推的讨论。部分法理学者也认识到对法律解释如果不加以限制对法治的危

---

① 魏东：《刑法解释保守性命题的学术价值检讨——以当下中国刑法解释论之争为切入点》，载陈金钊、谢晖主编：《法律方法》（第18卷），山东人民出版社2015年版，第220－236页。
② 梁慧星：《法解释方法论的基本问题》，载《中外法学》1993年第1期。
③ 梁慧星：《法解释方法论的基本问题》，载《中外法学》1993年第1期；王利明：《论法律解释学》，载《中国法学教育研究》第1辑，第5卷。
④ 梁慧星：《诚实信用原则与漏洞补充》，载《法学研究》1994年第2期。

害,"法治的本意是反对解释的,更不必说反对任意的、过度的、无标准的、游戏式的解释。……法律解释学坚持的是一种有限解释,而不是无限解释。法律解释学坚持的是一种规范性解释,而不是游戏式解释。法律解释学坚持的是一种严格解释,而不是自由解释。法律解释学坚持的是一种以目标取向为任务的解释,而不是纯粹认知型的解释。法律解释学坚持的是一种教义学(独断论)解释,而不是文学艺术类(探究性)解释。法律解释学坚持的是一种普遍性、客观性、确定性的现代主义立场,反对的是倡导差异性、创造性、多样性的后现代主义立场。"① 从限制解释的立场出发,刑法学者在讨论刑法解释方法时,一般都认同狭义的刑法解释方法,而不认同价值补充和漏洞补充。笔者在讨论刑法解释的保守性命题时,也将反对将入罪的漏洞补充作为内容之一。② 因此,相比较民法解释方法领域的漏洞补充价值,刑法解释方法更体现出限定漏洞的价值。

刑法解释方法的上述价值的具体体现,即是刑法解释方法和一般法律解释方法相比的独特性。据笔者观察,这种独特性的客观体现一是禁止类推适用,二是对文义的更加严格遵守和依赖。例如对制造大炮的行为,能否解释为《刑法》第125条之非法制造枪支、弹药、爆炸物罪?如果根据法律解释方法中的禁止性规定举轻以明重的当然解释方法,既然制造枪支都被禁止,那么危害性更加严重的制造大炮当然应当被禁止,或根据目的解释方法,推定该条目的是禁止制造"武器",于是得出的结论应当是可以解释为构成该罪。但是,由于刑法解释方法中存在禁止类推、不得超越文义"射程"的要求,炮和枪是并列的不同概念、范畴的物品,武器是其上位概念,枪炮与其是种属关系,因此大炮不能从文字上解释成为枪支、弹药、爆炸物,因而也就不能解释为该罪,或者说这种解释结论属于类推适用。

综上所述,笔者认为刑法解释方法与一般法律解释方法相比具有独特性。笔者在"刑法解释的保守性命题"中也提出了刑法解释的方法理性维度的保守性。③ 这种保守性是指解释方法及其限度的保守性,即应当仅限于刑法立法规范文本原意并允许倾向于保障人权之限度。在刑法解释的解释方法与解释限度上必须坚持保守性,刑法解释应当承认刑法规范文本文字含义的相对确定性,以解释刑法立法规范文本原意并倾向于保障被告人人权为限。除有利于被告人以外,刑法解释原则上应当反对超规范解释、过度的目的解释、过度的客观解释、过度的实质解释、过度的扩张解释,坚决禁止类推解释。至于在极少数情况下通过客观解释和实质解释而将刑法规范作出不利于被告人的解释结论,只能作为原则之下的个别例外,不得作为常态。

---

① 姜福东:《返回方法论的法律解释学》,博士学位论文,山东大学2009年印制,第12-13页。
② 魏东:《刑法理性与解释论》,中国社会科学出版社2015年版,第21-49页。
③ 魏东:《刑法理性与解释论》,中国社会科学出版社2015年版,第30页。

第三节 刑法解释方法的种类与关系

一、解释方法的种类

解释方法的种类划分是一个众说纷纭的领域。据笔者不完全的统计，有下述多种不同划分方式。通说将刑法解释方法分为文理解释和论理解释。① 在通说之下，对论理解释又有不同的分类，如分为 8 种：扩张解释、限制解释、当然解释、反面解释、系统解释、沿革解释、比较解释、目的解释；或分为 2 种：扩张解释和限制解释；或分为 4 种：当然解释、历史解释、扩张解释和限制解释，不一而足。② 此外还包括三分法：文理解释、系统解释和历史解释，③ 或文理解释、论理解释和进化解释，④ 或文理解释、法理解释和非法学解释方法，⑤ 或文义解释、论理解释和社会学解释；⑥ 四分法：文义解释法、系统解释法、历史解释法和目的解释法，⑦ 或文理解释、沿革解释、目的论解释、论理解释，⑧ 或文义解释、论理解释、比较解释和社会学解释；⑨ 五分法：字义及法律的意义脉络、历史上的立法者之规定意向、目标及规范想法、客观的目的论标准、合宪性的要求，⑩ 或文义解释、体系解释、历史解释、目的解释与合宪性解释；⑪ 此外还包括：区分形式的分类与实质的分类的解释方法（或解释技巧与解释理由），形式分类的解释方法（解释技巧）包括平义解释、当然解释、扩大解释、缩小解释、类推解释与反对解释，实质分类的解释方法（解释理由）包括文理解释、体系解释、历史解释与目的解释；⑫ 把各种法律解释方法分别归入实证分析方法、社会分析方法和价值分析方法这样三类，⑬ 等等。

---

① 高铭暄主编：《中国刑法学》，中国人民大学出版社 1989 年版，第 45 页。
② 李希慧：《刑法解释论》，博士学位论文，中国人民大学 1993 年印制，第 110 – 129 页；苏惠渔主编：《刑法学》，中国政法大学出版社 1997 年版，第 55 – 56 页；王作富主编：《刑法》，中国人民大学出版社 2004 年版，第 12 – 13 页。
③ 杨春洗等：《刑法总论》，北京大学出版社 1981 年版，第 73 – 74 页。
④ 陈兴良主编：《刑事司法研究》，中国方正出版社 1999 年版，第 403 页。
⑤ 赵秉志主编：《刑法解释研究》，北京大学出版社 2007 年版，第 395 – 417 页。
⑥ 杨仁寿：《法学方法论》，中国政法大学出版社 1999 年版，第 132 页。
⑦ 林山田等：《刑法通论》，（中国台湾）兴来印刷有限公司 1986 年版，第 33 页；[德] 汉斯·海因里希·耶赛克、托马斯·魏根特：《德国刑法教科书》，徐久生译，中国法制出版社 2001 年版，第 191 页。
⑧ 陈忠林主编：《刑法学》（上），法律出版社 2006 年版，第 26 – 29 页。
⑨ 梁慧星：《民法解释学》，中国政法大学出版社 1995 年版，第 214 页。
⑩ [德] 卡尔·拉伦茨：《法学方法论》，陈爱娥译，商务印书馆 2003 年版，第 200 – 219 页。
⑪ 梁根林：《罪刑法定视域中的刑法解释》，载《中国法学》2004 年第 3 期。
⑫ 张明楷：《刑法分则的解释原理》（第二版）（上），中国人民大学出版社 2011 年版，第 42 – 43 页。
⑬ 孙笑侠：《法解释理论体系重述》，载《中外法学》1995 年第 1 期。

上述解释方法种类的划分并非纯粹理论上的无聊争讼，而是恰好反映出我们对解释方法的理解还有待进一步深入。上面所列的各种解释方法是不是一个层面的东西，它们对于法律解释所起到的作用是否相同，都是需要研究的问题。

（一）扩张解释、限制解释的地位

扩张解释、限制解释为代表的所谓形式的解释方法作为独立的解释方法的观点，日益受到挑战。苏力认为：通常所谓的扩大解释和限制解释只是基于解释的后果对解释的分类，而根本不是一种方法，即无法指导具体的解释。它无法告诉我们在什么时候，针对什么问题作出扩大或限制解释，它既必须基于文义解释，又必定要考虑到立法原意、目的和实施的后果。林山田认为：由于扩张解释或限缩解释在法学方法论上，本无明确之概念，两者并无法区分清楚，故有学者根本即否定刑法之解释有所谓限缩或扩张之区分。[①] 张明楷将解释方法区别为解释技巧和解释理由，"对一个刑法条文的解释，只能采用一种解释技巧，但采用哪一种解释技巧，取决于解释理由，而解释理由是可以多种多样的。"[②] "扩张解释实际上并不是一种解释方法，而仅仅是一种以文字的通常含义为参照系的解释结果，得出扩大的解释结果的根据往往是历史解释、体系解释和目的解释的方法。它是作为这三种解释方法的结果而存在的。"[③]

笔者赞同上述观点并认为，一是将扩张、限制解释作为解释结果的观点相较于作为解释技巧的观点更为合理，是最终的结果与核心文义的对比，呈现出扩大、缩小的结果。二是扩张、限制解释等解释结果与其他解释方法之间的逻辑关系呈现出价值论与方法论的关系。扩张、限制既是解释的结果，也是解释的目标和追求。它们与解释背后的目的或价值追求之间是直接目标与间接目标的关系。以虚开增值税专用发票罪为例，如果我们认为，《刑法》第205条的法规范目的是保护税收制度，我们则认为应当对该条的构成要件作限制解释，加入"以抵扣税款为目的"要件要素。此时，"应当对第205条作限制解释"就成为解释目标或结果；或"对第205条作限制解释是恰当的"成为价值判断。而其他解释方法则呈现出方法论的意义。如上述对第205条的限制解释，我们就运用了目的解释和体系解释的方法。笔者的结论是，扩张解释、限制解释等体现了前文所述法律解释方法的结果"面相"，与其他解释方法有较大不同，但是也不必将其逐出法律解释方法之门，因其无家可归，并且对其的研究目前仍然只能在法律解释方法的框架内进行。可以归为单独一类，以法律解释论点为其名，以与解释方法区别。

[①] 杨艳霞：《正当性刑法解释路径研究》，博士学位论文，中国政法大学2004年印制，第136页。
[②] 张明楷：《刑法分则的解释原理》（第二版）（上），中国人民大学出版社2011年版，第43页。
[③] 王凯石：《刑法适用解释研究》，博士学位论文，西南政法大学2006年印制，第119页。

(二) 文理解释、论理解释及其他解释的划分

文理解释与论理解释的划分是我国学界的长期主流观点。值得关注的是梁慧星在二者之外还单列了比较解释和社会学解释，以及类似的赵秉志和杨仁寿的三分法：文理解释、论理解释和非法学解释（或社会学解释）。与上述以文理解释和论理解释的区分为基础的分类方法不同，另一大类分类方法则直接从具体的法律解释方法入手进行分类，如分为文义、目的、体系、历史解释等。是否在具体解释方法之上划分文理解释、论理解释和其他解释是需要论证的问题。笔者认为，首先，文理解释和论理解释的划分是以规则主义和人文主义的对立作为内在逻辑的。文理解释是在规则主义之下的严格解释，具有限制解释的意义；而论理解释则是人文主义之下的较为灵活的解释态度的反映，也是价值论渗入法律解释领域的反映。其次，文理解释、论理解释和非法学解释的划分是以规范法学和社科法学的对立为内在逻辑的。[①] 文理解释、论理解释都属于规范法学的范畴，是规范法学研究范式下的解释方法；而社会学解释、比较法解释等属于社科法学或非规范法学的研究范式的解释方法。[②] 因此，这种分类方式是有意义的。

另一方面，这种意义的价值正在缩减。首先，关于规范法学的解释方法（前二者）和社科法学的解释方法的区分，从作为其前提的法哲学或法理学从20世纪至今的发展的视角来看，新自然法学较之于实证主义法学已经取得优势地位。而后者正是较为"纯粹"的规范法学。利益法学或评价法学已无人再争议其正当性。[③] 而作为其下位的解释方法，已经被认为不存在单纯自足的"涵摄"。"我们将该当案件事实理解为法律构成要件所指涉的事实时，已经带有价值判断的性质"。非法学自身的政治、道德等因素已经全面渗透进法律解释当中。因此，规范法学的解释方法和社科法学的解释方法已经模糊不清了。其次，关于文理解释和论理解释的区分。前面已论述过，语言学存在从语义学向语用学的转向，即使文义解释方法本身，也存在诸如"文字必须在具体的句子、段落中才能明确其含义""区分核心文义、边缘文义"等不确定因素，又怎能起到限制论理解释的作用呢？同样，文理解释的面貌也由于论理解释尤其是目的解释的"入侵"而变得不再清晰。所以，较新的法律解释研究少有以此作为法律解释方法分类是有其现实原因的。

[①] 关于规范法学与社科法学的方法论之争，参见陈瑞华：《法学研究方法的若干反思》，载《中外法学》2015年第1期。
[②] 当然，社科法学范式下的解释方法的效力、作用问题仍值得研究。
[③][④] ［德］卡尔·拉伦茨：《法学方法论》，陈爱娥译，商务印书馆2003年版，第2页。

（三）解释方法的种类是否有限？

张明楷认为："解释的理由是无限的，形成了特定概念的解释理由，只是常用的理由而已。"① 而笔者则认为，解释方法应当是有限的。其一，解释方法的无限性可能会造成法律解释的无限性，从而动摇法治基础。其二，解释方法的无限性可能造成解释结果、解释论点对解释方法的入侵。其三，如果解释方法是无限的，实际上即抹杀了方法论自身的价值。如果道德、政策、舆论、维稳等等都成为解释方法（或理由），会造成过度实质化、弱规则化的结果。事实上，上述道德、政策等都是解释结果或目标之中蕴含的价值内容，如果解释方法不具有相对的封闭性，实际上是将价值与方法混同，从而消解了解释方法的独立意义。在此举一案例：陈某某多次进京非法上访，多次被训诫和行政拘留，有关单位试图以符合《刑法》第293条第一款第四项"在公共场所起哄闹事，造成公共场所秩序严重混乱的"以寻衅滋事罪追究其刑事责任，然而陈某某的行为仅限于多次到天安门、中南海、使馆区等地，呼口号、举标语，然后被警察带走。司法机关认为该案中行为、结果不符合"造成公共场所秩序严重混乱"。从传统的解释方法出发，不管是文义、体系还是目的，"造成公共场所秩序严重混乱"大概都会被理解为造成恐慌、人群围观、交通阻断等，所以上述平和非访行为难以被解释为符合该法条的规定。但有人认为由于天安门等地的特殊性，不可能让行为人造成严重后果，并且应当放宽认定条件，因此"多次"的严重性就可以等同于结果的严重性即等同于"造成公共场所秩序严重混乱"。如果我们认同这种解释结论的话，其解释理由只能是"打击非访""维稳"等政策要求，而这些理由是不能归入几类传统的解释方法的。反之，如果对解释方法不进行限制的话，类似这种的"领导批示""严打政策"等都会成为或隐或显的解释方法，"李斯特鸿沟"不再存在，法治的根基就可能受到动摇。

（四）结论

根据上述讨论，笔者认为解释方法应当分几个层次。第一层分为解释结果（论点）和解释方法。前者包括扩张解释、限制解释、平义解释、当然解释、反对解释等。第二层是将第一层的解释方法分为规范法学的解释方法和社科法学的解释方法。后者包括比较法解释、社会学解释等。第三层是将规范法学的解释方法分为规则主义的解释方法和人文主义的解释方法。前者包括文义解释，后者包括体系解释、目的解释、历史解释、合宪性解释等。解释方法的种类有限。

---

① 张明楷：《刑法分则的解释原理》（第二版）（上），中国人民大学出版社2011年版，第44页。

二、文义解释、目的解释及其位阶关系

（一）文义解释

刑法的文义解释方法，是指从词义或语法结构上对刑法规定的含义和内容予以阐明的方法，可分为字面解释和语法解释两种。字面解释，是指从词义上对刑法规定所使用的词汇予以注释，从而阐明刑法规定的含义。语法解释，是指对刑法规定的词组联系、句子结构、文字排列和标点符号等进行语法上的分析，从而阐明刑法规定的含义和内容。历史上，文义解释是在绝对形式主义的罪刑法定原则下，依照严格规则主义的要求所被允许采用的唯一解释方法，而且至今仍然是一种最基本的解释。

文义解释的局限性表现在由于语言天生具有多义性、不确定性、模糊性，文义解释一方面不可能按照规则主义的设想得出唯一的结论；同时，由于立法者能力水平的有限性和客观现实的发展，会出现严格按照文义进行解释得出不合理结论的结果。这时候，就需要用其他解释方法对文义解释进行超越和补正。另一方面，由于其他解释，特别是目的解释不可避免地会加入价值判断因素，具有违反规则主义的倾向性，文义解释又具有对其他解释进行限制的兜底作用。"字义具有双重任务：它是法官探询意义的出发点，同时也划定其解释活动的界限。"①对文义解释的深入研究离不开对语言学的研究。有学者已经认识到此问题并进行了研究。②但同时，语言学的发展历史存在从单纯的语义学向语用学的转向，而这种转向也是和哲学诠释学、语言哲学的转向密切相关的。这也让文义解释的面孔变得更加复杂起来。从解释方法上论，文义解释与体系解释存在界限上的模糊。如文义解释也认为应当在上下文和语境中确定多义词不同的规范意义。但问题是，文义解释和体系解释分属文理解释和论理解释两大阵营，他们的价值追求是不同的。如果文义解释都脱离了价值无涉的中立地位，很难想象文义解释对于限制解释的任意性的作用还怎样存在。但是正如"构成要件是形式判断"这一命题已经在德日无人支持、形式刑法观已经成为历史一样，文义解释的形式性恐怕也难以独善其身。笔者认为，在实质刑法观已经成为我国理论界甚至实务界的主流观点的现状下，过度实质化和过度弱规范化的倾向已有显现。坚守文义解释的本来面貌，坚守字义、词义的客观性，对于防范上述现象发生、防止解释的过度任意具有较为重要的理论和实践意义。

退一步讲，即使在承认价值判断有理、目的解释优先的前提下，笔者认为对纯粹文义的坚守仍然是有道理的。作为解释对象的文本并不等于能够作为任何种

---

① ［德］卡尔·拉伦茨：《法学方法论》，陈爱娥译，商务印书馆2003年版，第202页。
②③ 王政勋：《论刑法解释中的词义分析法》，载《法律科学》2006年第1期。

类的文本，而是在其作为语言的一般含义受到尊重的前提下才具有合法性。① 如果说合目的性是在法律解释时必须考虑的，文义本身也是目的，尊重文义也可以成为一种特殊的"目的解释"。

(二) 目的解释

目的解释是指根据刑法规范的目的，阐明刑法条文真实含义的解释方法。② 目的解释的重大意义表现在"解释方法之桂冠当属目的论之解释方法，因为只有目的论的解释方法直接追求所有解释之本来目的，以寻找出目的观点和价值观点，从中最终得出有约束力的重要的法律意思，从根本上讲，其他的解释方法只不过是人们接近法律意思的特殊途径。"③ "在解释刑法时，必须考虑刑法最终要实现何种目的，进而做出符合该目的的合理解释。在采用文理解释、历史解释、体系解释等方法不能得出唯一解释结论时，必须由目的论解释来最终决定。"④ 目的解释已经成为刑法解释方法中的王者。但是围绕目的解释，尚有诸多问题有待厘清。

1. 刑法的目的

目的解释中最具争议、最复杂的问题之一是"法的目的"是什么？在刑法领域，不同的人会有不同的看法。有的认为是打击犯罪、有的认为是保障人权、有的认为是保护法益、有的认为是保护国民、有的认为是综合目的。对目的的不同认识会导致不同的解释标准，得出不同的解释结论。"会出现法律的目的究竟是立法者目的、起草者目的还是规范性文本目的、人民的目的还是统治阶级的目的、法官的目的还是其他法律人的目的等一系列追问。"⑤ 笔者从"刑法解释的保守性命题"出发，认为法的目的是以保障人权为主，兼顾其他。

2. 目的解释的定位

目的的不明确或者难以教义化会导致对目的解释独立性的质疑。"目的解释也未必是一种具体的解释方法，而可谓一种解释方向或解释规则。"⑥ "有学者认为，目的解释可以消解于历史解释、社会解释等其他的理论当中，没有必要将其专门作为一种理论或解释方法加以研究……其他解释方法也有部分带有目的性，甚至有一些与目的解释纠缠不清，"⑦ 目的解释到底是一种解释方法还是已经成

---

① [美] 安德雷·马默主编：《法律与解释》，张卓明等译，法律出版社 2006 年版，第 26 页。
② 张明楷：《刑法分则的解释原理》（第二版）（上），中国人民大学出版社 2011 年版，第 82 页。
③ [德] 汉斯·海因里希·耶赛克、托马斯·魏根特：《德国刑法教科书》，徐久生译，中国法制出版社 2001 年版，第 193 页。
④ 张明楷：《刑法目的论纲》，载《环球法律评论》2008 年第 1 期。
⑤ 陈金钊：《法律解释学——权利（权力）的张扬与方法的制约》，中国人民大学出版社 2011 年版，第 190 页。
⑥ 张明楷：《刑法分则的解释原理》（第二版）（上），中国人民大学出版社 2011 年版，第 83 页。
⑦ 田维：《刑法目的解释论》，博士学位论文，四川大学 2015 年印制，第 20 页。

为其他的东西？目前，关于目的解释的角色定位主要存在以下几种观点。一是解释方法。二是解释标准。有学者认为目的解释是法律解释的标准，即验证其他方法解释结论合理性的标准。三是解释依据。也有学者认为，目的解释应当作为法律解释的依据抑或支持解释结果的论点。四是解释目标。法律解释的目标，是指解释者通过对法律条文、立法文献及其附随情况进行解释，所欲探究和阐明的法律规范之法律意旨。①

在笔者看来，目的解释难以被称为与其他解释方法并列的一种解释方法。理由一是从方法论的角度看，目的解释缺乏具体的或专门的方法基础。对比其他解释方法，文理解释是以语义作为方法基础，历史解释是以立法该时代的语义作为方法基础，体系解释是以语义在体系中的意义作为方法基础，而目的解释没有独立的方法基础。二是目的解释的实质是价值导向式的解释或者结果合理导向式的解释。这与其他解释方法不是一个层面的东西。目的解释与上文被排除在解释方法之外的扩张解释、限制解释有类似之处——扩张解释、限制解释是解释需要达到的直接结果，而目的解释是解释需要达到的间接结果（直接结果仍然是扩张或限制）。其他的解释方法则基本属于方法论意义上的解释，虽然不免被价值论有所入侵。目的解释与广义解释方法中的价值补充、漏洞补充关系密切，甚至成为其代言人。三从历史上法律解释学的变化来看，其他解释方法是规则主义时代下的具体解释方法，而目的解释是在规则主义向人文主义转向之后出现的检验解释结论是否合理的标准。"如果当按文义解释可能得出荒谬或不合理的结果时，或法律存在错误或漏洞时，用目的论解释方法能对此做出合理的解释，或填补漏洞或纠正错误。这时的目的解释已超越了规则主义解释范式，走向人本主义解释范式。此时的目的论解释，与其说是一种方法，毋宁说是一种指导刑法解释方向的价值取向。"②

3. 对目的解释的限制

由于目的解释强大的解释能力，过度使用可能产生过度实质化、过度弱规范化的结果。"我们没有认真论证过的是：单独使用目的解释的方法是对法治的瓦解。"③ 一般来说，在刑法存疑，需要解释的场合多数属于需要入罪考虑、打击犯罪。而过于严格的文义解释往往不支持入罪的结论，而目的解释一般支持入罪。但是由于罪刑法定原则的存在，刑法解释与其他法律解释相比，应当更加严格。相比较其他法律，刑法领域的目的解释应当是所有法中受到限制最多、最弱的一家。但现状是，目的解释正在成为刑法解释领域的桂冠。笔者认为，应当对目的解释进行一定的限制。

---

① 田维：《刑法目的解释论》，博士学位论文，四川大学2015年印制，第23-24页。
② 袁林：《人本主义刑法解释范式研究》，博士学位论文，西南政法大学2010年印制，第151-152页。
③ 陈金钊：《法律解释规则及其运用研究（中）》，载《政法论丛》2013年第4期。

具体的限制方法，一是应当赋予目的解释的方法基础，即对具体法条目的进行规范化、教义学化，将抽象化、主观化的"目的"客观起来。目前笔者尚无成型的体系性的结论。但一个思路是体系性思考应当成为确定法条目的的判断依据。例如，虚开增值税专用发票罪的法条目的是保护税收还是保护国家的相关增值税发票的管理制度。通过体系的考察，我们发现该罪设于刑法分则第三章危害税收征管罪一节，而不是第六章妨害社会管理秩序罪，因此，我们得出了正确的目的结论。二是对文义解释进行正本清源、返璞归真，对文字"可能的含义"进行限缩，以文义解释的限缩来限制目的解释的"射程"。三是引入对话协商的方式对文义解释、目的解释等得出的解释结论进行进一步判断。虽然目的解释一再以妥当、合理作为解释的最高目标。但是在没有主体间性式的验证情况下，所谓的妥当、合理可能也仅仅是解释者所自认为的而已。"这种客观目的从解释学的角度看，不可能是客观的，所谓客观的目的'其实就是解释者自己放进法律中的目的'。"①

（三）刑法解释方法的位阶

所谓刑法解释方法的位阶，即刑法各解释方法之间的关系与次序。② 但是纵观有关位阶方面的争议，基本集中在文义解释和目的解释的位阶关系上。因此在此将其作为文义、目的解释的相关问题提出。

1. 认为刑法解释方法有位阶的观点

认为有位阶关系的学者占多数。黄茂荣认为的顺序是文义解释、历史解释、体系解释、目的解释，最后再运用合宪性解释对解释结论予以复核；梁慧星主张：文义解释、体系解释和法意解释、目的解释、比较解释和社会学解释。梁根林主张：文义解释、体系解释、历史解释、目的解释、合宪性解释的顺序；陈兴良主张：文义解释、逻辑解释、体系解释、历史解释、比较解释、目的论解释；程红主张：语义解释、体系解释、目的论解释；苏彩霞主张：文义解释、体系解释、历史解释、目的解释、合宪性解释。③

2. 认为没有位阶的观点

萨维尼就曾明确表示不同的解释方法应当综合运用，不可由解释者的喜好加

---

① 陈金钊：《法律解释规则及其运用研究（中）》，载《政法论丛》2013 年第 4 期。
② 苏彩霞：《刑法解释方法的位阶与运用》，载《中国法学》2008 年第 5 期。
③ 参见 [德] 卡尔·拉伦茨：《法学方法论》，陈爱娥译，商务印书馆 2003 年版，第 219 - 221 页；黄茂荣：《法学方法与现代民法》，中国政法大学出版社 2001 年版，第 287 - 288 页；杨仁寿：《法学方法论》，中国政法大学出版社 1999 年版，第 139 - 140 页；梁慧星：《民法解释学》，中国政法大学出版社 1995 年版，第 243 - 246 页；张志铭：《法律解释操作分析》，中国政法大学出版社 1998 年版，第 174 - 175 页；梁根林：《罪刑法定视域中的刑法适用解释》，载《法学家》2004 年第 3 期；陈兴良主编：《刑法方法论研究》，清华大学出版社 2006 年版，第 187 页；程红：《论刑法解释方法的位阶》，载《法学》2011 年第 1 期；苏彩霞：《刑法解释方法的位阶与运用》，载《中国法学》2008 年第 5 期。

以选择，各解释方法之间也不存在位阶关系。拉伦茨继承了这种观点，他认为各种解释方法不存在固定的位阶，在法律解释中处于相互关系中，应当根据具体案件的不同加以灵活的运用。① 张明楷、周光权明确反对刑法解释方法或解释理由之间具有位阶性。② 如周光权认为文义解释不具有优先性，因其本身具有局限性，需要体系解释、目的解释来检验；而目的解释也不具有绝对的优位性。周光权进一步指出，在司法实践中，刑法解释是一个商谈、反复试错的过程，解释方法应当在不同案件中视情形灵活选择。③

3. 解释方法的效力序列问题

有学者提出解释方法的效力序列和位阶是不同的问题。位阶问题只是对解释时考虑方法的先后顺序，但是并不意味着第一顺位的方法就具有优先效力，或者越往后效力越高。在多种解释方法得出结论出现冲突时，需要考虑如何选择适用，这就涉及解释方法的效力序列问题。笔者认为，这一问题是客观存在的并且是个重要问题，甚至效力序列问题重要性高于位阶问题。

学者归纳的效力序列问题如下：严格解释论者支持文理解释优先说。实质解释论者支持目的论解释优先说。调整解释说：处于严格解释说与实质解释说的中间立场，以调和二者为目标。④ 笔者认为，所有的效力序列的问题其实就是文义解释和目的论解释之间的效力优先性问题。而其背后的则是刑法的安定性和正义性之间的价值角力。严格解释论者认为刑法与其他法在解释方面的根本不同就在于解释的文义性和严格性；而实质解释论者认为刑法与其他法在解释方面没有本质区别，区别仅在于刑法的目的与其他法不一样。⑤

4. 笔者的观点

关于解释方法位阶与效力序列的问题，均是从限制解释、确保刑法的安定性角度出发进行的理论上的规范。但问题是：司法官员在司法实践中果真会严格按照学者所设定的位阶与效力序列来考虑问题吗？恐怕不会。而且，多数学者均主张位阶上是文义解释第一，目的论解释最后。但是，恐怕多数法官却是相反的思考路径：先考虑目的是出罪还是入罪、重罪还是轻罪，再考虑是否符合文义。在这一点上，实质解释论的"以刑制罪"模式符合实际。⑥ 哲学诠释学也认为："一方面，读者总是雄心勃勃，力图通过解释全面实现其经验意识的要求，他总是带着最大胆的理解方案向文本提出解释方案，这相当于要约方提出要约；另一

---

① 田维：《刑法目的解释论》，博士学位论文，四川大学 2015 年印制，第 83 页。
② 参见张明楷：《刑法分则的解释原理》（第二版）（上），中国人民大学出版社 2011 年版，第 50 页；周光权：《刑法解释方法位阶性的质疑》，载《法学研究》，2014 年第 5 期。
③ 参见周光权：《刑法解释方法位阶性的质疑》，载《法学研究》2014 年第 5 期。
④ 参见程红：《论刑法解释方法的位阶》，载《法学》2011 年第 1 期。
⑤ 参见程红：《论刑法解释方法的位阶》，载《法学》2011 年第 1 期；戚进松：《刑法解释方法的位阶与运用》，载《国家检察官学院学报》2015 年第 4 期。
⑥ 参见劳东燕：《刑事政策与刑法解释中的价值判断》，载《政法论坛》2012 年第 4 期。

方面，文本是一个保守的原则主义者，它总是以其意义边界为底线考虑读者的方案，这相当于受要约方在考虑承诺。如果读者的初始方案在文本的意义界限内，读者即与文本达成一致，解释完成；如果读者的方案超出了文本的底线，文本就会拒绝读者；读者要修正其方案，再次向文本提出解释要求；如此循环往复，直至双方达成一致。"[1] 并且，对于我国传统习惯于形式解释、机械适用司法解释的司法官员来说，如果再灌输这样的解释方法位阶，会导致问题的进一步恶化：在表面上文字符合的情况下，不再深入考虑问题，对公平正义等价值目标进一步迟钝。表现为法官简单认为形式上的犯罪构成已经足够，而忽略了背后的不合理。文义解释得出的结果总会带有一定的迷惑性。

三、扩张解释与类推的界分

（一）扩张解释

关于扩张解释的定义，通说认为应"根据立法原意扩张条文字面意思"。[2] 其他的观点则有"根据立法原意与社会现实扩大刑法条文字面含义"；[3] "扩大条文字面含义以符合刑法规范可能蕴含的最大含义"；[4] "扩张字面日常（通常）含义以符合真实含义"；[5] "扩大刑法条文字面含义"；[6] "超出刑法条文用语日常（普通）含义"；[7] "在用语可能含义内超出用语日常（普通）含义"。[8]

总结一下，对扩张解释的定义而言，共同的定义内容均为"扩张条文文字的字面含义"。重要的、多数定义的内容包括"文字的日常（普通）含义"。笔者认为，这是一个重要的尺度，如果没有这一尺度，扩张解释就与类推根本无法区分。有学者进一步将文字含义区分为通常含义、可能的含义以及不可能的含义，由此来区分扩张解释与类推的界限。[9] 而一些个性化的定义内容则包括"立法者原意""规范含义""真实含义"等。但笔者认为这实际上是不同的论者将目的解释、历史解释等解释方法的内容或者主观论、客观论等解释论立场加入扩张解释的定义当中。这也在一定程度上印证了上文总结过的认为扩张解释不是解释方

---

[1] 聂立泽：《从主客间性到主体间性的刑法解释》，载《法学》2011年第9期。
[2] 参见赵秉志主编：《新刑法教程》，中国人民大学出版社1997年版，第44页；高铭暄、马克昌主编：《刑法学》，高等教育出版社2007年版，第27页。
[3] 张兆松：《罪刑法定原则下扩张司法解释的适用》，载《华东政法学院学报》2002年第6期。
[4] 刘志远：《刑法解释的限度》，载《国家检察官学院学报》2002年第5期。
[5] 张明楷：《刑法学》，法律出版社2007年版，第37页。
[6] 陈兴良：《罪刑法定的司法适用》，载《华东政法学院学报》1998年创刊号。
[7] 周振晓：《狭义刑法解释若干问题探析》，载《甘肃政法学院学报》2005年第1期。
[8] 刘明祥：《论刑法学中的类推解释》，载《法学家》2008年第2期。
[9] 冯军：《论刑法解释的边界和路径——以扩张解释与类推适用的区分为中心》，载《法学家》2012年第1期。

法而是结果的观点。但笔者认为，这些内容不应当作为扩张解释的定义内容。所以，笔者对扩张解释的定义为：根据各种解释方法得出的解释结果表现为扩张了刑法法条的字面含义，但是不超出可能的含义。

（二）类推①

1. 类推（解释）的定义

学者对类推解释的定义有：类推解释是超出法律条文规定的原有意义的范围，运用类推的方法进行的解释，使该条文能适用于相类似的事物或事项。② 或者是指对刑法分则中没有明文规定的事项，可以通过类比推理，援引最相类似的条文加以解释的一种方法。并且类推与类推解释联系密切，类推解释是适用类推的必要方法，类推适用离不开类推解释。③ 或者是指对法律规定不明确或法律无明文规定之事项，就刑法中最相类似的事项加以解释的方法。④ 或者是指在需要判断的具体事实和法律规定的要件之间基本相似之时，将后者的法律效果适用于前者的解释。⑤ 或者是指凡是超出法律条文原来普通语言意思界限，运用类推方法作出的解释。⑥ 或者是指对刑法条文没有明确规定的除行为之外的事项，比照最相类似的条文规定的相关事项，作超出该含义范围而推论适用的解释。⑦ 或者是指对法律无明文规定的事实，援引相类似的条文而作出的超出该条原意范围的类比阐明。⑧

总结一下，对类推（解释）的定义分歧较大。一是多数定义认为类推（解释）的对象为"法律条文无明确规定的事项"，少数定义包括"不明确的事项"或者不定义对象。笔者认为应当为"法律条文无明确规定的事项"。"不明确的事项"是所有解释的对象，但类推（解释）与此相比应当是有着本质上的区别。二是关于"类推"一词的含义，有"类比推理""比照最相类似""超出语言含义（法条原意或语言普通意思）"等。关于语言含义的范围，笔者认为参照上文扩张解释中区分文字的通常含义、可能的含义以及不可能的含义的方式，应当限定为"可能含义"。即类推是对法律条文无明确规定的事项比照最相类似的条文适用，并且这种适用超出了被比照条文文字的可能含义。

---

① 之所以未使用"类推解释"，参见下文论述。
② 何秉松主编：《刑法教程》，法律出版社 1987 年版，第 16 页。
③ 利子平：《试论刑法中之类推与扩张解释》，载《江西大学学报》1988 年第 3 期。
④ 王勇：《定罪导论》，中国人民大学出版社 1990 年版，第 201 页。
⑤ 张明楷：《刑法学》，法律出版社 2007 年版，第 48 页；黎宏：《"禁止类推解释"之质疑》，载《法学评论》2008 年第 5 期。
⑥ 何秉松主编：《刑法教科书》，中国法制出版社 1993 年版，第 41 页。
⑦ 陈泽宪：《刑法修改中的罪刑法定问题》，载《法学研究》1996 年第 6 期。
⑧ 薛瑞麟：《论刑法中的类推解释》，载《中国法学》1995 年第 3 期。

2. 关于类推、类推解释、类推思维方式的区别

随着研究的深入,学界逐步认识到类推、类推解释、类推思维方式等之间是有区别的。首先,类推思维方式是法律自身的内在逻辑。将作为事实的内容与法条结合在一起的"涵摄",所谓大前提、小前提到结果的过程本身就是类推的过程。"刑事立法构建类型或典型事实,本身即具有类推的性格。"① 法律拟制也是一种类推,但是因为其是以法定的方式出现,因此是合法有效的。同时,刑法中兜底条款的适用也是类推。例如"以放火、投放危险物质、决水或其他方法……""暴力、胁迫或其他方法",这里的其他方法,就是比照前者的一种类推。以上三种是作为法律思维方式的被允许的类推。因此,作为一种法律思维的基本模式,类推是不可避免的,因此也是无法禁止的。刑法解释中要禁止的不是作为思维方式和思维规律之一的类推方法,而是创制法条的类推适用。②

其次,关于法律解释与类推的关系。有学者认为,法律解释的过程即为类推。"从解释的概念到涵摄的过程,解释无不表现出类推的因素与类推的过程。二者具有一致性、统一性,并没有本质差异和根本区别。""刑法解释是刑法规范与案件事实之间的类推过程。……规范类推与价值类推相互贯穿、彼此渗透"③ "法本来就带有类推的性质,法律解释与类推间并不具有本质上的区别。"④ 如果上述观点成立,区分解释与类推就没有了意义。有学者进一步认为,类推解释具有实质上的正义性与合理性,传统的罪刑法定主义及禁止类推是法治口号下的"一个美丽的乌托邦",类推是法学无法回避的思维类型,禁止类推主要是由于类推解释具有强大的修辞功能以及人们对国家权力的忌惮和防范。⑤ 相反,也有学者反对将类推解释和类推思维、法律解释与类推相混淆。陈金钊认为,类推与法律推理密切相关,法律推理是直接适用法律的方法,当出现法律意义不清时,法律推理就难以应对,必须借助法律解释。而类推是法律推理的一种而非法律解释。⑥ 陈兴良认为,刑法解释中的类比解释与类推解释并不相同,这取决于类型化的程度是否能够涵摄于法条的文义之中。"在类比解释的情况下,这种类似性是一种强类似,即相同大于相异,因而可以根据事物之本质将其归入某一概念或者类型之中。而在类推推理的情况下,这种类似性是一种弱类似,即相异大于相同,因而不能按照一般的法律解释方法将其涵括在某一概念或者类型之中,也就是属于法无明文规定的情形。在这种情况下非要适用这一法律,就需要类推推理。……考夫曼提出一切类型,甚至一切概念都是类推的,其实是对类推的一

---

① 邓多文:《论刑法的合理解释》,博士学位论文,西南政法大学2010年印制,第147-148页。
② 王凯石:《刑法适用解释研究》,博士学位论文,西南政法大学2006年印制,第89页。
③ 参见邓多文:《论刑法的合理解释》,博士学位论文,西南政法大学2010年印制,第145-159页。
④ 杨艳霞:《正当性刑法解释路径研究》,博士学位论文,中国政法大学2004年印制,第159页。
⑤ 参见吴丙新:《修正的刑法解释理论》,山东人民出版社2007年版,第275-276页。
⑥ 陈金钊:《法律解释及其基本特征》,载《法律科学》2000年第6期。

种误用。"① 上两位学者的观点虽有差异之处，但是他们的共同点在于认为类推和解释本质上不同——类推（作为推理的一种）是在条文意思清楚（没有规定需解释的内容）的前提下的适用，而解释是在条文意思不明的前提下的适用。因此，类推根本就不是一种解释方法，所谓类推解释的称呼是一种误用。

笔者赞同后一种观点，认为类推适用与法律解释是本质上不同的两类方法论。所谓允许或禁止类推的争议，从根本上来说就源于上述争论。允许类推的理由就是扩张解释和类推解释本质上一致，都是法律解释，只是扩张文字含义量上的区分，因此实际上无法区分。但是从上述讨论我们可以看出，理论上"法条含义不清"对应解释、"法条没有规定"对应类推，是可以本质区分的；解释的类似性"强相似"、类推的类似性"弱相似"也是可以本质区分的。并且，罪刑法定原则禁止类推，这既是法律明确规定，又是价值论上的要求，对于我们理论上认识类推的性质是有引领作用的。即使在实然的、技术的层面上，类推与解释（扩张解释）尚有不清之处，但是在理念上必须清楚地区分开。

（三）扩张解释与类推的界分

关于类推与扩张解释的具体区分方法，学者总结一是是否处于刑法条文用语可能具有的含义之中，二是是否具有一般公民的预测可能性，三是是否采用了符合形式逻辑的推论。扩张解释所作的是符合形式逻辑的推论，它重视大前提的规定性，在大前提与小前提之间进行由内向外的演绎，类推适用所作的是符合实质的考察，它重视事项之间的比较，在需要解决的事项与被解释的事项之间进行由外向内的归纳。四是是否从罪刑法定主义的理念出发。② 这显然是一种静态的并且是主流的观点。张明楷对此持不同看法，他认为："某种解释是类推解释还是扩大解释，并不是单纯的用语含义问题。换言之，某种解释是否被罪刑法定原则所禁止，要通过权衡刑法条文的目的、行为的处罚必要性、国民的预测可能性、刑法条文的协调性、解释结论与用语核心含义的距离等诸多方面得出结论。在很多情况下，甚至不是用语的问题，而是如何考量法条目的与行为性质，如何平衡法益保护机能与人权保障机能的问题。"③ 后者的观点与其极其重视目的解释、区分解释技巧与解释理由的观点相一致。实际上是将目的、体系、文义、比较法等诸多解释理由均用于考量这一问题。笔者认为，上述两种观点其实是不矛盾的，只是在不同层面上叙述问题。如冯军所列区分方法的背后当然存在张明楷所列的影响因素。可能的含义、预测可能性这些概念同样是动态的概念。而张明楷

---

① 陈兴良：《刑法教义学方法论》，载梁根林主编：《刑法方法论》，北京大学出版社 2006 年版，第 17－19 页。

② 冯军：《论刑法解释的边界和路径——以扩张解释与类推适用的区分为中心》，载《法学家》2012 年第 1 期。

③ 张明楷：《刑法分则的解释原理》（第二版）（上），中国人民大学出版社 2011 年版，第 102－103 页。

的观点近似于：在以具体标准区分类推和扩张解释时应当站在实质主义的立场（或以客观解释为目标）。当然，类推与扩张解释的纠缠不清的背后始终缠绕着形式主义与实质主义、规则主义与人文主义、法与道德、权力与权利、经验与逻辑等理念的对立。可以说已经成为理念交锋的战场和试金石。

下编
刑法分则罪名前沿问题解释

第四章
金融犯罪典型罪名刑法解释与适用

第一节 非法吸收公众存款罪的刑法解释与适用

根据《刑法》第176条规定，非法吸收公众存款罪，是指违反国家金融管理法规，非法吸收公众存款或者变相吸收公众存款，扰乱金融秩序的行为。从罪状上看，本罪名采取了叙明罪状的方式，但是，其中"非法吸收公众存款""变相吸收公众存款"等概念仍具有高度概括功能，需要进一步解释予以明确。不少学者认为，该罪名具有新型"口袋罪"的特质，如不加以限缩解释，会不当扩大处罚范围，反而掣肘金融创新与经济的良性发展，违反了刑法的谦抑性原则。本文充分运用刑法解释方法，结合司法判例，以解答非法吸收公众存款罪的相关刑法解释疑难性问题，为非法吸收公众存款罪的司法解释与适用提供参考。

在理论和司法实践中，对非法吸收公众存款罪的刑法解释存在的疑难争议问题，主要归结于以下四个方面：第一，对于罪状中"非法吸收公众存款""变相吸收公众存款""扰乱金融秩序"的刑法解释问题；第二，非法吸收公众存款罪的界限问题，包括与民间借贷的区分，与集资诈骗罪的区分；第三，非法吸收公众存款罪的共同犯罪认定问题；第四，非法吸收公众存款罪的单位犯罪认定问题。

一、"非法吸收公众存款或变相吸收公众存款"与"扰乱金融秩序"的刑法解释

《刑法》第176条对非法吸收公众存款罪采用了简单罪状的方式定义，其中"非法吸收公众存款""变相吸收公众存款"的行为特征、"扰乱金融秩序"均由行政法规或司法解释对其进行了相关规定，但规定的明确性、合理性、适当性值得进一步研究；在当前非法集资犯罪圈不断扩大的情况下，在对个案进行解释适用时，是否可以依据实质解释立场设置出罪路径，也是刑法解释研究和司法实践应当关注的问题。

(一)"非法吸收公众存款"与"变相吸收公众存款"的刑法解释

1998年4月国务院颁布的《非法金融机构和非法金融业务活动取缔办法》(以下简称"《取缔办法》")第四条规定:"前款所称非法吸收公众存款,是指未经中国人民银行批准,向社会不特定对象吸收资金,出具凭证,承诺在一定期限内还本付息的活动;所称变相吸收公众存款,是指未经中国人民银行批准,不以吸收公众存款的名义,向社会不特定对象吸收资金,但承诺履行的义务与吸收公众存款性质相同的活动。"该规定首次对非法吸收公众和变相吸收公众存款的概念进行了界定。《最高人民法院关于审理非法集资刑事案件具体应用法律若干问题的解释》所规定的非法吸收公众存款罪的四项行为特征基本与上述《取缔方法》规定一致。但该解释中"承诺在一定期限内还本付息或者给予回报"也是民间借贷的普遍方式,而"社会不特定对象"在司法实践中有时很难界定,"亲友"尤其是朋友的概念比较模糊,另外,"公开宣传"这一特征也不是界定"合法"与"非法"的标准,合法的民间融资方式也可能存在公开宣传的问题。以上特征是否非法吸收公众存款的本质特征,是否能够以此准确区分非法吸收公众存款行为与一般的民间借贷融资行为,仍然存在质疑。

1. "非法"和"变相"的刑法解释

非法吸收公众存款罪是典型的行政犯,其"非法"首先体现在违反金融管理法规,其次是违反了刑法的禁止性规定,侵犯或威胁了刑法所保护的法益。张明楷教授认为,"非法"本身是对违法阻却事由的提示,"在得到行政许可便阻却违法性的犯罪中,提示可能存在违法阻却事由的'非法',与'未经许可'基本上是一个问题的两个侧面。"[①]《商业银行法》第11条规定:"未经国务院银行业监督管理机构批准,任何单位和个人不得从事吸收公众存款等商业银行业务。"第81条规定:"未经国务院银行业监督管理机构批准,擅自设立商业银行,或者非法吸收公众存款、变相吸收公众存款,构成犯罪的,依法追究刑事责任;并由国务院银行业监督管理机构予以取缔。"[②] 以上规定可以作为本罪行政违法性的基本依据。从我国近几年对非法吸收公众存款罪进行治理的行政规制与司法实践来看,非法吸收公众存款罪之行政违法性与刑事违法性之间的关系体现出以下特征:

首先,从行政规范文件和司法解释的制定过程来看,非法吸收公众存款罪的刑法解释适用一定程度上依附于行政法规和规章的具体规定。

1998年国务院颁布的《取缔办法》第四条规定对于"非法"的界定与《商

---

① 张明楷:《刑法分则的解释原理(第二版)》,中国人民大学出版社2011年5月版,第538页。
② 该条规定在1995年《商业银行法》制定时为第79条,之后在2003年、2015年修订过程中为第81条。

业银行法》第十一条规定一致，即吸收资金的行为违背了金融特许行政规定。从该规定开始，国务院及金融管理机构陆续制定了《国务院关于同意建立处置非法集资部级联席会议制度的批复》《国务院办公厅关于依法惩处非法集资有关问题的通知》等一系列的政令、文件或通知，以规制非法集资行为。相应地，公安部、最高人民检察院和最高人民法院也出台了一系列司法解释，包括《最高人民法院关于依法严厉打击集资诈骗和非法吸收公众存款犯罪活动的通知》、《最高人民法院关于审理非法集资刑事案件具体应用法律若干问题的解释》（以下简称"《审理非法集资案件解释》"）、《最高人民法院关于非法集资刑事案件性质认定问题的通知》、《最高人民法院、最高人民检察院、公安部关于办理非法集资刑事案件适用法律若干问题的意见》（以下简称"《办理非法集资案件的意见》"）等。《最高人民法院关于审理非法集资刑事案件具体应用法律若干问题的解释》第一条规定中，对于非法吸收公众存款和变相吸收公众存款的界定，即参照了国务院《取缔办法》第四条规定对于非法吸收公众存款和变相吸收公众存款概念的界定；而非法吸收公众存款四个行为特征的归纳，也来源于该条规定的具体内容。

其次，从司法实践中非法吸收公众存款案件的办理过程来看，非法吸收公众存款罪的刑事司法认定一定程度上受到行政认定的影响。

因非法集资案件频发，近几年司法实务的趋向是，以案件的社会影响和行政部门对案件的性质认定作为依据，开展刑事立案侦查、起诉和审判。有不少案件因为涉及人数众多，社会影响恶劣，甚至引发了群体性事件或其他严重后果，政府及相关部门为维护社会稳定通常会先行介入，并首先将案件界定为非法集资案件。《办理非法集资案件的意见》中第一条"关于行政认定的问题"规定："行政部门对于非法集资的性质认定，不是非法集资刑事案件进入刑事诉讼程序的必经程序。行政部门未对非法集资作出性质认定的，不影响非法集资刑事案件的侦查、起诉和审判。公安机关、人民检察院、人民法院应当依法认定案件事实的性质，对于案情复杂、性质认定疑难的案件，可参考有关部门的认定意见，根据案件事实和法律规定作出性质认定。"该规定虽然明确行政认定不是案件的必经程序，但是实际认可了行政认定对刑事案件性质认定具有一定的指导性；而对于虽然可能涉嫌非法吸收公众存款，只要其没有产生不能偿还借款的严重后果、没有引发群体性事件、未影响社会稳定的案件，则司法机关一般不会主动介入立案侦查。

再次，从刑事政策发展趋势来看，非法吸收公众存款罪的刑事政策因行政政策的变化而调整。

行政规制与刑事处罚作为国家调整金融管理秩序的两种不同手段，既紧密联系，又具有性质和程度上的根本差异。值得注意的是，本罪之所以成为近几年影响社会稳定的典型涉众经济犯罪，主要原因就在于，民间金融行业的暴利驱动及行政监管手段的相对缺失，导致了民间融资大厦的急速崩塌，面对急剧增加的社会不稳定因素，刑事手段成为国家在一段时间内调控和治理金融秩序的主要方式。根据中国裁判文书网查询结果显示，非法吸收公众存款案 2014 年裁判文书为 2 550 份，2015 年裁判文书为 2 997 份，2016 年裁判文书为 7 006 份，2017 年的裁判文书为 7 071 份。① "民间融资的刑法制裁体系，是为国家管制民间资本的公共政策服务的，而作为一种政策工具的刑法制裁措施，难以摆脱民间融资管制的民商事法律制度和行政法律制度的约束。"② 国家一面积极运用严厉的刑事手段治理非法吸收存款案件，另一面也正通过制定一系列的行政规范文件规制民间金融市场，且刑事司法趋势受到行政政策的影响。

尤其从国家近期对互联网金融的规制来看，更为突出地体现了这一特征。2015 年 7 月 18 日，中国人民银行、工业和信息化部、公安部等十部门联合颁布《关于促进互联网金融健康发展的指导意见》（以下简称《指导意见》），提出了"鼓励创新、防范风险、趋利避害、健康发展"的总体要求和"制定适度宽松的监管政策，为互联网金融创新留有余地和空间"的政策方向，并具体明确了 P2P 网络借贷的合法性——"个体网络借贷平台上发生的直接借贷行为属于民间借贷范畴，受合同法、民法通则等法律法规以及最高人民法院相关司法解释规范。" 2016 年 4 月，公安部开始互联网金融专项整治；2016 年 8 月 17 日，银监会、工业和信息化部、公安部、国家互联网信息办公室四部门联合发布《网络借贷信息中介机构业务活动管理暂行办法》，而紧接着，10 月 13 日，国务院办公厅公布了《互联网金融风险专项整治工作实施方案》，对互联网金融风险专项整治工作进行了全面部署安排，其中明确规定："1. P2P 网络借贷平台应守住法律底线和政策红线，落实信息中介性质，不得设立资金池，不得发放贷款，不得非法集资，不得自融自保、代替客户承诺保本保息、期限错配、期限拆分、虚假宣传、虚构标的，不得通过虚构、夸大融资项目收益前景等方法误导出借人，除信用信息采集及核实、贷后跟踪、抵质押管理等业务外，不得从事线下营销。P2P 网络借贷平台和股权众筹平台未经批准不得从事资产管理、债权或股权转让、高风险证券市场配资等金融业务。" 随着以上行政政策的变化，"e 租宝""e 速贷"等 P2P 网络平台企业涉嫌非法吸收公众存款罪、集资诈骗罪案相继进入刑事司法程序并被法院判决有罪。

综合以上分析，非法吸收公众存款罪刑事违法性的外延本身是一个相对性概

---

① 数据来源：中国裁判文书网，网址：http://wenshu.court.gov.cn/list/list/? sortype = 1&number = &guid = 5493cc93 – 3444 – c547bb0b – d2c43a60d31a&conditions = searchWord + 1 + AJLX + + % E6% A1% 88% E4% BB% B6% E7% B1% BB% E5% 9E% 8B:% E5% 88% 91% E4% BA% 8B% E6% A1% 88% E4% BB% B6&conditions = searchWord + QWJS + + % E5% 85% A8% E6% 96% 87% E6% A3% 80% E7% B4% A2：% E9% 9D% 9E% E6% B3% 95% E5% 90% B8% E6% 94% B6% E5% 85% AC% E4% BC% 97% E5% AD% 98% E6% AC% BE，2018 年 1 月 12 日访问。

② 刘伟：《非法吸收公众存款罪的扩张与限缩》，载自《政治与法律》2012 年第 2 期。

念，它随着金融行政法规和政策的调整而发生变化。尤其是"变相吸收"中的"变相"就是具有强大涵盖功能的兜底性表述。而《审理非法集资案件解释》第2条规定，以列举方式对非法吸收公众存款和变相吸收公众存款进行了进一步的解释，其中第十一款规定"其他非法吸收资金的行为"再次采用了兜底性条款。用"其他"再解释"变相"这种"双重兜底条款"的司法解释方法，使得非法吸收公众存款的行为方式似乎无穷无尽，但凡是未经金融管理机构许可吸收资金的行为，无论行为人以何种名义融资，只要如果通过社会公开宣传的方式，且其行为最终可以归结为返本付息，均可认定为非法或变相吸收公众存款，这使得资本市场乃至民间借贷领域一片风声鹤唳。如果对于"变相"不进行适当限制，而是进行无止境的扩张解释或类推解释，可能会导致不当扩大处罚范围。

  要确定"非法"与"变相"的含义，首先还是应当考察行为是否具有行政违法性，对于符合前置性行政法规的融资行为，阻却刑事违法性，依法不应当认定为非法吸收公众存款罪。以《审理非法集资案件解释》第二条规定列举的"非法吸收公众存款或者变相吸收公众存款"行为第（八）项"以投资入股的方式非法吸收资金的"、第（九）项"以委托理财的方式非法吸收资金的"行为为例。吸收资金入股属于公司法等行政管理法规所规定的企业正常经营行为，只要企业或行为人未承诺保底和固定收益，那么该行为就符合投资入股人应当承担风险的行政法规定，而不可能涉嫌非法吸收公众存款罪。同理，具备资产管理资质的投资型企业经工商登记后，其从事的委托理财业务只要符合行政法规定，也不可能涉嫌非法吸收公众存款罪。刑法的谦抑性要求立法者应当以最小的支出来获得最大的社会效益。如立法对于犯罪的外延规定得过于宽泛，则容易导致犯罪扩大化，有悖于刑法谦抑性原则。本罪作为典型的法定犯，其法益保护的是金融存储管理秩序，这本可以通过行政手段、经济手段及政策引导去减少违法犯罪行为，立法对于金融垄断的过于保护容易导致对国民自由权的侵犯，从世界范围来看，发达国家现在正在逐步打破金融垄断的局势，而鼓励合法的民间融资应当是国家立法与政策发展的必然趋势。但纵观国内趋势，今年内，全国严厉打击非法集资犯罪，包括非法吸收公众存款犯罪，这种以"严打"运动方式出现的打击犯罪行为在一定程度上有助于暂时遏制非法集资犯罪的发展趋势，但是，在追求打击效果的同时，也容易造成犯罪打击扩大化的风险，从长远来看，更有可能造成民间借贷与资本市场的萎缩。而且，从这几年对于非法集资犯罪的连续"严打"来看，每年的案件发生率并未减少，这也证明了"严打"对减少和规制犯罪的效果未达到预期目的。从刑法解释的角度而言，对于非法吸收公众存款罪之"非法性"进行严格解释，有助于遏制目前犯罪圈不断扩大的趋势。

  2. 关于"公众存款"的理解

（1）公众

  参照《取缔办法》对"非法吸收公众存款"和"变相吸收公众存款"的解

释来看,"公众"指向首先为"社会不特定对象",而从其文义射程来看,该指向是片面的,"公众"的含义还应包括更为丰富的内涵。赵秉志教授对本罪"公众"的解释基本界定为"三性":广泛性、不特定性和行为的公开性,①该解释是比较精辟的。

广泛性即人数众多,司法解释对行为对象的人数进行了明确规定,②如果行为对象人数未达到规定的标准,那么,只能考虑吸收存款的金额或造成的直接经济损失以及社会影响等因素(司法解释规定的立案标准为"情形之一"),这时"公众"该如何认定?3人以上是否为"公众"?还是10人以上为"公众"?笔者认为,司法解释应当对其进行进一步的解释及规定。

不特定性即对象的不确定,排除了单位内部员工、家属集资、朋友间借款或采取行政摊派方式募集资金的情况;但是,如果行为人一方面通过亲友或单位内部员工吸收存款,另一方面又向社会不特定对象吸收存款,在这种情况下,"公众"该如何认定?如果以上情况中行为人采取了向社会公开宣传的方式,且达到了立案标准,则无论吸收对象是否包括了亲友或单位内部员工,均应当认定为"公众",并追究刑事责任;但如果单位或个人没有采取向社会不特定对象公开宣传的方式,而只是对单位内部或亲友之间进行宣传,且最终吸收的资金主要来源于单位内部员工或亲友的,则不应认定为非法吸收公众存款罪。同时,《办理非法集资案件的意见》通过对"特定对象"进行否定性解释的方法,进一步扩大了"社会公众"的范围:"下列情形不属于《最高人民法院关于审理非法集资刑事案件具体应用法律若干问题的解释》第一条第二款规定的'针对特定对象吸收资金'的行为,应当认定为向社会公众吸收资金:(一)在向亲友或者单位内部人员吸收资金的过程中,明知亲友或者单位内部人员向不特定对象吸收资金而予以放任的。(二)以吸收资金为目的,将社会人员吸收为单位内部人员,并向其吸收资金的。"

行为的公开性是指以向社会公开方式进行宣传。《办理非法集资案件的意见》对于"向社会公开宣传"进行了明确界定:"包括以各种途径向社会公众传播吸收资金的信息,以及明知吸收资金的信息向社会公众扩散而予以放任等情形。"这里的"公开"是相对公开,评判标准即受众对信息的普遍知晓,而相对应地,其宣传方式不仅包括了通过媒体、推介会、传单、手机短信等途径,还包括了所谓的"口口相传"。值得强调的是,《办理非法集资案件的意见》将"明知吸收资金的信息向社会公众扩散而予以放任"界定为"向社会公开宣传",是从行为人主观上对公开宣传方式具有间接故意的角度,界定其行为的公开性。其

---

① 参见赵秉志、万云峰:《非法吸收公众存款罪探讨》,载《人民司法》2004年第2期。
② 最高人民法院《关于审理非法集资刑事案件具体应用法律若干问题的解释》规定,个人吸收公众存款对象30人以上,单位吸收公众存款150人以上,就应当追究刑事责任。

中,"明知"是认识因素,"放任"是意志因素。

(2) 存款

首先,作为一个金融学概念,存款的含义是指"存款人在保留所有权的条件下,把使用权暂时转让给银行或其他金融机构的资金或货币",① 从其文义来看,其对象应当特指资金或货币。那么,"存款"是否包括实物? 关于这一问题,理论界存在争议。有人认为,如吸收的对象为实物的形式,应当认定为"变相吸收公众存款",② 也有人认为,无论是非法吸收公众存款还是变相吸收公众存款,其对象只能是资金,如果将存款扩大解释为包括实物,则属于类推解释。③ 笔者赞同第二种观点,对于"存款"内涵的理解应当以《商业银行法》等金融法规为依据,其含义不应当超过金融法规规定的"存款"指向范围,而从金融法规的理解来看,其含义应当仅限于资金或货币,不应当包括实物。有观点认为,基于对"变相"的实质理解,吸收能够变成资金的实物,也应当认定为"变相吸收公众存款"。④ 且司法实践中已有类似判例,即永昌县人民法院判决的吴某以赊购小麦方式变相吸收公众存款案。⑤ 支持该案判决结果的观点认为,吴某赊购小麦具备活期存款的特质,部分农民款到期后,仍然将其存放在吴某处吃利,小麦已成为小麦款,在本质上和活期存款无异。笔者认为,将实物解释为"存款"已经超出了文义的基本射程,而且,"变相"指的是吸收资金的方式多样化,具有隐蔽性,故应当透过形式看实质,对其进行实质解释,但并不表示"存款"之含义也可以随着"变相"手段的实质解释,跨越文义进行解释,该解释方法已经突破实质解释的范畴,而属于类推解释。

其次,存款具有还本付息的特质,这也是其区别于一般投资活动的显著特征(但不能以此区分其与民间借贷行为之间的差异)。国家之所以将存款设置为商业银行的特许经营业务,一方面原因在于国家需要通过对货币资本的控制来调控市场经济秩序与社会秩序,另一方面原因也在于,还本付息业务必须通过有实力的商业银行经营,才能对抗金融风险和保证社会稳定。司法实践中,大量非法吸收公众存款案都是在行为主体不能承担还本付息的责任之后案发。

再次,商业银行吸收存款的对象是针对社会公众,具有不特定性,存款与民间借贷之间的区别也在于此,故"存款"本身就包含了社会性和公开性的特征。

---

① 百度百科,http://baike.baidu.com/view/51830.htm,访问时间:2013 年 5 月 1 日。
② 参见王作富主编:《刑法分则实务研究》(上),中国方正出版社 2010 年版,第 457 页。
③ 参见谢望原、张开骏:《非法吸收公众存款罪疑难问题研究》,载《法学评论》2011 年第 6 期。
④ 参见"涉众型经济犯罪问题研究"课题组:《非法吸收公众存款罪构成要件的解释与认定》,载《政治与法律》2012 年第 11 期。
⑤ 参见丁慧敏:《论变相吸收公众存款罪——以三种商品交易形式为例》,载《政治与法律》2011 年第 4 期。

(二)"扰乱金融秩序"的解释

对于"扰乱金融秩序"的解释疑难主要围绕其是否属于犯罪构成要件,可否将吸收资金用于正常生产经营作为"未扰乱金融秩序"之出罪事由,以及司法解释中如何认定扰乱金融秩序等问题展开。

1. 非法吸收公众存款罪是行为犯还是结果犯

理论界在本罪是行为犯还是结果犯的问题上存在分歧,这种分歧与对"扰乱金融秩序"的不同理解有关。其一,认为非法吸收公众存款罪是行为犯,"扰乱金融秩序"是对行为属性的描述,这种观点又分为两种意见:一种意见认为,只要行为人向不特定的多数人开展非法的存款业务,为后者知晓就构成既遂,无论是否吸纳了存款;① 另一种观点认为,只要未经批准非法吸收公众存款或变相吸收公众存款,都违反了金融监管制度,扰乱了金融管理秩序,不论是否造成严重后果,均构成本罪。② 其二,认为非法吸收公众存款罪是结果犯。持"结果犯说"的观点认为,非法吸收公众存款或变相吸收公众存款只有造成了扰乱金融管理秩序才构成犯罪。③ 还有观点认为,该行为是会危害一般公众的财产安全、破坏社会信用制度与安全的抽象危险犯。④

笔者赞同本罪属于结果犯的观点。理由为:第一,从《刑法》第176条的具体规定来看,该规定将"扰乱金融秩序"置于非法吸收公众存款与变相吸收公众存款之后,即是对于结果的描述,如果扰乱金融秩序系行为属性,那么,在非法吸收公众存款与变相吸收公众存款行为本身就包含了违反金融管理秩序含义的情况下,该叙明罪状对于"扰乱金融秩序"再进行列举,则有重复定义之嫌;第二,从金融法规来看,1992年国务院颁布的《储蓄管理条例》中就有"情节严重,构成犯罪的,追究刑事责任"的规定,而之后修订版的《商业银行法》中也有"非法吸收公众存款、变相吸收公众存款,构成犯罪的,依法追究刑事责任"的规定,以上规定非常清晰地描述了本罪系结果犯这一显著特征;第三,从司法解释的具体规定来看,其中关于非法吸收公众存款罪的具体立案标准中对于数额、人数、损失、影响、后果的列举也充分证明了本罪系结果犯;第四,从司法实践来看,对于集资后能够还本付息的行为,办案机关一般不会主动介入,只有当集资主体无法还本付息,且造成社会不稳定后果时,才会作为刑事案件处理。因此,扰乱金融秩序是构成本罪的必要性条件,且是对于行为的危害性结果的概括。

---

① 参见张军主编:《破坏金融管理秩序罪》,中国人民公安大学1999年版,第199页。
② 参见王作富主编:《刑法分则实务研究》(上),中国方正出版社2010年版,第457页。
③ 参见舒慧明主编:《中国金融刑法学》,中国人民公安大学出版社1997年版,第246页;刘建著:《金融刑法学》,中国人民公安大学出版社2008年版,第330页。
④ 参见顾肖荣主编:《经济刑法》(第8辑),上海社会科学出版社2009年版,第84页。

2. 可否将吸收资金用于正常生产经营作为"未扰乱金融秩序"的出罪事由

张明楷教授认为:"只有当行为人非法吸收公众存款,用于货币资本的经营时(如发放贷款),才能认定扰乱金融秩序,才能以本罪论处。"① 这一观点在理论界也得到了广泛支持。另有部分观点认为,非法吸收公众存款罪应当考虑融资目的,如果融资的目的是用于正常生产经营活动,则不能定性为非法吸收公众存款罪。② 并由此引发非法吸收公众存款罪是否目的犯的讨论。持肯定说的观点认为,刑法规制的是非金融机构以吸收来的资金非法进行信贷活动的行为,而不是吸收公众资金的行为,只有将集资款用于以经营资本和货币为目的的间接融资行为才侵犯国家金融秩序。③ 还有观点认为,应当适用短缩的二行为犯理论作为非法吸收公众存款罪的出罪事由,如果行为人在吸收资金时具备经营货币资本的主观目的,即可充足非法吸收公众存款罪的构成要件,从而将吸收资金用于正常生产经营活动的行为排除在该罪范围之外。④ 持反对说的观点认为,其一,《刑法》第176条并没有规定本罪的构成要求行为人具有将非法吸收或者变相吸收的公众存款用于信贷的目的;其二,司法实践中一些非法吸收或者变相吸收公众存款者,在非法吸收或者变相吸收公众存款后,并不是将吸收的存款用于信贷,而是用于自身的生产、经营活动,如果对这种情况不按本罪处理,显然也不可能按其他犯罪来处理,那就要导致对犯罪行为的放纵。⑤ 以上争议的焦点问题实际在于两点,第一,对于刑法条文没有明确规定主观目的的罪名能否认定为目的犯;第二,不以经营货币和资本为目的的吸收存款行为是否具有扰乱金融秩序的社会危害性或刑事违法性。对于第一个问题,现在刑法学界基本认可非法定目的犯这一概念,故已经没有疑问。但是,成立非法吸收公众存款罪是否要求行为人以经营货币或资本为目的?张明楷教授认为,无论是直接目的犯(断绝的结果犯)还是间接目的犯(短缩的二行为犯),其目的只需要存在于行为人的内心即可,不要求有与之相适应的客观事实。⑥ 本罪显然不是直接目的犯(断绝的结果犯)。而间接目的犯(短缩的二行为犯)的特点是,"完整"的犯罪行为原本由两个行为组成,刑法规定只要行为人以实施第二个行为为目的实施了第一个行为(实行

---

① 张明楷主编:《刑法学》(第四版),法律出版社2011年版,第687页。
② 参见刘健、李辰辰:《非法吸收公众存款罪之辨析——兼评最高人民法院关于审理非法集资刑事案件具体应用法律若干问题的解释》,载《法治研究》2012年第3期。
③ 参见刘宪权:《刑法严惩非法集资行为之反思》,载《法商研究》2012年第4期;刘伟:《非法吸收公众存款罪的扩张与限缩》,载《政治与法律》2012年第2期;肖中华、徐藩:《非法吸收公众存款罪的三个问题》,载《中国检察官》2012年第3期。
④ 参见梅腾、阎二鹏:《"P2P网贷债权转让"的刑法介入——以非法吸收公众存款罪的实质解释为视角》,载《中国人民公安大学学报(社会科学版)》2016年第2期。
⑤ 参见李希慧:《非法吸收公众存款罪的几个问题》,载《中国刑事法杂志》2001年第4期。
⑥ 参见张明楷:《刑法分则的解释原理(第二版)》,中国人民大学出版社2011年5月版,第420页。

行为），即以犯罪（既遂）论处。吸收存款和发放贷款（典型的经营货币资本行为）之间确实存在一定关联，均是商业银行的基础业务之一，但并非必然的先后顺序，而是并列为商业银行的两项独立业务。而且，对于单纯的民间高利放贷行为是否涉嫌犯罪，理论和实务界存在一定争议，但主流观点认为，该行为本身不具有刑事违法性（不构成非法经营罪），故难以得出吸收存款与经营货币资本两个行为是"完整的犯罪行为"的结论，故用短缩的二行为犯来解释非法吸收公众存款罪也存在逻辑悖论。而且，从客观上分析，非法吸收资金的目的除了货币和资本运营等间接融资以及正常生产经营活动的直接融资方式之外，可能还有其他目的，比如用于归还债务等，该行为也不具有合法性。因此，不能得出本罪是目的犯的结论。对于第二个问题的解答，实质的争议不在于非法吸收公众存款罪是否目的犯，而在于吸收资金用于生产经营的行为本身是否阻却刑事违法性，因此，需要回溯到立法目的并结合司法实践来考量该行为是否具有侵害法益的危险或实害。

首先，从立法目的来看。刑法的目的是保护法益，法益对违法构成要件的解释具有指导作用。1979年刑法典制定之前，由于当时经济体制和经济发展程度的客观限制，非法吸收公众存款行为不存在滋生的土壤和环境，1979年刑法典未对非法吸收公众存款罪作规定，对相关经济犯罪均笼统地以投机倒把罪等罪论处。随着改革开放和经济迅速发展，民间集资行为开始出现，1995年5月《商业银行法》颁布，首次采用"非法吸收公众存款"的表述，并规定构成犯罪的，应当依法追究刑事责任。1995年6月30日，全国人大常委会通过《关于惩治破坏金融秩序犯罪的决定》，该决定中第七条关于非法吸收公众存款或者变相吸收公众存款的规定直接为后来1997年《刑法》修订时所采用，纳入破坏金融管理秩序罪中。从立法过程来看，该罪名的设置是国家对金融和经济进行宏观调控的刑事手段之一，其犯罪化的原因就在于其具有侵犯国家金融管理秩序的危险或后果。支持本罪系目的犯的观点大多认为，本罪侵犯的是国家信贷制度。但是，如前所述，笔者认为，该观点有失偏颇。而且，为什么刑法仅对非银行主体吸收公众存款的行为进行犯罪化处理，而不将非银行主体的发放贷款行为设置为犯罪行为（违法发放贷款罪的主体系银行或其他金融机构的工作人员）？很明显，刑法设置本罪的立法目的并非是要直接处罚吸收资金之后的发放贷款行为。因此，从立法目的上考量，本罪侵犯的客体或保护的法益是国家金融存储管理秩序而非信贷秩序，前述争议中，认为非法吸收公众存款罪所保护法益是金融信贷秩序，故将集资款用于以经营资本和货币为目的的间接融资行为未侵犯非法吸收公众存款罪所保护法益之观点理论依据不充分，不具有合理性。

其次，从司法解释与司法实践来看。最高人民法院2011年《审理非法集资案件解释》规定："非法吸收或者变相吸收公众存款，主要用于正常的生产经营活动，能够及时清退所吸收资金，可以免予刑事处罚；情节显著轻微的，不作为犯罪处理。"该规定实质上认可了非法吸收公众存款罪并非目的犯的观点,并未将吸收资金用于生产经营活动的行为排除在犯罪圈之外,而只是作为量刑上从宽处罚的参考依据,且对定罪免罚或不作为犯罪处理的情形增设了一个附加条件,就是能归还所吸收资金;该规定中"情节显著轻微的,不作为犯罪处理"的依据是刑法第十三条规定,而不是依据行为的目的而阻却责任。但是,地方司法机关的相关司法解释对此有进一步的阐释,且相比最高人民法院的司法解释,在不作为犯罪处理的范围上更为宽泛灵活。例如2008年浙江省高级人民法院、浙江省人民检察院、浙江省公安厅联合发布的《关于当前办理集资类刑事案件适用法律若干问题的会议纪要》第2条规定:"为生产经营所需,以承诺还本分红或者付息的方法,向相对固定的人员(一定范围内的人员如职工、亲友等)筹集资金,主要用于合法的生产经营活动,因经营亏损或者资金周转困难而未能及时兑付本息引发纠纷的,应当作为民间借贷纠纷处理。对此类案件,不能仅仅因为借款人或借款单位负责人出走,就认定为非法吸收公众存款犯罪或者集资诈骗犯罪。"第4条规定:"为生产经营所需,以承诺还本分红或者付息的方法,向社会不特定对象筹集资金,主要用于合法的生产经营活动,因经营亏损或者资金周转困难而未能兑付本息引发纠纷的,一般可不作为非法吸收公众存款犯罪案件处理。"2016年《四川省高级人民法院、四川省人民检察院、四川省公安厅关于我省办理非法集资刑事案件若干问题的会议纪要》规定:"行为人按生产经营规模所需吸收资金,并主要用于合法的生产经营活动,因经营亏损或资金周转困难而未能及时清退本息引发纠纷,其资产足以还本付息,情节显著轻微的,可不以非法吸收公众存款罪处理。"从以上司法解释的差异性可以看出,随着近几年对非法吸收公众存款案件处理的逐渐深入,司法机关对于非法吸收公众存款罪采取了限缩解释的方法,并明确了吸收资金用于生产经营活动的合法性。虽然四川省的司法解释对于"不以非法吸收公众存款罪处理"有"情节显著轻微"的前提,但相比2011年最高人民法院的司法解释,将"能够及时清退所吸收资金"的条件修改为"其资产足以还本付息",已经有了明显的进步。

从具体案件的判决结果来看,目前司法实践中对于类似案件的处理结果不一。首先从2003年著名的孙大午非法吸收公众存款案判决来看,法院明确认定,孙大午担任董事长的河北大午农牧集团有限公司非法吸收的公众存款用于企业经营,尚未造成吸储款项损失的后果,但该事实仅作为从轻处罚情节,而未作为无罪理由。[①] 之后,也有若干判决认定,将吸收资金用于生产经营的行为构成非法吸收公众存款罪。但是,近几年的相似案件判决结果体现出与上述司法解释相应的变化,即有部分法院将吸收资金用于生产经营作为行为人无罪的判决理由。

---

① 来源:新华网,网址:http://www.china.com.cn/chinese/law/432465.htm,2018年1月26日访问。

【案例】范某某涉嫌非法吸收公众存款案①

苏州市吴中区人民检察院指控，被告人范某某在担任苏州某（集团）有限责任公司某某钢结构分公司负责人期间，于2008年至2012年4月期间，以分公司生产经营需要、招投标缴纳保证金等理由，约定利息，先后向十余人社会公众非法吸收存款合计人民币3394万元，后合计归还本息约2300余万元，其行为触犯了《中华人民共和国刑法》第一百七十六条第一款的规定，应当以非法吸收公众存款罪追究其刑事责任。被告人范某某辩称，其借款都是为了公司的生产经营，不构成犯罪。法院认为，关于公诉机关认定被告人范某某借款305万元均以某某钢结构分公司名义所借，且款项主要用于归还分公司欠款、发放工人工资等公司经营活动，另被告人范某某向叶某借款144万元部分，经查，其中第一笔借款50万元系直接付给公司工作人员朱某，并用于公司经营活动，故应在犯罪数额中予以扣除。但对于被告人范某某辩称其借款都是为了公司的生产经营以及辩护人认为被告人范某某未通过媒体等途径向社会公开宣传吸收存款，未向不特定对象吸收资金，请求对范某某宣告无罪的意见，法院认为，被告人范某某以某某钢结构分公司生产经营需要等理由以其个人名义向外借款，借款主要用于其个人循环支付借款本息，本案被害人多是通过中间人介绍，被告人范某某在让中间人介绍向外借款时，明确只要尽快借到钱，对借款人的范围、利息均没有限制，属于通过口口相传形式向社会不特定公众公开宣传，具有向社会不特定对象吸收资金的行为特征，故被告人及辩护人的上述意见与事实和法律不符，不予采纳。判决被告人范某某犯非法吸收公众存款罪，判处有期徒刑四年，并处罚金人民币五万元。

从该案判决认定的事实来看，法院明确将用于公司生产经营活动的吸收资金金额从非法吸收公众存款罪金额中予以了扣除；而且，对于范某某借款都是为了公司生产经营的辩解，法院不予采纳的理由是，范某某虽然以公司生产经营为理由而借款，但实际借款主要用于其个人循环支付借款本息，所以并未用于公司生产经营。从其判决阐述理由来看，法院认可将吸收资金用于生产经营的行为不涉嫌非法吸收公众存款罪。

【案例】张某、周某山非法吸收公众存款罪再审案②

江苏省如东县人民法院审理江苏省如东县人民检察院指控原审被告人张某、周某山犯非法吸收公众存款罪一案，于2010年5月12日作出（2010）东刑二初

---

① 参见苏州市吴中区人民法院（2014）吴刑二初字第0051号刑事判决书，来源：法院裁判文书网，网址：http://wenshu.court.gov.cn/content/content? DocID = ba29e2c6 − fd0f − 4ab7 − 949c − 7e28a406f83b，2018年1月25日访问。

② 参见江苏省高级人民法院（2016）苏刑再10号刑事裁判书，来源：中国裁判文书网，网址：http://wenshu.court.gov.cn/content/content? DocID = c58603d9 − e8e5 − 48c6 − 9f61 − a78b011b779e，2015年5月15日访问。

字第 53 号刑事判决，认定被告人张某犯非法吸收公众罪，判处有期徒刑一年，并处罚金人民币两万元；被告人周某山犯非法吸收公众存款罪，判处有期徒刑九个月，并处罚金人民币两万元。原审上诉人周某山不服，以"不构成犯罪"为由，向江苏省高级人民法院提出申诉。江苏省高级人民法院再审认为，原审上诉人张某、周某山虽有违反国家法律规定，非法吸收资金 254 370 元，且 117 870 元尚未能归还的行为，但其借款的目的是用于承包窑厂的生产经营，而没有吸收存款扰乱金融秩序的主观故意，且借款的对象属于相对特定的厂内职工、部分亲友、当地村民，不符合《刑法》所规定的"向社会不特定对象吸收资金"，不具备非法吸收公众存款的"社会性"构成要件，依法不构成非法吸收公众存款罪。原审判决适用法律错误，应予纠正。并撤销原审判决，改判上诉人张某、周某山无罪。

以上案例中，法院判决理由中明确认定，原审上诉人吸收资金的行为违反国家规定，具有非法性，但其借款的目的是为了生产经营，没有吸收存款扰乱金融秩序的主观故意，故改判上诉人无罪，其认定的依据就在于间接认可非法吸收公众存款罪是目的犯，且目的包含在主观故意之中（而不是主观超过要素），从而将吸收资金用于生产经营的行为排除在非法吸收公众存款罪之外。

从破坏金融管理秩序罪的整体设置来看，在秩序、安全与自由的价值权衡中，国家优先保护的是秩序与安全价值，以及社会公共法益，而不是自由价值和个人法益。但是，梳理以上司法解释和两个案件的判决理由，我们可以得出，现阶段司法实践对于非法集资活动的打击开始回归理性，向保障国民自由倾斜。张明楷教授认为，虽然法条文字没有变化，但对保护内容（法益）的解释会发生变化；目的论解释并非仅仅考虑整体目的，而是既要考虑整体目的，也要考虑具体目的。①我们解释法条时，不能停留在立法时的语境，主观解释论自身最大的弊端就在于，刑法具有相对稳定性，必须适当适应社会发展需要，这与主观解释论追求立法原意的宗旨背道而驰。以客观解释的立场来考察非法吸收公众存款罪的保护法益，我们不难发现，现阶段的民间集资行为与 1995 年《商业银行法》制定时所规制的非法吸收公众存款行为和变相吸收公众存款行为已存在本质区别，不仅仅是在资金金额上的数十倍甚至数百倍增长，而且，吸收资金的范围和目的也发生了根本变化。基于高利息的极端刺激，近几年出现了"全民金融"的乱象，绝大部分行为人吸收资金的目的均是经营货币资本，而真正吸收资金用于生产经营的企业为极少数，对实体经济造成了极大冲击。因此，前述观点认为，非法吸收公众存款罪的主要打击对象是吸收资金用于经营货币资本的行为，该解释在现阶段具有合理性。另一方面，从保障国民相对自由和市场经济发展的目的出发，以目的解释方法，将吸收资金用于生产经营的行为解释为"未扰乱金

---

① 参见张明楷：《刑法分则的解释原理（第二版）》，中国人民大学出版社 2011 年 5 月版，第 86 页。

融秩序"的合法行为，也符合刑法保护法益的整体目的。

3. 司法实践中如何认定"扰乱金融秩序"

2001 年最高人民法院印发的《全国法院审理金融犯罪案件工作座谈会纪要》指出："非法吸收公众存款或者变相吸收公众存款的，要以非法吸收公众存款的数额、范围以及给存款人造成的损失等方面来判定扰乱金融秩序造成危害的程度。"同年，最高人民检察院、公安部发布的《关于经济犯罪案件追诉标准的规定》第 24 条规定："非法吸收公众存款或者变相吸收公众存款，扰乱金融秩序，涉嫌下列情形之一的，应予立案追诉：（一）个人非法吸收或者变相吸收公众存款数额在二十万元以上的，单位非法吸收或者变相吸收公众存款数额在一百万元以上的；（二）个人非法吸收或者变相吸收公众存款三十户以上的，单位非法吸收或者变相吸收公众存款一百五十户以上的；（三）个人非法吸收或者变相吸收公众存款给存款人造成直接经济损失数额在十万元以上的，单位非法吸收或者变相吸收公众存款给存款人造成直接经济损失数额在五十万元以上的；（四）造成恶劣社会影响的；（五）其他扰乱金融秩序情节严重的情形。"2010 年最高人民法院《关于审理非法集资刑事案件具体应用法律若干问题的解释》中沿用了以上《规定》的具体规定。

从以上规定看，吸收存款的数额、行为对象人数、行为所造成的经济损失、社会影响及其他严重后果都是评判行为是否达到"扰乱金融秩序"危害后果的具体标准。

二、非法吸收公众存款罪的界限问题

非法吸收公众存款罪的界限问题在于罪与非罪的界限及本罪与他罪的界限，其中罪与非罪的界限主要体现于本罪与民间借贷、融资等行为之间的区分；本罪与他罪的界限问题主要在于本罪与集资诈骗罪之间的区分。

（一）本罪与民间借贷的界限

从形式上来看，民间借贷与非法吸收公众存款罪之间存在交叉之处，都是一种还本付息的融资行为，而且从广义上看，非法吸收公众存款甚至也属于民间借贷，只是属于非法借贷。在司法实践中如何区分两者，是一个复杂的难题。

现阶段关于民间借贷的法律规定与司法解释主要为：1991 年最高人民法院《关于人民法院审理借贷案件的若干意见》，1999 年最高人民法院《关于如何确认公民与企业之间借贷行为效力问题的批复》，《合同法》第 196 条关于借款合同的规定以及第 211 条关于借款利息的规定，以及 2015 年 9 月 1 日施行的《最高人民法院关于审理民间借贷案件适用法律若干问题的规定》。从以上规定来看，民间借贷行为是一种民事合同行为，只要双方当事人基于真实意愿且借贷利率合法，均应当受到法律保护。其中对于民间借贷的概念、表现形式、合法定位以及与非法集资行为的区别均没有明确规定。2015年中国人民银行等十部门发布的《关于促进互联网金融健康发展的指导意见》规定："个体网络借贷是指个体和个体之间通过互联网平台实现的直接借贷。在个体网络借贷平台上发生的直接借贷行为属于民间借贷范畴，受合同法、民法通则等法律法规以及最高人民法院相关司法解释规范。"将网络借贷界定为"直接借贷行为"。而最近发布的非法集资案件相关司法解释中，均没有对如何区分二者进行规定。

理论界对于两者之间的区分有如下几种观点：有观点认为，区分两者应当从吸收资金的对象以及是否具有扰乱金融秩序的后果来看，非法吸收公众存款罪其借贷范围具有不特定的公众性并扰乱金融秩序，具有民间借贷不会造成的严重社会危害性。[1] 有观点认为，应当从借款目的或用途进行区分，如借款主要用于生产经营的，为合法借贷融资行为，如借款后用于货币经营或金融信贷业务的，才是法律所禁止的非法吸收公众存款行为。[2] 还有观点认为，应当借鉴英国的做法，将长期或多次以非固定期限的还本付息方式的吸收资金的行为界定为非法吸收公众存款行为，对于偶然发生的借贷行为，应当视为合法民间借贷。[3]

我们认为，以上观点均具有借鉴性，但稍显片面。如果仅从吸收存款对象是否为不特定公众上区分的话，这一"特定"是比较模糊的，有时无法界定，在部分案件中，吸收存款的对象是经过一层层转借贷方式建立起来的，借款人与出借人之间可能存在特定的亲友关系，但与转借人或转贷人之间则可能不存在特定关系；如果仅从扰乱金融秩序的角度来判断，也是难以区分的，因为从结果来判断行为本质，有客观归罪、舍本逐末之嫌；而从借款目的或用途来区分，如前所述，刑法规定和司法解释并没有明确规定非法吸收公众存款必须具有货币经营或金融信贷的目的，司法实践中对于将借款用于生产经营的行为进行定罪处罚的案例也为数不少；从借贷次数和时间来区分二者则更具有片面性。要区分二者，应当综合考虑以上因素，不仅要考虑资金来源，即出借人的具体人数及与借款人之间的关系，还要考虑吸收资金的方式，如是否通过向社会公开宣传方式，是否高息揽储；不仅要考虑借款目的和用途，即是否主要用于生产经营，还要考虑借款的次数、金额、持续时间、社会影响与客观后果。只有在全面分析与考量的基础上，才能对两者进行区分，并作出客观公正的认定。

【案例】上海某某珠宝有限公司、吴某某涉嫌非法吸收公众存款案[4]

上海市黄浦区人民检察院指控，2010年6月至2011年10月期间，被告人吴

---

[1] 参见赵秉志、万云峰：《非法吸收公众存款罪探讨》，载《人民司法》2004年第2期。
[2] 参见谢望原、张开骏：《非法吸收公众存款罪疑难问题研究》，载《法学评论》2011年第6期。
[3] 参见彭冰：《非法集资活动的刑法规制》，载《清华法学》2009年第3期。
[4] 参见上海市第二中级人民法院（2015）沪二中刑终字第68号刑事裁定书，来源：中国裁判文书网，网址：http://wenshu.court.gov.cn/content/content? DocID = 5207fce9 - 0ac0 - 4d05 - 88ac - 82749c13c8bf&KeyWord = %E5%90%B4%E5%BE%AE%E5%BE%AE，2018年1月26日访问。

丙身为被告单位上海某有限公司（以下简称：某公司）的法定代表人和负责人，以该公司投资或者经营需要资金周转为由，承诺高额借款利息为诱饵，部分提供房产抵押或珠宝质押，通过出具借据或签订借款协议等方式，非法向涂某某等人吸收存款，共计人民币15 460万元。被告单位某公司和被告人吴丙应当以非法吸收公众存款罪追究其刑事责任。

上海市黄浦区人民法院认为，起诉指控原审被告单位某某珠宝公司和原审被告人吴某某犯非法吸收公众存款罪的证据不足，指控的罪名不能成立。理由是："1. 吴某某既不存在通过媒体、推介会、传单、手机短信等途径向社会公开宣传的情形，亦无证据显示其要求借款对象为其募集、吸收资金或明知他人将其吸收资金的信息向社会公众扩散而予以放任的情形。2. 吴某某的借款对象相对固定、封闭，并非随机选择或者随时可能变化的不特定对象。对于查明的出借资金中有部分系亲友转借而来的情况，现有证据难以认定吴某某系明知亲友向他人吸收资金而予以放任，且个别亲友转借的对象也是特定的，非社会公众。3. 吴某某在向他人借款过程中，存在并未约定利息或回报的情况，对部分借款还提供了房产、珠宝抵押。故依照《中华人民共和国刑事诉讼法》第一百九十五条第（三）项之规定，判决微微珠宝公司和吴某某无罪。"之后，上海市人民检察院第二分院提出抗诉，上海市第二中级人民法院经审理认定，被告人吴某某的行为不符合向不特定对象即社会公众传播的特征，也没有证据证明吴某某明知借款对象向不特定对象募集资金，故驳回上诉，维持原判。

从以上案件判决理由来看，法院并未考虑该公司和吴某某是否以生产经营作为吸收资金的目的，而是从宣传手段、借款对象与还款保证等方面，认定公司和吴某某均不构成非法吸收公众存款罪。

（二）非法吸收公众存款罪与集资诈骗罪的界限

非法吸收公众存款罪和集资诈骗罪虽然分别设置在金融诈骗罪和破坏金融管理秩序罪两个不同的小节之中，但作为典型的非法集资类犯罪，由于两罪主体都是一般主体，主观上都是直接故意，在客观上都有非法募集资金的行为，而且在实践中，两罪的客观表现均可能存在行为人因为各种原因导致不能归还募集资金的后果，因此，两罪在审判实践中极容易混淆，有必要对其进行明确区分。

首先，两罪的犯罪客体存在差别，前者作为典型的非法集资类犯罪，侵犯的是单一客体，即国家金融管理制度；而后者作为金融诈骗类犯罪和非法集资类犯罪的交叉罪名，其客体不仅包括国家的金融秩序，而且包括出资人的财产所有权；其次，从两罪的入罪标准和法定刑来看，集资诈骗罪的入罪标准明显要低于非法吸收公众存款罪，法定刑却要远远重于非法吸收公众存款罪。此外，两罪还存在以下区别：

1. 客观上是否采取了诈骗方法

"使用诈骗方法"是集资诈骗罪的必要构成要件。根据最高人民法院《关于审理诈骗案件具体应用法律的若干问题的解释》第 3 条规定:"诈骗方法"是指行为人采取虚构集资用途,以虚假的证明文件和高回报率为诱饵,骗取集资款的手段。

集资诈骗罪以"非法占有为目的"为构成要件要素,非法吸收公众存款罪的构成要件则不包括这一主观要素。在司法实践中,无论行为人是否以非法占有为目的,在募集资金的方法上可能都存在以高回报率为诱饵的情形,许多投资者也正是看中高回报率才将大量资金借给募集资金人;另外,很多募集资金人在宣传方式中都可能存在虚构经营业绩,甚至虚构集资用途、出具虚假的证明文件等行为,只是集资诈骗罪以此作为典型特征,但这不是区分集资诈骗罪和非法吸收公众存款罪的关键问题。如果募集资金人只是在募集资金时采取了欺骗手段,但并不以非法占有集资款为目的,那么,如果其行为符合非法吸收公众存款罪的构成要件,仍应当只能认定为非法吸收公众存款罪,而不能定性为集资诈骗罪。

2. 主观上是否以非法占有为目的

是否以非法占有所募集资金为目的是区分集资诈骗罪和非法吸收公众存款罪的关键标准。集资诈骗罪作为目的犯,行为人主观上是为了非法占有所募集的资金,事后不予归还;非法吸收公众存款罪的犯罪构成要件则没有非法占有这一主观目的。

理论上,两罪的区别比较明显,但在司法实践中,因为现实的多样性及复杂性,如何准确判断行为人主观上是否具有"以非法占有为目的"仍然是一个难题,由于对行为人主观心理活动无法取证,司法实践中往往是通过客观行为来推定行为人主观上是否"以非法占有为目的"。1996 年最高人民法院《关于审理诈骗案件具体应用法律的若干问题的解释》(以下简称"1996 年解释")第三条这样界定:"行为人实施《决定》第八条规定的行为,具有下列情形之一的,应当认定其行为属于'以非法占有为目的,使用诈骗方法非法集资':(1) 携带集资款逃跑的;(2) 挥霍集资款,致使集资款无法返还的;(3) 使用集资款进行违法犯罪活动,致使集资款无法返还的;(4) 具有其他欺诈行为,拒不返还集资款,或者致使集资款无法返还的。"2001 年《全国法院审理金融犯罪案件最高人民法院工作座谈会纪要》(以下简称"座谈会纪要")在对"金融诈骗罪中非法占有目的的认定"中进一步丰富了可以认定为"非法占有为目的"的客观情形:"根据司法实践,对于行为人通过诈骗的方法非法获取资金,造成数额较大资金不能归还,并具有下列情形之一的,可以认定为具有非法占有的目的:(1) 明知没有归还能力而大量骗取资金的;(2) 非法获取资金后逃跑的;(3) 肆意挥霍骗取资金的;(4) 使用骗取的资金进行违法犯罪活动的;(5) 抽逃、转移资金、隐匿财产,以逃避返还资金的;(6) 隐匿、销毁账目,或者搞假破产、假倒闭，以逃避返还资金的；（7）其他非法占有资金、拒不返还的行为。"最高人民法院《关于审理非法集资刑事案件具体应用法律若干问题的解释》第四条规定："以非法占有为目的，使用诈骗方法实施本解释第二条规定所列行为的，应当依照刑法第一百九十二条的规定，以集资诈骗罪定罪处罚。使用诈骗方法非法集资，具有下列情形之一的，可以认定为'以非法占有为目的'：（一）集资后不用于生产经营活动或者用于生产经营活动与筹集资金规模明显不成比例，致使集资款不能返还的；（二）肆意挥霍集资款，致使集资款不能返还的；（三）携带集资款逃匿的；（四）将集资款用于违法犯罪活动的；（五）抽逃、转移资金、隐匿财产，逃避返还资金的；（六）隐匿、销毁账目，或者搞假破产、假倒闭，逃避返还资金的；（七）拒不交代资金去向，逃避返还资金的；（八）其他可以认定非法占有目的的情形。"综观以上三个司法解释或者会议纪要，均是通过列举方式明确了哪些客观行为可以用于直接推定行为人主观上的"非法占有目的"。

虽然上述司法解释为司法实践操作提供了便捷有利的途径，但是，在适用上述司法解释时不能一概而论，而应该审慎分析案件具体情况，尤其是应当分析行为人不能归还集资款项的具体原因，而不能简单机械地以此来认定行为人"以非法占有的目的"。以客观行为或事实推定主观目的在理论上本身存在硬伤，有违背主客观相统一原则之嫌，在实践中可能落进客观归罪的陷阱。在我国，虽然刑法或诉讼法条文中没有直接规定运用推定方法认定主观目的，但刑法学界和司法实务中均普遍肯定或使用了该方法。陈兴良教授在《论金融诈骗罪主观目的的认定》一文中有这样的观点："从被告人已经实施的违法行为的事实中，推定被告人是自愿犯罪或者具有犯罪意图的，如果被告人未作任何辩解，推定便成立。"[1] 高铭暄教授认为："在司法实践中，需要根据证据即客观事实来认定行为人的非法占有目的，或者可以根据客观事实来推定行为人具有非法占有的目的。"[2] 张明楷教授也认可应当运用推定方法认定行为人是否具有非法占有目的。[3] 值得注意的是，上述学者在肯定该方法的同时，基本都指出了这一方法存在不足之处，只能在没有直接证据证明被告人主观目的的情况下使用，尤其应重视被告人辩解，并综合全案情况予以认定。这是因为，这种事实推定的方法只是一种假设的逻辑推理过程，其推理存在或然性和局限性，而且其推理的前提条件就是办案机关首先已经假设了被告人具有非法占有目的，在这种前提之下，办案机关在收集证据时难免会带有明显的倾向性，而不会收集对被告人有利的证据。而且，在司法实践中，由于办案机关与被告人之间地位的悬殊，被告人的取证权利往往被限制，被告人的辩解被审判机关所采纳的机会微乎其微。在这种情况下，上述几位

---

[1] 陈兴良：《论金融诈骗罪主观目的的推定》，载《刑事司法指南》2000 年第 1 期。
[2] 高铭暄、孙道萃：《论诈骗犯罪主观目的的认定》，载《法治研究》2012 年第 2 期。
[3] 参见张明楷著：《诈骗罪与金融诈骗罪研究》，清华大学出版社 2006 年版，第 411–412 页。

学者所提出的"如果被告人未作任何辩解，推定便成立"的理论在实践中就可能存在被滥用的风险。

最高人民法院2001年会议纪要规定："但在处理具体案件时要注意：一是不能仅凭较大数额的非法集资款不能返还的结果，推定行为人具有非法占有的目的。二是行为人将大部分资金用于投资或生产经营活动，而将少量资金用于个人消费或挥霍的，不应仅以此认定具有非法占有的目的。"但是，现实中也有很多集资后确实用于生产经营，在经营的过程中，由于管理不善，导致公司出现资金链断裂、无法正常经营、投资者的钱无法回笼，最终导致投资者情绪波动、控告事发，但因案件中涉及的不能返还的非法集资款项数额巨大，为平息社会影响，最终法院定罪时没有考虑被告人确实将部分募集资金投入了生产经营的事实，而以集资诈骗罪定罪处罚。以吴英案为例，公诉机关曾在庭审举证过程中大量列举吴英将所募资金用于购买豪车等个人开支，以此证明吴英"肆意挥霍"而导致集资款不能归还的结果，但实际上，吴英所募集资金的绝大部分实际都用于了投资经营，个人花费实际只占很小一部分，但仍然认定为集资诈骗罪。

在适用最高人民法院《关于审理非法集资刑事案件具体应用法律若干问题的解释》时，除了查明资金的用途与流向之外，还应当考虑案件中是否存在以下事实，以此来判断行为人主观上是否"以非法占有为目的"，进而区分行为人应当定性为集资诈骗罪还是非法吸收公众存款罪：一是行为人筹集资金后是否有真实的立项或经营活动。二是行为人是否具有偿还募集资金的能力、意图以及实际行为。如果行为人对于募集资金确实有真实立项，且指控不能证明行为人不具备偿还资金的能力、意图或行为，则即便行为人当时未能归还资金，但在定性时仍不宜认定为集资诈骗罪，而应认定为非法吸收公众存款罪或者其他罪名更符合罪刑法定的基本原则。

【案例】阳某某、杨某非法吸收公众存款案[①]

2000年8月，被告人阳某某、杨某与同案人王某某等密谋，以投资开发金矿为名向社会公众非法募集资金，并利用广州市金山兴乔有限公司名义发行受益凭证和以高回报率为诱饵，先后与202名被害人签订合同，从中吸收资金共计5 778 600元，造成被害人损失5 657 703元。广州市人民检察院指控被告人阳某某、杨某犯集资诈骗罪，向广州市中级人民法院提起公诉，广州市中级人民法院经审理，判决二被告人成立非法吸收公众存款罪。之后，广州市人民检察院提出抗诉，广东省人民检察院支持抗诉，广东省高级人民法院对该案进行了二审。在二审中，公诉机关认为："1. 被告人实质上没有将集资款用于开发金矿的投资经营活动。2. 被告人在明知没有归还能力的情况下，以投资金矿高额回报为诱饵，

---

① 参见刘慧卓、王一民：《非法吸收公众存款罪与集资诈骗罪的区别》，载《人民司法》2010年第12期。

在大量骗取公众的投资款后，瓜分和挥霍集资款，足以证实两被告人具有非法占有的故意。3. 被告人客观上实施了非法集资的犯罪行为，且被告人在案发后携款潜逃的行为。"二审法院经审理查明，从募集资金的用途来看，该案证据反映金矿公司确实存在，联营协议也是真实的，被告人有将吸收款项用于金矿投资的客观行为，不能认定被告人虚构了主要的客观事实；从涉案资金的流向来看，被告人不存在非法占有或挥霍集资款的情形，且无证据证明被告人是携款潜逃或隐匿财产，故无法认定被告人具有非法占有的主观目的。在该案二审期间，广东省人民检察院认为广州市人民检察院抗诉不当，撤回抗诉。人民法院在以上案件的审理过程中，没有认可公诉机关的推定，而是从证据角度出发，审慎查明了被告人在该案中的客观行为，以此公正地认定被告人不具有非法占有的主观目的，坚持了"疑罪从无"的基本原则。

三、融资中介机构的共同犯罪认定问题

融资中介机构分为线上和线下两种，在互联网金融普及之前，理财投资公司遍布各地；在 P2P 等网络融资平台建立后，许多融资中介机构都开始青睐于线上经营模式。但无论是线上还是线下民间投融资中介机构，均没有吸收公众存款的资质，只能提供信息媒介服务。《网络借贷信息中介机构业务活动管理暂行办法》第二条规定："网络借贷信息中介机构是指依法设立，专门从事网络借贷信息中介业务活动的金融信息中介公司。该类机构以互联网为主要渠道，为借款人与出借人（即贷款人）实现直接借贷提供信息搜集、信息公布、资信评估、信息交互、借贷撮合等服务。"该规定是对网贷中介机构服务内容和性质的专门界定。同时，该办法还明确规定了网贷中介机构有备案登记、审核、信息披露、防范欺诈等风险管理义务，以及禁止从事或者接受委托从事的活动；禁止从事的活动中就包括为自身或变相为自身融资；直接或间接接受、归集出借人的资金；直接或变相向出借人提供担保或者承诺保本保息等行为。笔者认为，该规定实际也适用于线下民间融资机构。

投融资中介机构在非法吸收公众存款案件中，可能扮演两种角色，一种是为他人的吸收资金行为提供居间介绍或担保等服务，利用"多对一"或资金池的模式为涉嫌非法吸收公众存款的第三方归集资金提供帮助；另一种是直接实施非法吸收公众存款的实行行为，自身或关联企业即是集资人，如 2017 年判决的"e租宝案"就是采取该种方式，"e租宝"金易融（北京）网络科技有限公司所经营的融资租赁债权转让业务主要项目，就来自其母公司钰诚国际控股集团有限公司旗下的安徽钰诚融资租赁有限公司。

（一）中介机构与实际用款人构成共同犯罪的认定

在上述第一种情况下，中介机构可能与用款方构成共同犯罪。在审查中介机

构与借款人是否成立共同犯罪时，主要侧重对共同的行为与共同的故意的考察，若借款人或担保人与中介机构之间存在共谋，或者中介机构明知或默许借款人在平台上以多个虚假名义发布大量借款信息，向不特定对象募集资金的，则中介机构与借款人之间构成共同犯罪。至于中介机构在共同犯罪中是正犯还是共犯，则应通过考察其是否对犯罪事实构成支配来决定。在一般情况下，若中介机构直接服务于唯一的某一用款方的，二者之间一般可能构成共同正犯；若中介机构同时服务于多个用款方的，且已经形成资金池的，中介机构事实上是在非法集资犯罪的既遂之后进行的再投资行为，此时若用款方对中介机构的非法集资行为知情且形成了某种物理或心理上的加功效果的，双方应构成共同犯罪，其中中介机构为正犯，用款方为共犯。

值得注意的是，如果网贷平台未尽到身份真实性核查义务，未能及时发现借款人非法吸收公众存款行为的，主观上为过失，不应认定为非法吸收公众存款罪的共犯。但网贷平台如果不履行《网络借贷信息中介机构业务活动管理暂行办法》所规定的身份真实性核查等安全管理义务，可能涉嫌刑法修正案（九）增加的第二百八十六条之一拒不履行信息网络安全管理义务罪。

在犯罪事实和金额认定上，如果中介机构将款项提供给多个借款人，且与借款人构成共同犯罪的，则中介机构以其吸收的资金总额为共同犯罪金额，各借款人以其各自吸收的资金金额为限在该事实范围内成立共同犯罪。

在主犯和从犯的认定问题上，依据《刑法》第 26 条规定："组织、领导犯罪集团进行犯罪活动的或者在共同犯罪中起主要作用的，是主犯。"第 27 条规定："在共同犯罪中起次要或者辅助作用的，是从犯。"以及《全国法院审理金融犯罪案件工作座谈会纪要》规定："两个以上单位以共同故意实施的犯罪，应根据各单位在共同犯罪中的地位、作用大小，确定犯罪单位的主从犯。"借款人单位和中介机构之间可以区分主从犯。但鉴于理论界对单位之间、单位与个人之间是否成立共同犯罪存在争议，故司法实践中很少认定中介机构与借款单位之间成立共同犯罪，也未区分主从犯；但对于未以借款单位和中介机构犯罪起诉而以个人犯罪起诉的案件，则区分了主从犯。该种司法倾向应当适当予以纠正，以便在量刑时，对各单位中直接负责的主管人员和其他责任人员区分量刑层次，突出量刑法律依据。

（二）中介机构为单独正犯的认定

在第二种情况下，中介机构实施的事实上是犯罪的实行行为，按照犯罪事实支配理论所作之设定，中介机构此时很明显是以自身行为支配着整个犯罪事实，属于正犯。若用款方对中介机构的非法吸收公众存款行为并不知情，其使用了吸收资金的，因其欠缺犯罪的故意，故而应以善意第三人的视角理解其行为，将其行为界定为正常意义的民间借贷行为，不应以犯罪论处。

(三) 个人中介的行为定性

在一些非法吸收公众存款案件中，行为人之间往往存在多层转借行为，如 A 将款项借给 B，B 又将款项借给 C 和 D，上家和下家之间往往存在 B 这样的"中间人"，又称"掮客"，一旦其中一个环节出现资金断链，则局势如多米诺骨牌一般，整个崩盘。与吴英案相关联的林卫平等人（吴英的借款人）就处于"中间人"这样的位置。对于这样的案件，"中间人"的行为应当如何认定？如果行为人与中间人之间在主观上存在共谋，客观上互相配合并分工，则成立共同犯罪。至于吴英案与林卫平等人非法吸收公众存款案为何分开处理，为何未认定为共同犯罪，主要原因还在于双方主观目的与客观行为不同。

四、非法吸收公众存款罪单位犯罪的认定问题

非法吸收公众存款罪的单位犯罪认定疑难问题主要集中于单位犯罪与个人犯罪的区分，以及直接负责的主管人员和其他责任人员的认定问题。

（一）非法吸收公众存款罪单位犯罪与个人犯罪的区分

认定非法吸收公众存款之单位犯罪，主要从以下两个方面考虑：其一，是否按照单位的决策程序决定并由直接责任人员实施，即行为是基于单位整体意志实施的还是基于某一个人的意志实施的；其二，所获非法收益是否为单位所享有或者是否以单位名义为本单位全体成员或多数成员所享有。若该两个方面均能形成肯定结论，则可以认定为单位犯罪；若其中任一方面形成的是否定结论，则该中介机构由于欠缺了单位犯罪的构成要素，必然导致主体的不适格，实施了非法集资行为的，只能认定为自然人犯罪，也即只能追究相应责任人员的刑事责任，而当中自然包括该单位的从业人员。

依据《最高人民法院关于审理单位犯罪案件具体应用法律有关问题的解释》第 2 条规定："个人为进行违法犯罪活动而设立的公司、企业、事业单位实施犯罪的，或者公司、企业、事业单位设立后，以实施犯罪为主要活动的，不以单位犯罪论处。"司法实践中对于大量案件均没有以单位犯罪起诉，而是直接以直接负责的主管人员和其他责任人员个人犯罪进行起诉。

另外，针对单位分支机构或内设机构、部分实施非法吸收公众存款罪的问题，可以依照《全国法院审理金融案件工作座谈会纪要》规定："单位的分支机构或者内设机构、部门实施犯罪行为的处理，以单位的分支机构或者内设机构、部门的名义实施犯罪，违法所得亦归分支机构或者内设机构、部门所有的，应认定为单位犯罪。不能因为单位的分支机构或者内设机构、部门没有可供执行罚金的财产，就不将其认定为单位犯罪，而按照个人犯罪处理，认定为单位犯罪行为。"

【案例】盘县平某煤矿、张某某非法吸收公众存款案①

贵州省盘县（今属盘州市）人民检察院指控，2002 年 9 月，盘县平某镇的韩某投资新建合伙企业盘县平关平某煤矿（被告单位）；2004 年，韩某将股份全部转让给张某某（被告人），张某某转让 9% 的股份给胡士卫，给刘某 21% 的股份，给陈某 2% 的股份。张某某在经营平某煤矿期间，本人及安排煤矿各股东、其儿子顾某 1 等人以高利息为诱饵，向 37 人吸收资金 41 506.8 万元。被告单位盘县平某煤矿的诉讼代表人提出，公诉机关提供的证据不能证实被告单位实施了向社会公开宣传及向社会不特定对象吸收资金的行为，所有借款对象均系特定的社会关系人，主观上没有非法吸收公众存款的故意，股东以煤矿名义所借款项未召开股东会决议，虽用于煤矿生产，但不能认定为单位犯罪，故公诉机关指控盘县平某煤矿构成单位非法吸收公众存款罪的指控不能成立，不应对单位判处罚金的辩解意见。盘县人民法院认定，因盘县平某煤矿属合伙企业，不属于法律规定的公司、企业、事业单位、机关、团体范围，不是单位犯罪的主体，且对单位犯罪指控的犯罪事实不清，金额不明，指控不能成立。故判决被告单位盘县平某煤矿无罪，被告人张某某犯非法吸收公众存款罪，判处有期徒刑八年六个月，并处罚金人民币 38 万元。后被告人张某某上诉，二审法院驳回上诉，维持原判。

《刑法》第三十条规定："公司、企业、事业单位、机关、团体实施的危害社会的行为，法律规定为单位犯罪的，应当负刑事责任。"该规定突出的是单位的组织机构特征，合伙企业无论从名称还是组织架构来看，均应当属于企业。最高人民法院《关于审理单位犯罪案件具体应用法律有关问题解释》第一条规定："《刑法》第三十条规定的'公司、企业、事业单位'，既包括国有、集体所有的公司、企业、事业单位，也包括依法设立的合资经营、合作经营企业和具有法人资格的独资、私营等公司、企业、事业单位。"该司法解释所采取的列举方式中，强调的是"具有法人资格"，但是，该列举方式并没有穷尽单位犯罪主体的类型，也没有将具有法人资格作为单位犯罪主体的必要特征。笔者认为，在上述案例中，被告单位的主体符合单位犯罪的主体规定，且其行为特征也符合单位犯罪的法定要求，法院判决以合伙企业不属于法律规定的公司、企业、事业单位、机关、团体范围，不是单位犯罪的主体，不符合刑法和司法解释之规定。

（二）非法吸收公众存款罪单位犯罪中直接负责的主管人员和其他责任人员的责任认定

《全国法院审理金融案件工作座谈会纪要》规定："单位犯罪直接负责的主

---

① 参见贵州省六盘水市中级人民法院（2016）黔 02 刑终 358 号刑事裁定书，来源：中国裁判文书网，网址：http://wenshu.court.gov.cn/content/content? DocID = 5f0ce23b – aeae – 460f – a939 – a7860185- c7ca&KeyWord = % EF% BC% 882016% EF% BC% 89% E9% BB% 940222% E5% 88% 91% E5% 88% 9D237% E5% 8F% B7，2018 年 1 月 26 日访问。

管人员和其他直接责任人员的认定：直接负责的主管人员，是在单位实施的犯罪中起决定、批准、授意、纵容、指挥等作用的人员，一般是单位的主管负责人，包括法定代表人。其他直接责任人员，是在单位犯罪中具体实施犯罪并起较大作用的人员，既可以是单位的经营管理人员，也可以是单位的职工，包括聘任、雇佣的人员。应当注意的是，在单位犯罪中，对于受单位领导指派或奉命而参与实施了一定犯罪行为的人员，一般不宜作为直接责任人员追究刑事责任。对单位犯罪中的直接负责的主管人员和其他直接责任人员，应根据其在单位犯罪中的地位、作用和犯罪情节，分别处以相应的刑罚，主管人员与直接责任人员，在个案中，不是当然的主、从犯关系，有的案件，主管人员与直接责任人员在实施犯罪行为的主从关系不明显的，可不分主、从犯。但具体案件可以分清主、从犯，且不分清主、从犯，在同一法定刑档次、幅度内量刑无法做到罪刑相适应的，应当分清主、从犯，依法处罚。"依照上述规定，单位的主管人员，应当是在单位中对单位事务具有一定的决策、管理、领导、指挥、监督职权的领导人员；就危害行为的作用力及其对造成危害结果的原因力而言，只有在单位犯罪的意志形成中和单位犯罪实行的相关环节中起到了主要或关键作用的人，才谈得上起"直接"作用者，才能予以治罪；其中明显起次要或者一般作用的人，则不宜作为刑事追诉的对象。① 因此，单位集资诈骗犯罪中的其他直接责任人员就应是指在单位犯罪意志的支配下具体实施单位犯罪且起作用较大的单位内部一般成员。② 综合而言，非法吸收公众存款罪单位犯罪中直接负责的主管人员和其他直接责任人员的认定至少应当是具体实施犯罪行为并起较大作用的人员，并非要将所有工作人员均列入责任人员。同时，笔者认为，依照单位犯罪的刑法规定，只有单位涉嫌犯罪，才能够对直接负责的主管人员和其他直接责任人员进行处罚。而依据《最高人民法院关于审理单位犯罪案件具体应用法律有关问题的解释》第2条规定"不以单位犯罪论处"的情形，承担责任的人员范围应适当缩减，以直接负责的主管人员为限度。目前司法实践中，一旦单位涉嫌非法吸收工作存款罪，则该单位的所有工作人员基本全军覆没；而且即便是未起诉单位犯罪而以个人犯罪起诉的情形，也将单位所有人员全部起诉，该做法不符合单位犯罪的原理，也有违宽严相济的刑事政策，不当扩大了处罚范围。

【案例】孙某非法吸收公众存款案③

---

① 参见黄祥清：《单位共同犯罪认定的若干问题探讨》，载顾肖荣主编：《经济刑法》，上海人民出版社2003年版，第42页。
② 参见王良顺：《论单位犯罪中直接责任与直接责任人员的认定》，载《法商研究》，2007年第2期。
③ 参见南宁市青秀区人民法院（2013）青刑初字第514号刑事判决书，来源：中国裁判文书网，网址：http://wenshu.court.gov.cn/content/content?DocID=25e9c1bf-36bf-4b6c-a055-3582ec46e437&KeyWord=%EF%BC%882013%EF%BC%89%E9%9D%92%E5%88%91%E5%88%9D%E5%AD%97%E7%AC%AC514%E5%8F%B7，2018年1月26日访问。

公诉机关指控，广东某某租赁服务有限公司南宁分公司（下称南宁分公司）成立于 2011 年 4 月，前身是广东某某健康产业连锁经营管理有限公司南宁分公司，其总公司是广东某某租赁服务有限公司（下称广东某某公司），总公司法定代表人是蒋某某（另案处理），南宁分公司负责人是贾某某（另案处理），财务负责人是被告人孙某。广东某某公司先后在深圳等地成立 18 家子公司及广西等多省市成立 62 家分公司和 3 家海外子公司。其非法吸收公众存款的模式主要是通过召开推介会、发布广告、发放宣传资料及图册等途径向社会不特定公众展望公司的发展前景，在未经有关部门批准的情况下，以广东某某公司、广东某实业投资有限公司等公司名义，与客户签订《会员制消费合同》《区域合作合同》等协议，承诺年息 16% 至 30% 不等的高额回报吸引中、老年人投钱到该公司加盟开汽车租赁体验店、办理会员消费卡、代理形象大使、投资公司开发老年人山庄等，非法吸收广大社会公众的资金。被告人孙某在南宁分公司担任财务负责人期间，在蒋某某的委派和贾某某的指使下，主要以收取现金的形式多次、大量收取被害人的投资款等款项，并通过银行转账及现金的形式交给蒋某某。据统计，被告人孙某负责南宁分公司财务负责人期间，某某南宁分公司变相吸收被害人各项款项合计 4 351.84 万元。

其辩护人发表辩护意见为：被告人不是公司的财务负责人，主观上没有犯罪故意，未获取任何利益，其只是领取月薪，之后按正常手续离职并办理了工作交接手续，指控其犯罪与事实不符；本案应是涉嫌单位犯罪，而指控的数额事实不清、证据不足。

法院认为，被告人孙某虽身为广东某某公司财务人员，但其经手收取客户钱款、发放单位拨付予客户的顾问费、还本付息等行为，均是履行单位指派的职责。公诉机关提供的证据，不能证明孙某有非法吸收公众存款的主观故意及直接决定并参与实施犯罪行为，故所指控的罪名不能成立，并判决孙某无罪。

在上述案件中，法院认为孙某虽然实施了部分收款和付款行为，但只是履行单位职责，没有非法吸收公众存款罪的主观故意。最关键的理由在于，该案并未作为单位犯罪起诉，而孙某并非直接负责的主管人员，指控孙某作为非法吸收公众存款罪的个人犯罪，并由其承担责任缺乏依据。

另外，单位在涉嫌非法吸收公众存款罪时，其直接负责的主管人员和其他直接责任人员往往包括单位的众多工作人员，那么，在单位众多工作人员之间是否存在共同犯罪的问题？有观点认为，单位犯罪不同于共同犯罪，单位可以和单位、也可以和个人之间构成共同犯罪，但是，单位内部的责任人员不能成立共同犯罪，否则就否定了单位犯罪的原理。①

---

① 参见熊选国：《关于单位犯罪的若干问题》，载万鄂湘主编：《中国司法评论》，人民法院出版社 2002 年版，第 77 页。

最高人民法院相关司法解释则基本认可了单位内部成员可以成立共同犯罪。2000年9月30日《最高人民法院关于审理单位犯罪案件对其直接负责的主管人员和其他直接责任人员是否区分主犯、从犯问题的批复》规定："在审理单位故意犯罪案件时，对其直接负责的主管人员和其他直接责任人员，可不区分主犯、从犯，按照其在单位犯罪中所起的作用判处刑罚。"该司法解释虽然作出了"可不区分主、从犯"的原则性规定，但是并未否认单位犯罪内部责任人员可区分主、从犯。前述《全国法院审理金融犯罪案件工作座谈会纪要》规定中也进一步明确解释了在特殊情况下，单位犯罪内部责任人员应当区分主、从犯的审判指导意见。在司法实践中，绝大部分单位犯罪案件其内部责任人员均未区分主、从犯。

单位犯罪的主体虽然是刑法拟制的"人"，具有独立性和整体性，单位的主管人员和其他直接责任人员是基于单位的整体意志，为了单位的利益而实施犯罪，但是，单位的主管人员或其他责任人员之间共同谋划、共同参与实施行为实际具备了共同犯罪多人实施、犯罪意图相同的特征；而另一方面，单位主管人员或其他责任人员之间存在具体分工与协作，对其区分主、从犯更能体现罪刑相适应的基本原则。最高人民法院的相关司法解释对于发展单位犯罪与共同犯罪理论具有积极意义，也为司法实践提供了指导解释。目前非法吸收公众存款罪的主体有很大一部分是单位，甚至有的单位几乎所有工作人员均成为被告人，在这种情况下，对于单位主管人员或其他责任人员之间区分主、从犯更有利于针对行为人的不同地位、作用及情节适用不同的刑罚。

2016年《四川省高级人民法院、四川省人民检察院、四川省公安厅关于我省办理非法集资刑事案件若干问题的会议纪要》关于"刑事追究人员的范围"规定："行为人是否作为单位犯罪的直接负责人员追究刑事责任，应根据其行为具体判断。如果行为人明知是向社会不特定多数人集资，还积极参与非法集资并收取高额代理费、返点费、佣金等报酬，应当作为单位犯罪的直接责任人员追究刑事责任。对能及时退缴违法所得的，可依法从轻处罚，其中犯罪情节较轻的，可以免除处罚；情节显著轻微，危害不大的，不作为犯罪处理。行为人的职务、岗位职责与非法集资活动密切相关，被动地接受指派、奉命参与实施非法集资流程中部分环节的行为，可以不作为直接责任人员追究刑事责任。行为人帮助他人向社会非法集资，从中收取代理费、好处费、佣金或提成等，构成共同犯罪，应当追究刑事责任，但情节显著轻微、危害不大的，不作为犯罪处理。具有下列情形之一的，可以认定为'情节显著轻微、危害不大'：受雇佣参与非法集资的部分环节，仅领取少量报酬或者提成的；地位作用相对较大，但能及时退清个人涉案违法所得的；其他可以认定为'情节显著轻微、危害不大的情形'。"该条规定通过充分运用《刑法》第十三条"但书"规定，缩小了刑事处罚范围，值得全国司法机关在办理具体案件时予以参考和借鉴。同时，司法实践之中应当注意，非法吸收公众存款罪往往涉及的受害人数众多，易出现群体性事件，有不少受害人因相关款项无法收回，而向党政部门上访，影响了社会稳定，办案机关在办理案件过程中承受着巨大压力，容易导致司法审判受到行政干预。与此同时，在具体处理案件时，行为人是否归还吸收款项成为是否定罪以及量刑轻重的重要标准，从而导致案件的审判结果存在较大差异。基于此，笔者认为，司法机关在办理案件时，一方面应做好群众的安抚工作，另一方面，应当严格依法审理，如行为人的行为构成非法吸收公众存款罪的，对于案发前已经归还的款项，仍应当计入犯罪金额中，但是可依法从轻处罚；而对于不能归还款项的，在积极劝导被告人归还款项的同时，不能将该情节作为从重处罚的依据。

第二节　互联网金融视野中的非法吸收公众存款罪

金融的本质是为实体经济提供资本。实体企业和个人在向银行借款困难的情况下，转向民间借贷领域的合理性毋庸置疑，国家也一直在鼓励金融行业的创新与放开。但是，实体企业和个人为生产经营向不特定社会公众吸收资金的行为，多年来均被作为非法吸收公众存款罪处理。与此同时，以 P2P 网络借贷①为代表的互联网金融②发展迅猛，已经成为我国金融体系中一只重要力量。据统计，截至 2015 年 12 月底，全国共有 P2P 网贷平台 2 595 家，其中 2015 年比 2014 年增长了 1 020 家，增长数量创下历史新高。③ 2016 年是 P2P 网贷行业"上下半场"转换的一年，截至 2016 年 12 月底，网贷行业正常运营平台数量达到了 2 448 家，相比 2015 年底减少了 985 家，全年正常运营平台数量维持逐级减少的走势。④ 并且随着监管"靴子"的落地，同类型的行为在实体金融领域中可能被认定为犯罪，而在互联网金融领域却不被监管方认为是违法犯罪行为。从而，在司法实践中，目前存在互联网金融和实体金融中成立非法吸收公众存款罪标准上的不统一乃至"二元标准现象"。因而理论上有必要就此问题进行剖析并探索解决路径。

---

① P2P 网络借贷是指个体与个体之间通过互联网平台实现的直接借贷。参见中国人民银行等部门《关于促进互联网金融健康发展的指导意见》（银发〔2015〕221 号）。

② 互联网金融（ITFIN）是指传统金融机构与互联网企业利用互联网技术和信息通信技术实现资金融通、支付、投资和信息中介服务的新型金融业务模式。其中，P2P 模式的网络借贷平台也属于互联网金融的一部分。这是一种广义上的金融的概念，将各种类型的融资、借贷活动均包括其中。而传统的狭义的金融是指货币的发行、流通和回笼，贷款的发放和收回，存款的存入和提取，汇兑的往来等经济活动，基本是属于银行等金融机构的专属活动。本文一般将在广义的概念上使用金融一词，有时将民间借贷、网络借贷与民间金融、互联网金融混同使用。

③ 数据来源：网贷之家《2015 年 P2P 网贷行业年报简报》，http://www.wdzj.com/news/baogao/25548.html，2016 年 8 月 18 日访问。

④ 数据来源：网贷之家《最新 P2P 网贷行业 2016 年年报简报》，http://www.wdzj.com/news/yybb/51072.html，2017 年 1 月 4 日访问。

一、非法吸收公众存款罪的刑法解释"二元标准现象"分析

(一)"二元标准现象"在司法实践中的表现

从笔者在司法实践中接触到的真实案件来看,非法吸收公众存款罪的刑法解释二元标准现象已经成为一种客观存在。全国范围内有关非法吸收公众存款罪案生效判决的随机抽样审查表明,在实体金融领域,实体企业和个人为生产经营向不特定社会公众吸收资金的行为以及相关中介行为均可能被认定为非法吸收公众存款罪定罪量刑,其中较为典型的情形是如下"案例1"所描述的情形;而在互联网金融领域,实体企业和个人为生产经营向不特定社会公众吸收资金的行为以及相关中介行为并非均被认定为非法吸收公众存款罪,其中较为典型的情形是如下"案例2"所描述的情形。

案例1(实体金融领域):实体企业A公司由于生产经营的需要,向理财咨询公司B公司提出融资需求。B公司将其融资需求进行包装,并找到担保公司C公司提供担保,之后对外宣传,吸引投资者进行投资。①

案例2(互联网金融领域):甲公司为融资租赁公司,乙公司为P2P网贷平台,甲公司通过乙公司平台将其购买设备后租给生产企业所产生的租金债权转让给投资客户,但最终发现甲公司的融资租赁项目为虚构,在这种情况下,甲公司构成非法吸收公众存款罪甚至集资诈骗罪无疑。但是乙公司不明知甲公司的债权让与行为为假。

对"案例1",司法人员认为A、B、C公司的行为均完全符合最高人民法院《关于审理非法集资刑事案件具体应用法律若干问题的解释》(以下简称《解释》)规定的非法吸收公众存款罪的客观方面构成要件"四性"(即"四个条件":非法性、公开性、利诱性和社会性)的要求,即使该集资是为了生产经营,仍然构成非法吸收公众存款罪。②

对"案例2",司法人员引用2015年12月28日银监会、工业和信息化部、公安部、国家互联网信息办公室四部门研究起草的《网络借贷信息中介机构业务活动管理暂行办法》(征求意见稿)(以下简称《暂行办法(征求意见稿)》)以及2016年8月17日四部门联合发布的《网络借贷信息中介机构业务活动管理暂行办法》(以下简称《暂行办法》)之规定作为解释依据,③认为乙公司的行为虽然客观上是甲公司犯罪的帮助行为,但是主观上所认识到的甲公司的行为是"为

---

① 由于笔者所引用的是人民检察院办理的审查逮捕案件,案件尚在诉讼过程中,因此不具实名。案例二亦同。

② 参见魏东、白宗钊主编:《非法集资犯罪司法审判与刑法解释》,法律出版社2013年版,第7页。

③ 在笔者写作此文过程中,2016年8月17日该《网络借贷信息中介机构业务活动管理暂行办法》正式颁布(银监会令〔2016〕1号)。

生产经营向不特定社会公众吸收资金"（尽管其符合《解释》的"四个条件"），而这种行为并不为《暂行办法》所禁止，属于合法行为。因此在乙公司所认识到的客观构成要件要素范围内，乙公司没有罪责，不构成犯罪。①

在上述两个案例中，实体金融领域的 A、B、C 公司的行为与互联网金融领域乙公司所认识到的"行为"性质完全相同，都可以归属到"为生产经营向不特定社会公众吸收资金"范畴，但是法律评价却截然相反。这主要涉及对非法吸收公众存款罪的两个规范性文本依据的引用不同："案例1"引用最高人民法院《解释》，而"案例2"引用银监会等四部门《暂行办法》。

（二）法律解释的参照依据不同所导致的入罪标准不同

1. 《解释》对入罪标准的影响

《刑法》第一百七十六条规定的非法吸收公众存款罪为简单罪状，即"非法吸收公众存款或者变相吸收公众存款，扰乱金融秩序的，处……"。《解释》第一条将非法吸收公众存款罪的客观方面构成要件归纳为"四个条件"："（一）未经有关部门依法批准或者借用合法经营的形式吸收资金；（二）通过媒体、推介会、传单、手机短信等途径向社会公开宣传；（三）承诺在一定期限内以货币、实物、股权等方式还本付息或者给付回报；（四）向社会公众即社会不特定对象吸收资金。"并且《解释》第三条还专门针对"生产经营"规定："非法吸收或者变相吸收公众存款，主要用于正常的生产经营活动，能够及时清退所吸收资金，可以免予刑事处罚；情节显著轻微的，不作为犯罪处理。"

依据《解释》的上述内容，我们可以得出的结论是：非法吸收公众存款罪客观方面要件成立的唯一标准就是"四个条件"。而"生产经营"并不是非法吸收公众存款罪出罪的刚性要素，尽管"生产经营"要素可以成为免处、不作为犯罪处理的条件。由此似乎可以得出另一个结论：将资金用于生产经营是非吸行为刑事违法性降低甚至消灭的表现。但是问题在于，《解释》看似想起到提示性的引导作用，即对为生产经营的非吸行为慎用刑事措施；但实际上却起到了反作用，即司法实践一般只关注"清退资金"，反之则肯定行为的刑事违法性。从这里可以看出，理论界一直反对和批评的将为生产经营向社会公众吸收资金的行为定性为非法吸收公众存款罪的现象，②根源在于《解释》将这一事项仅仅作为本罪可自由裁量、需实质解释的违法性要素而不是作为刚性的出罪要素来规定的。因此，我们对本罪进行保守解释的关键点也在于此。

---

① 有实证研究者研究了 13 例 P2P 网贷平台非法集资犯罪案件，发现其中 4 例资金主要用于企业生产经营及归还债务，但仍然被判有罪。但是该判例全部是截至 2015 年 11 月之前的判例，《暂行办法》出台之后是否有此类判例未知。参见李永升、胡冬阳《P2P 网络借贷的刑法规制问题研究》，载《政治与法律》2016 年第 5 期。

② 参见郑侠：《非法吸收公众存款罪与民间融资》，载《特区经济》2008 年第 5 期。

在《解释》的指导下，多年来法官一直选择性地忽略对此类行为定罪的不合理性，径行作出有罪判决。而十分矛盾的现象是，政府一直在鼓励发展民间金融。以笔者所在地区为例，政府专门打造了"金融一条街"，其中遍布各类投资理财、理财咨询类公司。这些中介公司存在的唯一作用就是将作为借款人的各类实体企业和作为出借人的自然人串联在一起。在红火的时候，实现了出借人、借款人、中介人的双赢，此时政府不闻不问。而当经济下行，出现还款危机时，老百姓一闹事，公检法则抓人、判刑。相当于这些中介公司、实体企业在采取这种方式进行民间借贷时从源头上就是违法甚至犯罪的。非法吸收公众存款罪已经成为悬在向民间融资的实体企业头上的一柄达摩克利斯之剑。① 这是一个悲哀、无奈的事实。

2.《暂行办法》对入罪标准的影响

另外，互联网金融监管"靴子"的落地，在相当程度上化解了 P2P 网络借贷"原罪"问题。2015 年 7 月 18 日中国人民银行、工业和信息化部、公安部等部门联合颁布的《关于促进互联网金融健康发展的指导意见》（以下简称《指导意见》）提出了鼓励创新、防范风险、趋利避害、健康发展的总体要求，并具体明确了 P2P 网络借贷的合法性——"个体网络借贷平台上发生的直接借贷行为属于民间借贷范畴"。其后，《暂行办法》（以及《暂行办法（征求意见稿）》）则进一步对网络借贷信息中介机构和借款人的禁止行为以负面清单的方式进行了规定。《暂行办法》第十条规定的网络借贷信息中介机构的禁止行为共 13 项："（一）为自身或变相为自身融资；（二）直接或间接接受、归集出借人的资金；（三）直接或变相向出借人提供担保或者承诺保本保息；（四）自行或委托、授权第三方在互联网、固定电话、移动电话等电子渠道以外的物理场所进行宣传或推介融资项目；（五）发放贷款，但法律法规另有规定的除外；（六）将融资项目的期限进行拆分；（七）自行发售理财等金融产品募集资金，代销银行理财、券商资管、基金、保险或信托产品等金融产品；（八）开展类资产证券化业务或实现以打包资产、证券化资产、信托资产、基金份额等形式的债权转让行为；（九）除法律法规和网络借贷有关监管规定允许外，与其他机构投资、代理销售、推介、经纪等业务进行任何形式的混合、捆绑、代理；（十）虚构、夸大融资项目的真实性、收益前景，隐瞒融资项目的瑕疵及风险，以歧义性语言或其他欺骗性手段等进行虚假片面宣传或促销等，捏造、散布虚假信息或不完整信息损害他人商业信誉，误导出借人或借款人；（十一）向借款用途为投资股票、场外配资、期货合约、结构化产品及其他衍生品等高风险的融资提供信息中介服务；（十二）从事股权众筹等业务；（十三）法律法规、网络借贷有关监管规定禁止

---

① 根据《2015 年企业家刑事风险报告》，非法吸收公众存款罪成为企业家犯罪中排名第一的罪名。数据来源：http://news.sina.com.cn/o/2016-04-13/doc-ifxrcuyk2809327.shtml，2016 年 8 月 18 日访问。

的其他活动。"《暂行办法》第十三条规定的借款人的禁止行为共 5 项："（一）通过故意变换身份、虚构融资项目、夸大融资项目收益前景等形式的欺诈借款；（二）同时通过多个网络借贷信息中介机构，或者通过变换项目名称、对项目内容进行非实质性变更等方式，就同一融资项目进行重复融资；（三）在网络借贷信息中介机构以外的公开场所发布同一融资项目的信息；（四）已发现网络借贷信息中介机构提供的服务中含有本办法第十条所列内容，仍进行交易；（五）法律法规和网络借贷有关监管规定禁止从事的其他活动。"

根据法不禁止则为允许的原则，网络借贷只要不涉及《暂行办法》规定的上述禁止性规定，均为合法行为。在禁止性事项中，笔者将可能与非法吸收公众存款罪产生交集的情形进行归纳，包括：虚假宣传等欺诈融资，重复超额融资，归集资金形成资金池，自融自用、自己担保，未尽审核义务，将借款用于高风险领域等。特别值得关注的是，实践中长期被争议的企业为生产经营向不特定社会公众吸收资金的行为，只要不违反上述禁止性规定，均应当被认为是合法的。①

两相对比，我们可以发现，P2P 网络借贷的合法行为的外延远大于《解释》相关规定的外延，而其违法行为的外延则远小于《解释》相关规定的外延。换句话说，根据《解释》构成非法吸收公众存款罪的行为，根据《暂行办法》不一定构成违法行为。但是目前这种出罪化的"政策红利"仅限于网络借贷。实体民间借贷中，即使不具有归集资金形成资金池、虚假宣传等行为，企业为生产经营向不特定社会公众吸收资金的行为仍然可以构成非法吸收公众存款罪。因此，这里就产生了一个实体金融和互联网金融的合法与违法犯罪的界限不一致的问题。笔者将其称为成立非法吸收公众存款罪的"二元标准现象"。需要指出的是，二元标准现象的产生不是由于真正的法律冲突，而是由于金融政策，尤其是金融刑事政策的发展变化和法律解释立场所引发出的"新"问题，亦即依据《解释》或者《暂行办法》的不同导致了结果的不同。因此，我们需要从法律解释的角度来梳理问题。

（三）"二元标准现象"的不合理性

笔者在此揭示出的成立非法吸收公众存款罪的"二元标准现象"显然是不合理的。互联网金融活动并没较之于传统实体金融更加具有值得特别保护的地方，相反，其反而可能具有较高的安全风险。据统计，2014 年，全国 P2P 网络借贷涉嫌非法集资发案数、涉案金额、参与集资人数分别是 2013 年的 11 倍、16

---

① 需要注意的是，虽然《暂行办法》是行政部门规章，不是直接认定罪与非罪的刑事法律规范或者司法解释，理论上与《解释》不直接冲突，甚至刑事司法可以不理会《暂行办法》的内容。但是笔者认为，从法律解释的角度来看，《暂行办法》当然可以被作为刑法解释的理由来源，并且从体系解释的角度来看，必须考虑刑事司法、行政法之间的协调一致，特别是非法吸收公众存款罪作为行政犯，不可能在行政不违法的基础上成立犯罪。

倍和 39 倍。① 2015 年问题平台数量高达 896 家，占全国平台总数的 34.5%。② 目前爆出的问题 P2P 平台动辄涉及金额上亿甚至上百亿，涉及群众上万人甚至数十万人，如 e 租宝、东方创投、华强财富、力合创投等。

现实的状况是，实体的民间金融领域，缺乏有效的法律规范或解释来确认其所实施的为生产经营向不特定社会公众吸收资金行为的合法性。《解释》没有合理地规定民间借贷和非法集资的区分标准，"两高"其他关于民间借贷、非法集资等解释性文件同样没有具体合理的规定。相反，《解释》第三条第四款关于"非法吸收或者变相吸收公众存款，主要用于正常的生产经营活动，能够及时清退所吸收的资金，可以免予刑事处罚；情节显著轻微的，不作为犯罪处理"的规定，恰恰确认了此类行为的违法性。较新的一些地方性司法机关的解释性文件均在《解释》的基础上亦步亦趋，没有实质性的突破。如 2016 年 1 月 4 日《四川省高级人民法院、四川省人民检察院、四川省公安厅关于我省办理非法集资刑事案件若干问题的会议纪要》规定："非法吸收公众存款罪与民间借贷都是一种还本付息的行为，但非法吸收公众存款罪的集资对象针对不特定多数人，且严重破坏了国家金融管理秩序。判断行为人的行为是否构成非法吸收公众存款罪，应当按照最高人民法院司法解释中规定的是否具有'非法性''公开性''利诱性''社会性'进行认定""行为人按生产经营规模所需吸收资金，并主要用于合法的生产经营活动，因经营亏损或资金周转困难而未能及时清退本息引发纠纷、其资产足以还本付息，情节显著轻微的，可不以非法吸收公众存款罪处理。"③ 四川省的上述规定虽然在《解释》"免予刑事处罚、不作为犯罪处理"的基础上更进一步，直接规定不作为犯罪处理，但是其前提条件是还本付息，也即是说，还不起钱的情况下，仍然可以作为犯罪处理。此类解释性文件的共同点在于，都模糊处理非法集资与民间借贷的区别，默示肯定为生产经营向不特定社会公众吸收资金行为的刑事违法性，将不处罚作为"政策恩惠"，将非法吸收公众存款罪作为"兜底口袋"。

但是显而易见，企业为生产经营向不特定社会公众吸收资金的行为是有合理性的，因而也应当是合法或至少不是犯罪的。所以理论界孜孜不倦地对合法民间借贷与非法集资的界限进行研究，甚至反对非法吸收公众存款罪的存在，为这种行为去犯罪化、为行为人脱罪而奔走呼号。但问题是，学者们所研究出的区分二者界限的标准，如合理界定"社会公众"的含义、合理界定集资的用途（或以

---

① 何志、黄砚丽主编：《最高人民法院民间借贷司法解释精释精解》，第 11 页，中国法制出版社，2016 年 1 月第 1 版。

② 数据来源：网贷之家《2015 年 P2P 网贷行业年报简报》，http://www.wdzj.com/news/baogao/25548.html，2016 年 8 月 18 日访问。

③ 参见《四川省高级人民法院、四川省人民检察院、四川省公安厅关于我省办理非法集资刑事案件若干问题的会议纪要》，川高法〔2015〕414 号。

目的进行限制)、区分"资金"与"存款"、加入欺诈要素等,① 虽然具有相当的合理性,但是由于一者没有法律法规和司法解释对民间借贷和非法集资区别的正面规定,二者《解释》的"反向确认"为生产经营向社会公众吸收资金刑事违法性的规定,三者广大司法官员尚缺乏系统性的法律解释学知识,四者此类案件往往面临较大的集资群众上访的维稳压力,司法往往选择性地忽略定罪当中的不合理性。这种情况下的定罪处罚,展现了司法机关不以结果妥当性为价值引领,滥用法律解释或者消极进行法律解释,致使刑事司法权力呈现出一种过度扩张、不受束缚的结果。"以解释为核心的方法助长了权力与权利扩张的趋势,并为权力与权利的争夺提供了方法论的支撑。"②

而在互联网金融领域,由于《暂行办法》的出台,司法机关在进行法律解释时就可以将其规定内容作为解释相关行为是否构成犯罪的充分理由和"规范"依据,并在此基础上作出了合理定性结论。《暂行办法》的出台对互联网金融的发展起到了制度上的松绑作用,给予了司法在处理P2P网贷平台涉嫌非法集资类案件时以明确的指导依据,使得P2P网贷平台涉嫌非法吸收公众存款罪的可能性大大降低。这是一个好现象。

但问题也随之而来,即传统实体民间金融领域怎么办?笔者认为,应当以《暂行办法》的出台为契机,对非法吸收公众存款罪进行保守解释、限制解释,以适应经济社会和金融政策的发展。在过去,理论界一直在提保守解释、限制解释的问题,但是总是学术的归学术、实践的归实践,老死不相往来。而建立在《暂行办法》基础上的刑法保守解释,则可以给予我们这种解释合法、合理的充分底气,并给予了我们保守解释的明确方向。可以说,《暂行办法》的出台一方面对部分借贷行为——网络借贷——作了出罪化处理,具有相当的进步意义,但是另一方面则在客观上凸显出了司法实践中区别处理网上和网下借贷的不公平、不合理性。在这种背景之下,对非法吸收公众存款罪进行保守解释以与《暂行办法》的规定相协调,成为摆在司法机关面前刻不容缓的任务。

二、对非法吸收公众存款罪进行保守解释的理由

(一) 对非法吸收公众存款罪保护法益的认识变化与保守解释的正当性

非法吸收公众存款罪的保护法益为何?过去的理论研究中较少见专门针对本罪法益的论述。有学者在论述中提到了金融特许制度,"金融特许制度所形成的

---

① 参见张明楷:《刑法学》(第四版),法律出版社,2011,第687页;刘宪权:《刑法严惩非法集资行为之反思》,载《法商研究》2012年第4期;陈兴良:《目的犯的法理探究》,载《法学研究》2004年第3期;谢望原、张开骏:《非法吸收公众存款罪疑难问题研究》,载《法学评论》2011年第6期。

② 陈金钊:《法律解释学——权利(权力)的张扬与方法的制约》,中国人民大学出版社2011年版,第4页。

思维逻辑在于凡是未经监管机构批准，从事金融业务的活动均视为非法。①" 笔者从刑法条文以及《解释》出发作字面理解，也可以得出该罪的保护法益是金融管理秩序或者是国家金融活动的专属性。还有学者认为该罪的保护法益是商业银行设立的准入制度。② 该学者从立法目的的角度得出结论认为，非法吸收公众存款是擅自设立商业银行的变种形式，非法吸收公众存款罪的立法目的是维护商业银行的设立秩序，确立商业银行设立的审批制，而非其他的金融秩序和非金融目的的直接融资行为。这种论点将该罪的保护法益范围进一步缩小为银行业的秩序或者准入制度。

笔者认为，将非法吸收公众存款罪的保护法益限定为银行业的秩序或者准入制度的理解具有限缩非法吸收公众存款罪适用范围的目的和作用，但是这种理解只是一种应然状态而非实际情况。《暂行办法》规定吸收资金用于炒股、场外配资的也属于借款人的禁止行为，进一步讲，这种吸收资金用于炒股、场外配资的行为在司法实践中也完全可以非法吸收公众存款罪来定罪处罚。但是这里炒股、场外配资等在行政法上是属于证券法（属于广义金融法范畴）而非商业银行法调整的范畴。所以不管是从司法实践的现状还是现行法律法规的规定来看，非法吸收公众存款罪的保护法益早已超出了银行业秩序或者准入制度。同理，"金融管理秩序"的法益范围也同样被现实所逾越。

笔者认为，对非法吸收公众存款罪的保护法益的理解，必须从保守的客观解释和目的解释的角度出发进行。"只有目的论的解释方法直接追求所有解释之本来目的，一寻找出目的观点和价值观点，从中最终得出有约束力的重要的法律意思，从根本上讲，其他的解释方法只不过是人们接近法律意思的特殊途径。"③ 刑法的目的是保护法益。法益不是一成不变的，其实质会随着经济社会的发展而变化。或者说，对法益的解释会发生变化。④ 对非法吸收公众存款罪的解释而言，笔者的态度是应当对其进行限制解释。但是这种理想要照进现实，不是简单的呼口号或直斥现实之非所能达到的。而是必须要目光不断往返于理想与现实之间，不断寻找理想与现实的结合点。而这种做法的前提是尊重现实。

从最初的立法原意而论，非法吸收公众存款罪是在市场经济之初、金融市场相对更加保守，视金融为国家禁脔、市场禁区的情形下设立。存款、贷款等金融活动均被视为金融机构独享的权力。我们从《非法金融业务活动和非法金融机构取缔办法》等规章制度中也可以发现这种意图。此时的非法吸收公众存款罪的保

---

① 刘伟：《非法吸收公众存款罪的扩张与限缩》，载《政治与法律》2012 年第 11 期。
② 王韬、李孟娣：《论非法吸收公众存款罪》，载《河北法学》2013 年第 6 期。
③ ［德］汉斯·海因里希·耶赛克、托马斯·魏根特：《德国刑法教科书》，徐久生译，中国法制出版社 2001 年版，第 193 页。
④ 张明楷：《刑法分则的解释原理》（第二版）上，中国人民大学出版社，2011 年版，第 85 - 86 页。

护法益，将其理解为金融管理秩序或者银行业管理秩序可能是合适的。但是随着社会的发展，金融市场在不断进行改革开放和市场化，金融活动不再被视为金融机构专属，存在从金融机构中心主义向金融交易中心主义的转变。① 刑法的调整对象也相应发生变化。以贷款领域为例，最初放高利贷的行为被认为是非法经营罪，如 2003 年最高人民法院刑二庭《关于涂汉江非法从事非法金融业务行为性质认定问题的批复》即是如此。在司法实践中也不断有以此罪名作出的有罪判决。这里的非法经营，显然是指非法经营由银行等金融机构专属的贷款业务。但是一直以来，放高利贷是否构成非法经营罪就存在争议，司法实践中同样存在大量判无罪的案例。而目前，理论和实务界基本达成共识，认为放高利贷的行为不构成犯罪。这实际上是对贷款这一金融活动的放开，贷款不再被视为国家垄断的金融活动，不再值得刑法规制。

而在吸收存款领域，由于小微企业从银行等金融机构贷款难的现象一直无法得到有效解决，国家所试点的小额贷款公司等准金融机构改革措施杯水车薪，而求助于高利贷市场无异于饮鸩止渴，所以民间借贷一直以来都具有极其广泛的存在基础。很多地方默许甚至鼓励民间借贷的发展，打造专门的金融街、金融管理部门为民间借贷站台，电视、网络堂而皇之进行宣传等均是对此的注脚。而民间借贷正是广义上的金融活动。非法吸收公众存款罪在这种历史背景下关照到这种非银行专属的吸收资金的行为是应有之义。所以，非法吸收公众存款罪的保护法益实际上早已超越了最典型的情形——吸收存款、发放贷款，从中收取利息差——当中所体现出的金融性质。现在的问题不是以历史的视角将非银行金融业务类的吸收公众资金行为完全无罪化，而是在正确认识法益变化的前提下对其进行合理限制。

笔者认为，对非法吸收公众存款罪的保护法益的理解，应当区分三种形式。

一种形式为吸收资金又放贷的行为。这种行为被认为是银行等金融机构专属的金融活动是没有疑义的。上述论述所认为的放开的市场化的金融活动均只限于单纯吸收资金或者单纯放贷的行为。而同时兼容吸收资金和放贷的行为只能是由国家批准的金融机构实施。这仍然是当下制度上、理论上的共识。所以，在这种情形下，认为该行为侵害的法益是国家金融管理秩序是合适的。

第二种形式为吸收资金用于生产经营或其他非放贷用途的行为。这种行为就不能被认为是对金融管理秩序的违反。因为即使银行也不能吸收资金用于贷款之外的生产经营——这是非银行业的金融活动。这种行为并不侵害金融管理秩序。但是在这种情形下，如果吸收资金的行为人有欺诈等手段使出借人的资金安全处于不安全的状态下，仍然可以将其纳入非法吸收公众存款罪的规制范围之内。此

---

① 姜涛：《非法吸收公众存款罪的限缩适用新路径：以欺诈和高风险为标准》，载《政治与法律》2013 年第 8 期。

时非法吸收公众存款罪的主要保护法益应当被认定为公众资金的安全性。这也是与集资诈骗罪等金融诈骗罪的保护法益进行体系理解的结论。后者的保护法益是公众资金的所有权。而包括骗取贷款罪、非法吸收公众存款罪在内的一些扰乱金融管理秩序罪与金融诈骗罪的根本区别就在于有无非法占有目的。非法吸收公众存款行为不具有非法占有公众资金的目的，但是会使得公众资金处于不安全的状态下。这才是本罪在此情形下具有科处刑罚必要性的真正理由所在。当然，这种公众资金不安全性的法益必须从构成要件要素上加以具体化，否则，广泛地说，所有的民间借贷行为均具有这种不安全性。

第三种形式为网贷平台对于出借人和借款人的资格条件、信息的真实性、融资项目的真实性和合法性没有履行必要审核的义务。这种行为可以归纳为网贷平台未尽审查义务，使公众资金陷入不安全状态的行为。这种行为所侵害的法益同第二种行为一样，为公众资金的安全性。

所以，笔者的结论是，非法吸收公众存款罪的保护法益是金融管理秩序或者公众资金的安全性。如前所述，非法吸收公众存款罪客观方面的构成要件相应地应当分为三种不同的类型，在不同类型的构成要件下，行为所侵害的法益为其中之一。

得出上述非法吸收公众存款罪保护法益具体化的保守结论，明确不同的构成要件类型，将具体的限制要素加入构成要件当中，成为硬性指标，避免将构成犯罪与否的判断点放在违法阶段进行自由裁量，从而限制目前司法中存在的不作为、乱作为的现象。

（二）刑法的谦抑性与保守解释的必要性

刑法的谦抑性意味着刑法作为社会的最后一道防火墙，不轻易介入社会生活，只有当其他社会调控手段失效的时候，才可以考虑进行刑法规制。"刑法的谦抑性，是指刑法应依据一定的规则控制处罚范围与处罚程度，即凡是适用其他法律足以抑止某种违法行为、足以保护合法权益时，就不要将其规定为犯罪。"[1] 刑法不是动辄问罪的一般意义上的"社会治理法"，不应当动不动就以追究刑事责任的方式对行政部门的社会治理不力或者失效买单，特别是这种治理不力或者失效是由行政不作为、乱作为、管理混乱、体制机制不健全等原因所导致。就惩治违法行为而言，其他部门法可以说是"第一道防线"，刑法则充任"第二道防线"的角色。[2] 因此笔者同意有学者提出的反对刑法过度化的命题，[3] 倡导刑法最大限度地保障人权、最大限度地促进社会发展、最大限度地维护公正、最小限

---

[1] 张明楷：《论刑法的谦抑性》，载《法商研究》1995年第4期。
[2] 赵秉志主编：《刑法新教程（第四版）》，中国人民大学出版社2012年版，第9页。
[3] 何荣功：《社会治理"过度刑法化"的法哲学批判》，载《中外法学》2015年第2期。

度地维护秩序的"三大一小"理念。① 此外，民事与刑事界限不清，刑法的谦抑性也要求刑法介入宜谨慎。经济犯罪与经济纠纷的界限是理论与实务界纷纷扰扰纠缠不清的永恒话题。公安机关经济犯罪侦查部门被认为是权力极大、最可能随意出入罪的部门。公安部也多次以各种规范性文件的方式要求公安机关慎重处理经济犯罪案件，严禁违法插手经济纠纷。那么，一个行为可以被作为民事、经济纠纷予以有效处理时，刑法就不应当轻易介入，更不能动辄进行刑法评价。

就民间借贷领域而言，刑法应当谦抑的原因还在于：一是法律规定的非法吸收公众存款行为太过模糊，而司法解释又对其没有进行必要的限制，结果由于时代的发展，当民间借贷作为非法吸收公众存款行为的实质违法性在逐步减小甚至小于刑法所要求的严重的法益侵害的程度之时，产生了合法民间借贷与非法吸收公众存款罪之间的矛盾冲突。二是行政部门对实体借贷中介机构以及民间借贷的管控不力。民间借贷中介机构行的是金融之实，却不能由金融管理部门进行监管。而工商行政管理部门对这些中介机构的管理则是审查其有无超范围经营、非法经营。就其工商注册的职能来说，一般都是"理财咨询""投资理财"等。如果对这种"理财咨询""投资理财"作形式化的理解，仅限于向借款人和出借人提供对方信息，收取咨询费，相信没有公司能够生存下去，而作实质理解则应当是就对投资理财类的产品进行中介、促成借贷双方交易的行为。事实上，如果有类似《暂行办法》之类的规范性文件对民间借贷及借贷中介机构进行规范，并由相关行政管理部门落实监管措施，是有很大可能在源头上治理好目前存在于民间借贷领域的诸多问题的。刑法不是不管民间借贷，而是说需要管的是严重违反行政监管涉嫌犯罪的民间借贷。但是目前由于行政前置程序的不规范，刑法不得不全面介入，并且对于依法进行的民间借贷行为与严重违法的民间借贷行为不能加以清晰的区分，不排除错误介入的情形发生，有违刑法谦抑的本意。三是在对待"企业为生产经营向不特定社会公众吸收资金"问题上，刑法的介入无效。由于向银行等金融机构贷款难、向亲戚朋友借款是不可复制的非市场行为、借高利贷是自寻死路，民间借贷没有可行的替代手段。在"搏一把"和直接破产之间选择，绝大多数企业主恐怕会选择前者，而不会考虑在还不起钱时的刑事风险。刑法在此起不到引领作用。另一方面，如果企业都考虑到刑事风险的问题，都选择等死，虽然没有了构成非法吸收公众存款罪的风险，但是对实体经济的打击显然更大。并且，刑法的介入一般并不会对企业的还款形成促进作用，唯一的效果只是以抓人的手段安抚群众。

（三）司法实践中打击面过宽与保守解释的紧迫性

司法实践中，打击面过宽是非法吸收公众存款罪适用中的一个较为突出的问

---

① 魏东：《刑法理性与解释论》，中国社会科学出版社2015年版，第85页。

题。以笔者所在地区办理此类案件的实践为例，在民间借贷中介公司中，除了法定代表人、实际控制人等公司高管外，对具体招揽客户的业务员，其中吸收资金金额较大的也被认为是共犯，受到了刑事追诉。虽然司法机关也会认为将这些挣工资、有少量提成的打工者作为犯罪处理不合情理，但是由于缺乏教义学化的对构成要件进行限制性解释的方法论存在，纯粹从共犯理论和单位犯罪理论出发，这些业务员构成犯罪是没有问题的。至于运用实质解释出罪吗？抱歉，可能很多司法官员还不知道实质解释和形式解释之争。试图将其不作犯罪处理的努力，可能的规范化的途径是适用《刑法》第13条所书"情节显著轻微、危害不大，不认为是犯罪"的规定。但是这种类似于对"严重的社会危害性"或者"可罚的违法性"的定量因素进行论证的过程，主观臆断色彩比较浓厚，必然达不到令人信服的程度。

而对非法吸收公众存款罪进行保守解释、限制解释，对其构成要件范围进行适当修正，则可以从根本上解决这一问题。在上述"案例2"中，正是由于遵循《暂行办法》的规定，对P2P网贷平台适用非法吸收公众存款罪的构成要件进行了限制——加入了自融自用、形成资金池或者自己担保等选择性的构罪要件要素，乙公司因为对上述构成要件要素缺乏主观明知，从而不构成犯罪。在同一公司内区分共犯的场合也是如此。如果将上述内容作为构成要件要素要求对其的主观明知，则公司核心管理层之外的其他工作人员就可以因为缺乏主观明知而得以洗脱罪名，因为他们不可能接触到资金的实际使用情况、项目的真实或虚假、担保公司与中介公司之间的关联关系等秘密。反之，在当前的情况下，上述内容不作为实体民间金融领域的限制内容，因此只要行为人对非法吸收公众存款罪"四个条件"有认识，① 就可以构成犯罪。而基本上，可能公司里面任何一个工作人员——甚至包括扫地的、守门的——都知道本公司非银行而在进行资金中介服务。这就在理论上给予了本罪不当扩张打击共犯的范围以极大的空间。因此，从限制非法吸收公众存款罪打击面的角度看，也应当对其进行保守解释、限制解释。

三、对非法吸收公众存款罪进行保守解释的路径

（一）保守解释的基本思路

保守解释要求对犯罪构成条件进行符合时代要求的保守的、限缩的解释。从过去的研究来看，对非法吸收公众存款罪进行限制解释的方式，不同的学者有不同的看法。归纳起来主要有以下两种方式。一是将"存款"限制解释为用于货币、资本经营（主要是贷款）的资金。其中又区分为将吸收资金的用途限制为

---

① 其中"非法性"条件根据违法性认识不要论的观点，其实不要求有认识，实践中也基本不考察。

用于货币、资本的经营和将存款的使用目的限制为用于货币、资本的经营两个不同观点。① 二是将吸收资金的手段加入欺诈和高风险要素。② 对这两种方式，学者一般的主张是同时并举，即一行为必须同时满足上述两个条件的，才能以犯罪论处。如姜涛教授认为，将存款解释为以贷出为目的的资金是非法吸收公众存款罪的形式要求，而欺诈和高风险是其实质要求。但是笔者不赞同上述结论。理由一是按照这种解释，非贷出目的类的吸收公众资金的行为就被完全排除在犯罪之外，这既是与司法现实完全相左的景象，同时也与更加具有相对合理性的《暂行办法》规定内容不一致——《暂行办法》认为将资金用于炒股等高风险用途也是违法。二是将吸收资金用于放贷的情形，还需要实质考察其有无造成高风险的结果，这同样既与司法实践景象相左，也与法规范不符——在这种构成要件类型下的非法吸收公众存款罪是抽象危险犯，仅需有非吸行为（及贷款目的）即可推定危险发生，侵害了金融管理秩序。

在探讨对非法吸收公众存款罪的限制解释路径之前，需要明确的是企业为生产经营向不特定社会公众吸收资金的行为性质以及 P2P 网贷平台和实体民间金融中介机构的性质。因为刑法作为其他法律的"后盾法"，必须与作为其前提的民事、行政法律具有内在体系的协调性。同时，非法吸收公众存款罪属于行政犯，在被刑法所规制之前，还有其他法律对其进行规制，应当一并加以研究，以得出妥当结论。

在此值得借鉴的是学者对直接融资和间接融资划分的分析范式。④ 理论研究认为，直接融资是资金需求者直接向多个资金供给者要求提供资金，采取的形式是股票、债券等，直接融资法律一般通过证券法予以调整。间接融资是资金供给方，不是直接将资金交给资金需求方，而是在一定条件下将资金交给金融中介机构，后者再将资金交给资金需求方。间接融资是通过银行业监管方式进行监管。

笔者所关注的企业为生产经营向不特定社会公众吸收资金的行为性质，则游走在上述直接融资与间接融资之间。从实质上理解，这种借贷属于融资活动，并且是直接融资；但是从形式上理解，由于其中一般介入了民间金融中介机构或 P2P 网贷平台，又具有一定的间接融资的性质。现在的问题是，这种融资既不是证券法所调整的股票、债券等形式，又不属于商业银行法所调整的存贷款形式，而只能由合同法等民事法律规范所调整。

而关于 P2P 网贷平台的性质，虽然《暂行办法》由银监会等单位制定，但

---

① 参见张明楷：《刑法学》（第四版），法律出版社，2011，第 687 页；姜涛：《非法吸收公众存款罪的限缩适用新路径：以欺诈和高风险为标准》，载《政治与法律》2013 年第 8 期；谢望原、张开骏：《非法吸收公众存款罪疑难问题研究》，载《法学评论》2011 年第 6 期。

②③ 姜涛：《非法吸收公众存款罪的限缩适用新路径：以欺诈和高风险为标准》，载《政治与法律》2013 年第 8 期。

④ 彭冰：《非法集资活动规制研究》，载《中国法学》2008 年第 4 期。

是并不表明认为 P2P 网贷平台就是属于金融机构、P2P 借贷行为就属于金融活动。相反,《暂行办法》规定的网络借贷信息中介机构不得归集资金形成资金池等内容正是要求其不得从事由金融机构专属的金融活动。这不是立法的创新性规定,而是对本来应有之义的重申与强调,属于法律规定上的注意规定而不是法律拟制。而投资理财、理财咨询公司等民间金融中介机构,则根本不由银行或金融主管部门进行监管,而是由工商行政管理部门作为一般公司进行管理,其性质也不属于金融机构,从事的也就不应当属于金融业务而是一般居间中介业务。

所以,笔者认为,对上述行为的刑法规制及其限制解释的前提是要区分不同种类的行为在"前刑法阶段"分别应当由民法、证券法调整还是银行法调整,分别分析不同"前刑法"规制下的行为在刑法上的构成要件类型,进而对其入罪构成要件加以教义学化,最终实现限制解释的目的。但是其中涉及证券法规制的相关罪名是独立于非法吸收公众存款罪之外的擅自发行股票罪等,本文不予讨论。而被民法和银行法所规制的两类行为均可能涉及非法吸收公众存款罪,应当分别予以讨论。

结合前文对非法吸收公众存款罪的保护法益——金融管理秩序或者公众资金的安全性——的分析,笔者在此已经能够清晰地将非法吸收公众存款罪的构成要件分为三类:一是违反民法,采取欺骗等方式吸收不特定社会公众资金,使该资金陷入不安全状态的行为;二是违反商业银行法,以虚构项目、自己融资、形成资金池等方式吸收资金用于发放贷款,侵害金融管理秩序的行为;三是基于网络借贷平台监管法,P2P 网贷平台未尽审查义务,使公众资金陷入不安全状态的行为。

显而易见,笔者这里所主张的对非法吸收公众存款罪进行限制解释的具体方法与之前学者的研究看似并无突破——也是对"存款"的限缩和加入欺诈手段。但是,将非法吸收公众存款罪客观方面的构成要件类型划分为三类,分别确定不同的要素,进而对其进行限制解释的思路还是一种新的解释立场和方法。

(二) 基于民法基础上的限制路径——增加"欺骗手段"作为构成要件要素

这种非法吸收公众存款罪的构成要件类型的情形为:行为人公开向不特定社会公众吸收资金,承诺给予利息回报,将资金用于生产经营等非贷款类活动,但是对集资参与人使用了欺骗手段,使所吸收资金处于高度的不安全状态之中。

企业为生产经营进行民间借贷的行为,即使通过了投资理财公司作为中介,本质上还是直接融资。因为在这种类型的融资中,借款人和出借人直接签订借款合同,资金直接从出借人账户打到借款人账户,中介机构只起到牵线搭桥、居间介绍作用。从民事法律关系上看,这种借贷属于民法上的借贷关系。在这种受民事法所规制的借贷关系当中,如果借款人和中介机构在宣传、展示时没有欺诈行为,即使因为生产经营亏损而无法还款的,只成立普通的民事违约;而如果提供了虚假资料、进行了虚假宣传，比如提供虚假的担保、保证、虚假企业资产损益表、虚假的购销合同等，骗取出借人信任的，则属于民事欺诈，应当承担相应的民事责任。在上述两种情形中，前者本质上还是属于合同行为当中的意思自治下的选择，法律也不惩罚这种意思自治，而仅仅根据结果来进行民事责任判断，因此不存在违法的问题。但是民事欺诈则具有民法意义上的违法性的基础。[①] 所以这两种情形下的法律性质是不同的。刑法上的刑事责任，也应当建立在民法上违法的前提下。在民法上都不具有违法性的行为，不可能构成刑法上的刑事违法。微观层面上，每一个借贷合同合法的前提下，几十个合法的借贷合同合并起来评价就具有刑事违法？这从逻辑上也无法推论出来。所以，结论是刑法评价只能在具有欺诈的民事违法的基础上进一步判断。

具有欺诈的借贷行为如果要上升到刑事犯罪的程度，一种条件是借款人"以非法占有为目的"，这时，民事欺诈会升格到诈骗类犯罪；另一种条件则是向多个不特定社会公众借贷的情形，多个民事违法汇集在一起，由量变到质变，达到《合同法》要求的"损害国家、社会公共利益"和刑法所要求的"严重的法益侵害"的程度，这种情形下以非法吸收公众存款罪定罪处罚，所得出的结论合乎逻辑。并且，在加入了欺骗手段的民事违法行为中，或多或少都会存在涉嫌诈骗犯罪的可能性。从目前司法实践的现状来看，金融诈骗、合同诈骗犯罪中的"非法占有目的"可以说是所有罪名中证据要求最高、最难以达到证明标准的构成要件要素。笔者认为，从"集资诈骗罪非法占有目的难以证明"的前提出发，将非法吸收公众存款罪作为集资诈骗罪的"替补罪名"进行适用，是具有现实合理性的。[②] 但是这种替补适用的情形，前提是集资诈骗的客观方面具备，也就是有欺骗手段。所以，从将非法吸收公众存款罪作为集资诈骗罪替补罪名适用的角度出发论证，也要求在非法吸收公众存款罪构成要件中加入欺骗手段要素。

落脚到《暂行办法》上来，加入欺骗手段的构成要件要素与《暂行办法》的规定相一致。《暂行办法》规定的借款人的禁止行为中，明确规定"欺诈借款"外，"重复融资"也相当于欺诈。所以"欺骗手段"的加入，也能够从解释论的角度达到与现行法律体系规定的协调性。

值得进一步研究的问题是："欺骗手段"的具体内涵如何界定？是与贷款诈骗罪、合同诈骗罪中明确列举的诈骗手段相一致还是范围更加宽泛？具体地看，贷款诈骗罪、合同诈骗中列举的诈骗手段属于较为严重的欺骗手段，将会使相对人产生较为严重的认识错误，使骗取的资金处于更为严重的不安全的状态之中，

[①] 《民法通则》将欺诈认为是无效民事行为，《合同法》对此予以修正，认为欺诈是可撤销的民事行为，如果欺诈并损害国家、社会公共利益等的，属于无效合同。

[②] 类似的情形有贷款诈骗罪与骗取贷款罪。骗取贷款罪被认为是贷款诈骗罪非法占有目的证明困难情况下的替补罪名。参见全国人大常委会法制工作委员会原副主任安建《关于〈中华人民共和国刑法修正案（六）（草案）〉的说明》。

如虚假担保、虚假证明文件、虚构单位或冒用他人单位等。与之相对的,《刑法》第一百七十五条之一规定的骗取贷款罪则只规定"以欺骗手段取得银行或者其他金融机构贷款……"一种形式化的解释会认为,两种立法规定的不同意味着骗取贷款罪中欺骗手段比上述列举式的诈骗手段宽泛,所以公司名称、地址、注册资本、法定代表人、流水、业务量等虚假均可以认为是骗取贷款罪中的欺骗手段。但是笔者认为,两种不同的立法模式并不意味着欺骗手段解释上的差别性。贷款诈骗罪、合同诈骗罪之所以采取列举式的立法模式,是为了强调这几种严重的欺骗手段对非法占有目的的证明作用,符合这几种欺骗手段的行为方式,一般能够推定出行为人具有非法占有目的。但是实践中广泛存在的情况是:行为符合这些列明的欺骗手段,仍然不能推定非法占有目的。比如使用了虚假的担保骗取银行贷款的行为,骗取的贷款完全投入了生产经营,但是经营不善导致不能归还的,司法实践中很难认定构成贷款诈骗罪。这种情况下,由于银行实际受损,则可以以骗取贷款罪定罪处罚。相反,如果行为人仅仅是制作了虚假流水、账目,但是担保真实,骗取了银行贷款,即使不能还款,银行也能从担保受偿的,则不宜以骗取贷款罪定罪处罚。① 司法实践中司法机关考虑贷款诈骗罪、骗取贷款罪的思路可以反映出其实对欺骗手段的要求是一致的。所以笔者的结论是,非法吸收公众存款罪中加入的"欺骗手段"要素,应当与贷款诈骗罪、合同诈骗罪中列举的严重的欺骗手段相一致,只有使相对人产生较为严重的认识错误,使骗取的资金处于较为严重的不安全的状态之中的欺骗手段才具有构成要件上的意义。

(三) 基于商业银行法基础上的限制路径——增加用途或目的的限制

这种非法吸收公众存款罪的构成要件类型的情形为:行为人公开向不特定社会公众吸收资金,承诺给予利息回报,将资金用于贷款。

禁止民间借贷中介机构和 P2P 网贷平台涉足商业银行法规制的金融领域是《指导意见》《暂行办法》等共同的思想。借款人不得涉足该领域更是不言而喻。《指导意见》规定:"个体网络借贷机构要明确信息中介性质,主要为借贷双方的直接借贷提供信息服务,不得提供增信服务,不得非法集资。"《暂行办法》在增信服务、非法集资之外,进一步增加了"不得设立资金池"的原则(第三条);并规定了网络借贷信息中介机构的 13 项禁止行为(第十条),其中归集出借人的资金、发放贷款、将融资项目的期限进行拆分;第十二条规定"不得用于出借等其他目的"。上述几条规定的内容,通过实质解释,其实都指向一个意思:不得涉足商业银行法规范的、只能由银行等金融机构专门实施的吸收资金并放贷活动。由此可见,在网络借贷领域,中介机构和借款人不得将借用资金用于金融

---

① 孙国祥:《骗取贷款罪司法认定中的三个问题》,载《政治与法律》2012 年第 5 期。

用途已经有法可依。

当然，在实体金融领域，借款人不得从事上述活动也是同样有法可依的。但是不同的是，互联网领域，《暂行办法》以负面清单的形式列明了违法情形之后，吸收资金用于生产经营等情形的合法性得以确立，而实体金融领域则仍然无法可依（《解释》反而规定有罪）。所以，笔者认为在资金用途上加上这一限制之后，在犯罪的门槛上正好借鉴了《暂行办法》的内容，实现了网上网下一把尺的合理性。

从理论上看，学者早已论证了非法吸收公众存款罪的正本清源之道——从词源学上理解，"存款"不等于资金，存款是为了贷出牟利的资金。① 因此，将资金加入贷款用途或者目的不是毫无根据的限制解释，而是还原该罪的本来面目。但是，一则从《暂行办法》的内容上看，禁止性的资金用途或者目的包括但是不限于贷款，还包括炒股、信托等其他领域；二则从司法实践上看，非法吸收公众资金用于其他用途的也常常被认为是犯罪（并且不一定是错案或者不合理）；三则结合笔者前一部分论述的"吸收资金+欺骗手段型"的构成要件方式，将存款解释为银行专属的存贷款中的存款这种文义解释的方法已然不符合实际了。因此，笔者认为，以"存款"的原意为基础的解释方法不成立，但是可以借鉴其"加入贷款用途或者目的"的论证过程，将资金用途或者目的限制为：不得用于出借等金融、证券业务或以其为目的。而对于学者存在分歧的用途还是目的的问题，笔者认为二者居其一均可，没有大的问题。需要注意的是，"吸收资金+欺骗手段型"和"吸收资金+特定目的或用途型"是两个选择性的、并行不悖的构成要件类型。

（四）"未尽审查义务"作为限制性的构成要件的加入

《暂行办法》中明确了 P2P 网贷平台对于出借人和借款人的资格条件、信息的真实性、融资项目的真实性和合法性有进行必要审核的义务，并规定 P2P 网贷平台未尽审查义务时构成违法。笔者认为，对于实体的金融公司来说，同样应当将进行必要的审查义务作为强制性要求，也就是说将"未尽审查义务"将作为限制性构成要件加入非法吸收公众存款罪之中，以达到对该罪进行限制解释的目的。那么这里的审查指的是实质审查还是形式审查？审查的合理界限又在哪里呢？对此问题，笔者认为应当要求 P2P 网贷平台对出借人和借款人的资格条件、信息的真实性、融资项目的真实性和合法性等进行实质审查，同时应当适当限制这种实质审查的程度。

其一，实质审查的必要性。信息的不对称性是在居间借款过程中存在的最大问题之一。出借人对于借款人的了解往往仅仅局限于中介公司提供的借款人情况

---

① 王韬、李孟娣：《论非法吸收公众存款罪》，载《河北法学》2013 年第 6 期。

介绍以及借款人身份证、户口簿、不动产产权证等证件的复印件，根本无法对借款人的还款能力有较为充分的了解。这时如果中介公司也仅仅对借款人提供的材料进行形式审查，那么借款人很容易就能够通过提交虚假材料蒙混过关，出借人的资金安全就难以得到有效保障。在风险社会的背景下，我们需要通过法律来将我们所预见的风险最小化，最大限度地保障公民的利益，同时在社会控制中要能够在最少阻碍和浪费的条件下尽可能多地给予满足。① 从这个角度来讲，如果仅仅是形式审查，那么法律规定的目的就难以实现，《暂行办法》如此规定就是要通过审查成本相对较低的 P2P 网贷平台，对出借人的信息进行实质性的审查，借此最大限度地降低出借资金的风险。这点对于实体金融中介公司来说应当同样重要，实质审查将大大提高资金的安全性，减少非法集资案件发生的概率。

其二，实质审查的合理界限。当然，不论何种审查方式也只能是降低资金的风险，不可能完全将风险排除。不管是 P2P 网贷平台还是实体金融中介公司，其本质都只是起到居间介绍作用，借款本身肯定存在一定的违约风险，出借人在借出资金时就应当做好承担风险的准备，我们不可能要求中介公司不顾成本地去将风险降到最低，这样的话很可能导致其运营成本过高而不利于民间金融行业的发展。因此在要求中介公司进行实质审查的同时，也应该明确合理的界限。对于个人借款人，金融公司应当通过银行来审查借款人的个人收入是否属实，同时对于个人的车、房等财产，应当核实无有抵押登记或者存在抵押时其价值能否覆盖全部债务。对于以公司名义进行借款的情况，平台应当对公司或其融资的项目进行实地考察，了解其近几年的经营状况、负债状况、资产抵押情况，并对公司或项目的未来发展前景做出客观的评估。

第三节　信用卡诈骗罪的刑法解释与适用

根据我国《刑法》第 196 条规定，信用卡诈骗罪，是指以非法占有为目的，违反信用卡管理法规，利用信用卡进行诈骗活动，骗取财物数额较大的行为。在对信用卡诈骗罪的理论研究和司法实践中，存在的解释疑难争议问题，主要归结于以下四个方面：第一，"信用卡"的刑法解释；第二，信用卡诈骗罪客观行为的解释，具体而言，包括对使用伪造的信用卡或以虚假的身份证明骗领的信用卡骗取财物行为的解释，对于使用作废的信用卡行为骗取财物的解释，对于冒用他人信用卡骗取财物行为的解释，对于恶意透支骗取财物行为的解释；第三，信用卡诈骗罪"非法占有目的"认定；第四，对于几种利用信用卡特殊侵财行为的定性，包括持卡人在 ATM 机上使用信用卡恶意取款行为的定性，利用他人网络支付平台账户侵财行为的定性，以骗取、抢夺或抢劫等非法手段获取他人信用卡

---

① ［美］罗斯科·庞德：《通过法律的社会控制》，沈宗灵、董世忠译，商务印书馆 1984 年版，第 35 页。

并使用行为的定性等。

一、"信用卡"的刑法解释

信用卡诈骗罪是行为人利用信用卡实施的诈骗行为。我国行政部门规章和刑法立法解释对信用卡的相关规定存在明显不协调之处，值得进一步研究。同时，随着网络技术的发展，信用卡犯罪的方式日趋多样化、复杂化，对信用卡的内涵和外延进行准确解释，有利于区分信用卡诈骗罪与一般诈骗罪以及与其他罪名的界限。

（一）信用卡的内涵与外延

刑法理论界针对信用卡诈骗罪中"信用卡"含义理解的主要争议在于，信用卡是否包括借记卡。而该争议的产生，主要源于金融机构主管部门发布的部门规章对于信用卡含义的界定前后不一。1996 年，中国人民银行发布的《信用卡业务管理办法》第三条规定："本办法所称信用卡，是指中华人民共和国境内各商业银行（含外资银行、中外合资银行，以下简称商业银行）向个人和单位发行的信用支付工具。信用卡具有转账结算、存取现金、消费信用等功能。"根据该条规定，信用卡包括了借记卡。1999 年，中国人民银行在发布《银行卡业务管理办法》，将银行卡分为信用卡和借记卡，并将信用卡按是否向发卡银行交存备用金分为贷记卡、准贷记卡两类。由该条规定可以看出，信用卡并不包括借记卡。之后，2004 年 12 月 29 日，第十届全国人民代表大会常务委员会第十三次会议通过《关于〈中华人民共和国刑法〉有关信用卡规定的解释》，其中规定："刑法规定的'信用卡'，是指由商业银行或者其他金融机构发行的具有消费支付、信用贷款、转账结算、存取现金等全部功能或者部分功能的电子支付卡。"该规定发布后，司法实务中对于信用卡是否包含借记卡这一问题的认定不再存在争议。尽管如此，仍然有学者对该立法解释的合理性提出质疑，认为其不符合信用卡诈骗罪的客体特征，破坏了法律的协调性。① 值得注意的是，2011 年，中国银行业监督管理委员会发布的《商业银行信用卡业务监督管理办法》第七条规定："本办法所称信用卡，是指记录持卡人账户相关信息，具备银行授信额度和透支功能，并为持卡人提供相关银行服务的各类介质。"再次明确了银行业对于信用卡的概念界定仅限于具有透支功能的贷记卡或其他介质。

从以上规定可以看出，行政机关制定的部门规章对于信用卡的范畴界定发生了变化，起初包含借记卡，之后又将不具备透支功能的借记卡排除在外，而且，部门规章对信用卡的现行规定与 2004 年的全国人大常委会对于信用卡的立法解释明显相矛盾，由此引发了刑法学界对于信用卡诈骗罪中"信用卡"是否应包

---

① 参见黄京平、左袖阳：《信用卡诈骗罪若干问题研究》，载《中国刑事法杂志》2006 年第 4 期。

括借记卡,以及对刑法中"信用卡"的解释是否应当从属于行政法规定的分歧。认为借记卡不是信用卡诈骗罪对象的观点认为:信用卡诈骗罪的客观方面从一开始就包含恶意透支行为,不具备透支功能的借记卡不能成为本罪对象,行为人使用虚假的或者冒用他人的借记卡进行诈骗活动的,可以金融票证诈骗罪论处;①信用卡是商业银行业务中的一个专业术语,刑法应当根据银行法的规定以及商业银行业务习惯来确定其含义与范围,刑法对专业领域法律概念的理解应当与该领域规定同步。② 针对以上观点,有学者进行了反驳,张明楷教授认为,刑法并不具有从属性,利用借记卡骗取财物与利用信用卡骗取财物,在刑法上并无实质的不同,对刑法上的信用卡概念可以做出不同于商法的解释,这种解释不会破坏法秩序的统一性;在刑法上将借记卡解释在信用卡之内,也是文理解释与沿革解释的结论,从体系解释的角度考察,将借记卡归入信用卡,可将伪造借记卡与使用作废的借记卡、冒用他人借记卡行为均认定为信用卡诈骗罪,有利于刑法的协调一致,也具有结论的实质合理性。③

笔者认为,以上行政规范与刑法立法解释矛盾产生的根源,在于银行业对于信用卡概念界定的多变性与刑法自身的稳定性不相容。1996 年,由于具备透支功能的信用卡尚未普及,当时中国人民银行发布的《信用卡业务管理办法》中的"信用卡"的概念和范畴,实际等同于 1999 年《银行卡业务管理办法》中的"银行卡"概念和范畴。我国 1997 年《刑法》中的信用卡诈骗罪之"信用卡"一词正是依据 1996 年《信用卡业务管理办法》的定义而界定。无论从《刑法》第三章第五节"金融诈骗罪"第 192 至 198 条的罪名设置和保护客体来看,还是从第 196 条信用卡诈骗罪规定的 4 种行为方式来看,这里的"信用卡"均包含借记卡,而不仅仅是具有透支功能的信用卡。然而,在 1999 年《银行卡业务管理办法》发布实施后,《信用卡业务管理办法》已经废止;基于刑法的稳定性,对于信用卡诈骗罪等信用卡犯罪的罪名和规定未发生变化,故 2004 年的立法解释仍然沿用了已经废止的 1996 年《信用卡业务管理办法》对于"信用卡"的界定。但是,毫无疑问,无论学者如何解释,现今"信用卡"的客观含义均已经发生了变化,将借记卡解释为信用卡,既超出了金融行业领域对于该专业概念的明确界定,也超出了一般国民对于该概念的普遍理解。因此,对于信用卡诈骗罪中"信用卡"的范畴之解释争议实质是基于主观解释与客观解释之不同立场而得出的不同结论。

有学者提出,立法与其破坏法律协调性,将借记卡解释在信用卡范畴内,还

---

① 参见王晨:《信用卡诈骗罪客观方面要件的认定探讨》,载《现代法学》2003 年第 6 期。
② 参见刘华:《票据犯罪构成若干问题研究》,载赵秉志主编《新千年刑法热点问题研究与适用(下)》,中国检察出版社 2001 年版,第 1317 页。
③ 参见张明楷著:《诈骗罪与金融诈骗罪研究》,清华大学出版社 2006 年 6 月版,第 643 - 644 页。

不如将信用卡诈骗罪修改罪名，拟定为"银行卡诈骗罪"。① 这一观点对于立法修订具有参考价值。基于本文是针对信用卡诈骗罪解释的专题研究，故对"信用卡"的解释应遵循刑法和立法解释的明确规定，即本文中的"信用卡"包括借记卡。尽管如此，从理论研究的角度来看，对于"信用卡"这一概念的解释究竟是应忠于立法原意，还是应当运用客观解释方法对其范围进行限定，仍然值得继续探讨。

（二）网络时代背景下信用卡的刑法解释

随着网络的普及和发展，尤其是当手机与网络结合后，信用卡的支付和取现方式呈现出比传统使用方式更为便捷的显著特征。电子转账、无卡支付和无卡取现已经成为现阶段普遍的信用卡使用方式，许多手机 App 中附带的消费方式均是使用无卡支付，同时，现在最为普及的小额支付方式即微信和支付宝付款，也是采用将微信、支付宝与信用卡绑定的方式进行支付。在这种情形下，信用卡的使用媒介已经不再限定为卡片实体，而是信用卡的电子支付功能，或者说是信用卡的相关账户信息。相应地，刑法所规定的信用卡诈骗罪中利用信用卡进行诈骗的方式也不再限于利用信用卡实体进行诈骗。司法实践中，通过持卡人在 ATM 机取款时窃取信用卡相关信息或者通过网络窃取持卡人相关账户信息之后，冒用他人信用卡进行转款或消费，最终以信用卡诈骗罪进行定性的案例大量存在。那么，网络时代背景下信用卡的内涵和外延是否发生了变化？是否需要进行扩大解释？

2005 年 2 月 28 日通过的《中华人民共和国刑法修正案（五）》中增加的第一百七十七条之一第二款专门针对窃取、收买或者非法提供信用卡信息资料的行为增设了窃取、收买、非法提供信用卡信息罪。2009 年 11 月 12 日，最高人民法院、最高人民检察院发布的《关于办理妨害信用卡管理刑事案件具体应用法律若干问题的解释》（以下简称《09 解释》）第四条规定："刑法第一百九十六条第一款第（三）项所称'冒用他人信用卡'，包括以下情形：……（三）窃取、收买、骗取或者以其他非法方式获取他人信用卡信息资料，并通过互联网、通信终端等使用的……"有学者认为，该规定直接将信用卡信息资料作为冒用型信用卡诈骗罪的对象，突破了以往信用卡诈骗罪只是实体信用卡的传统认知，也似乎间接承认了信用卡信息资料是信用卡的一种新型表现形式。② 并认为："就信用卡的支付方式而言，不论是实体信用卡支付还是无须实体的信用卡信息资料支付、网络移动账户支付抑或是将来更高级的信用卡支付方式，都必须以具有特定关系的金融账户的存在为前提和基础。据此而言，笔者认为，可以将《刑法》中的

---

① 黄京平、左袖阳：《信用卡诈骗罪若干问题研究》，载《中国刑事法杂志》2006 年第 4 期。
② 刘宪权：《涉信用卡犯罪对象的评析及认定》，载《法律科学》2014 年第 1 期。

信用卡的内涵理解为具有特定关系的金融账户。"①

本文认为，以上观点将信用卡信息资料作为信用卡的一种新型表现形式，实际是混淆了信用卡诈骗罪的行为方式与信用卡的内涵之间的关系；同时，将信用卡解释为"金融账户"的表达方式也欠妥当。信用卡诈骗罪之所以区别于普通诈骗罪，其最显著的特征就是行为人是利用信用卡进行诈骗。但是，信用卡本身不具有价值，而是一种具备使用价值的财产载体，故行为人能够使用信用卡的支付或取现功能获取他人财物。行为人在网络支付平台中利用获取的信用卡信息等账户资料进行诈骗，只是其行为表现形式之一，其行为实际还是利用信用卡的支付和取现等功能进行诈骗，因为信用卡账户中的信息资料本身不具备以上功能。金融账户本身是一个经济或金融概念，每一张信用卡的账户均与持卡人或者办卡人的身份信息密切相关，包含持卡人名称、账号、密码等信息，信用卡账户实际就是信用卡自身的特殊身份信息，每一张信用卡的账户均区别于其他信用卡，但信用卡账户并不等同于信用卡，信用卡账户只是信用卡存在的虚拟表现形式。如前所述，信用卡是一种电子支付卡，是为持卡人提供银行服务的各种介质，这意味着信用卡的价值本身不在于其实体价值，而在于其功能价值。在网络时代，随着信用卡功能的扩展，其支付方式发生了变化，行为人通过获取信用卡信息资料能够实现信用卡使用功能的发挥，最终骗取他人财物。因此，认为信用卡诈骗罪中的"信用卡"不仅包含信用卡实体，而且包含信用卡信息资料的观点，是将利用网络支付平台实施的信用卡诈骗罪的行为方式错误地解释为了信用卡的内涵。从刑法罪名和体系设置的角度来看，《刑法》第 177 条之一将伪造信用卡等行为定性为妨害信用卡管理罪，而将窃取、收买或者非法提供信用卡信息资料的行为另行定性为窃取、收买、非法提供信用卡信息罪，也可以得出信用卡信息资料并不等同于信用卡的结论。同时，《09 解释》将窃取、收买、骗取或者以其他非法方式获取他人信用卡信息资料并通过互联网、通信终端等使用的行为定性为冒用他人信用卡型信用卡诈骗罪，也能验证这一观点不具有合理性。

另外，第三方网络平台与发放信用卡的金融机构是相互独立的主体，行为人利用微信、支付宝等网络平台账户绑定信用卡非法占有他人财物的，能否认定为妨害信用卡管理犯罪，应当结合行为人行为方式进行评价，但不能将第三方网络支付账户扩大解释为信用卡；某些金融网络平台注册账户后，虽然该账户具备与信用卡一样的借贷或透支功能，但同样不能将其扩大解释为信用卡。

二、信用卡诈骗罪客观行为的解释

信用卡诈骗罪客观方面表现为行为人采用虚构事实或者隐瞒真相的方法，利

---

① 刘宪权、李舒俊：《网络移动支付环境下信用卡诈骗罪定性研究》，载《现代法学》2017 年 11 月第 39 卷第 6 期。

用信用卡骗取公私财物，数额较大的行为。从规范评价的角度而言，在其法定的四种行为方式中，使用伪造的信用卡或使用以虚假的身份证明骗领的信用卡、使用作废的信用卡和冒用他人信用卡行为的违法性评价均来自信用卡自身的非法性或者获取信用卡方式的非法性前提，故对前三种行为解释的重点在于信用卡自身的非法性和获取信用卡的行为方式的非法性；而在恶意透支行为中，信用卡本身及获取信用卡的方式均是合法的，其非法性在于行为人的恶意透支且不还款行为，因此，对恶意透支客观行为的解释疑难主要集中于对"透支"行为及透支之后未归还行为的认定。因信用卡诈骗罪系数额犯，且信用卡只是财产载体，信用卡中本身存储的资金数额或可透支额度不能作为诈骗数额依据，故行为人实际骗取财物的具体金额也应当纳入客观行为的考察范畴。

(一) 使用伪造的信用卡骗取财物的解释

伪造即编造、捏造，以假乱真。伪造信用卡的含义是指不具备制作信用卡权限的人制作虚假的信用卡。主要有两种行为表现，一种是典型的伪造行为，即模仿真实信用卡的质地、模式、版块、图样以及磁条密码等非法制造信用卡；另一种是在真实的空白信用卡基础上进行伪造，如在空白信用卡上输入其他用户的真实信息进行复制，或者在空白卡上输入虚假信息等。张明楷教授认为，具有制作信用卡权限的银行职员利用职务之便所制作的内容虚假的信用卡，也属于伪造的信用卡。① 笔者认为，伪造信用卡的主体为一般主体，如果银行职员利用真实的空白信用卡填入虚假的身份信息或利用客户真实信息进行复制，均属于伪造信用卡行为，应认定为伪造、变造金融票证罪；如银行职员伪造信用卡后使用的，应认定为信用卡诈骗罪。针对伪造信用卡中的"伪造"是否包含"变造"行为的问题，理论界存在争议。有观点认为，变造的信用卡属于伪造的信用卡；② 也有学者对此持反对观点，认为伪造与变造是相互区别的，在同一类型的犯罪中，特定用词的含义应当是一致的。③ 张明楷教授认为，在刑法理论上，"伪造"一词具有不同含义，在有些场合不包含变造，在有些场合包含变造，解释者应当适应社会生活现实，选择适当的含义。并认为，对信用卡进行非本质的变造，一般不具有实际意义。一旦行为人对信用卡的实质内容进行加工，使加工后的信用卡与原信用卡丧失实质的同一性，则应当认定为伪造信用卡。④

笔者赞同伪造信用卡中的伪造不包含变造的观点。首先应当明确，在文义解释上，伪造与变造本身就存在区别，伪造是以假乱真，而变造是以真实的依据为基础，擅自进行变更和改造。在刑法规定中，伪造和变造也有着不同的含义，如

---

① 参见张明楷著：《诈骗罪与金融诈骗罪研究》，清华大学出版社 2006 年 6 月版，第 647 页。
② 参见赵秉志主编：《金融诈骗罪新论》，人民法院出版社 2001 年版，第 450 页。
③ 王晨：《诈骗罪研究》，人民法院出版社 2003 年版，第 208 页。
④ 参见张明楷著：《诈骗罪与金融诈骗罪研究》，清华大学出版社 2006 年 6 月版，第 648－649 页。

伪造货币罪与变造货币罪就是就分别规定在《刑法》第170条和第173条之中，并分别规定了不同的法定刑。伪造、变造金融票证罪与伪造货币罪、变造货币罪均设置在"破坏金融管理秩序"这一节中，其中，伪造、变造的含义应当具备用语的相对一致性与统一性，从这一点来看，伪造信用卡中的"伪造"并不包含变造之含义。而且，从《刑法》第177条对于信用卡诈骗罪的上游犯罪伪造、变造金融票证罪的规定来看，前3种情形均同时规定了伪造与变造行为，而唯独没有将信用卡变造行为纳入规定之中，这显然不是立法上的疏漏。其原因就在于信用卡与其他金融票证不同，不是以表面的文字记载显示其信息，而是通过其磁条或芯片储存信息的电子卡，对于信用卡表面的涂改或变造行为不会改变信用卡的内容。曲新久教授也认为，变造信用卡基本上不可用来实施犯罪。① 这也是《刑法》第196条信用卡诈骗罪仅将使用伪造的信用卡行为界定为信用卡诈骗罪，而未将使用变造信用卡的行为规定为信用卡诈骗罪的原因。关于这一点，可以从《刑法》第194条规定的票据诈骗罪、金融凭证诈骗罪、第195条规定的信用证诈骗罪条文中，均相应地将使用伪造、变造的票据、金融凭证、信用证行为纳入其中而得到印证。

使用伪造的信用卡，是指利用伪造的信用卡的法定功能进行支付、消费、结算等行为。因此，伪造后的信用卡必须具有信用卡的法定功能，不具备信用卡功能的伪造信用卡不具备使用价值，不能成为信用卡诈骗罪的对象。使用伪造的信用卡，可以是行为人自己伪造后使用，也可以是明知是他人伪造的信用卡而使用。对于第一种情形，成立伪造金融票证罪与信用卡诈骗罪的牵连犯，根据从一重处断原则，应以信用卡诈骗罪论处；对于第二种情形，其获取信用卡的途径可能包括明知是伪造的信用卡而持有或购买伪造的信用卡行为，成立妨害信用卡管理罪与信用卡诈骗罪的牵连犯，根据从一重处断原则，也应以信用卡诈骗罪论处。如果行为人将伪造的信用卡出售或者单纯伪造信用卡而没有使用的，分别以妨害信用卡管理罪和伪造、变造金融票证罪定罪。

（二）使用以虚假的身份证明骗领的信用卡骗取财物的解释

《银行卡业务管理办法》第二十八条规定："个人申领银行卡（储值卡除外），应当向发卡银行提供公安部门规定的个人有效身份证件，经发卡银行审查合格后，为其开立记名账户……"第五十四条规定："持卡人的义务：（一）申请人应当向发卡银行提供真实的资料并按照发卡银行规定向其提供符合条件的担保……"办理信用卡时，应当向发卡行提供真实的身份证明。使用虚假的身份证明骗领信用卡，属于妨害信用卡管理罪的行为方式之一。《09解释》第二条第三

---

① 曲新久：《认定信用卡诈骗罪若干问题的研究》，载姜伟主编：《刑事司法指南》（总第19辑），法律出版社2004年版，第24–25页。

款规定:"违背他人意愿,使用其居民身份证、军官证、士兵证、港澳居民往来内地通行证、台湾居民来往大陆通行证、护照等身份证明申领信用卡的,或者使用伪造、变造的身份证明申领信用卡的,应当认定为《刑法》第一百七十七条之一第一款第(三)项规定的'使用虚假的身份证明骗领信用卡'。"由以上规定可以得出,"虚假的身份证明"仅限于信用卡申请人提供的虚假身份证明,而且只包括虚假的居民身份证、军官证等身份证件,不包括虚假的所在单位证明、收入证明等资信证明和虚假的担保文件。

使用以虚假的身份证明骗领的信用卡,需要考量是否具备骗取财物之客观行为及可能性。如果行为人使用虚假的身份证明办理了借记卡并使用,不可能构成信用卡诈骗罪,原因在于,借记卡不具备透支功能,其使用的限额仅限于卡上余额,从而不可能诈骗他人财物。而如果行为人使用虚假的身份证明办理了具备透支功能的贷记卡,但仅在信用卡资金限额内使用,或者透支后及时归还,不具有非法占有目的,则行为人也不构成信用卡诈骗罪。如果行为人使用骗领的信用卡恶意透支,则可能符合恶意透支型信用卡诈骗罪的法定构成要件。

使用以虚假的身份证明骗领的信用卡,既包括使用明知他人以虚假的身份证明骗领的信用卡,也包括使用自己以虚假的身份证明骗领的信用卡。在两种情形下(使用明知他人以虚假的身份证明骗领的信用卡可能存在购买或持有他人以虚假的身份证明骗领的信用卡的行为),均成立妨害信用卡管理罪与信用卡诈骗罪的牵连犯,根据从一重处断原则,应以信用卡诈骗罪论处。如果行为人以虚假的身份证明骗领信用卡后并未使用的,则成立妨害信用卡管理罪。

(三) 使用作废的信用卡骗取财物的解释

作废的信用卡是指因法定原因而失去效用的信用卡。包括:因过期而自动失效的信用卡、无效的信用卡、持卡人在信用卡的有效期内中途停止使用,并将其交回发卡银行的信用卡,以及因挂失而失效的信用卡等。无论是持卡人还是非持卡人,明知是上述已经作废的信用卡而使用并骗取财物的,均以本罪论处。有学者认为,对于非持卡人使用他人作废的信用卡,完全可以按照"冒用他人的信用卡"定性。[1] 张明楷教授认为,对于行为人主观上明知是他人真实有效的信用卡而使用,但实际上使用了他人作废的信用卡的,属于具体的认识错误,基于客观主义的立场,宜认定为使用作废的信用卡。[2] 本文赞成张明楷教授的观点。同时认为,信用卡诈骗罪的 5 种行为方式之间本身就存在交叉,对具体行为方式进行准确区分和认定,在司法实践中存在一定的积极意义,但不排除一种行为同时符

---

[1] 参见赵秉志、许成磊:《金融诈骗认定中的若干重点疑难问题研讨》,载姜伟主编:《刑事司法指南》(总第 4 集),法律出版社 2000 年版,第 48 - 49 页。

[2] 参见张明楷著:《诈骗罪与金融诈骗罪研究》,清华大学出版社 2006 年 6 月版,第 647 页。

合两种行为方式的情形,例如使用他人挂失的信用卡,就同时符合使用作废的信用卡和冒用他人信用卡两种情形,但该情形并不影响案件的整体定罪量刑。

(四) 冒用他人的信用卡骗取财物的解释

信用卡仅限于合法持卡人本人使用,持卡人不得出租或转借账户,这是信用卡国际通用制度。《银行卡业务管理办法》第五十九条规定:"持卡人出租或转借其信用卡及其账户的,发卡银行应当责令其改正,并对其处以1 000元人民币以内的罚款(由发卡银行在申请表、领用合约等契约性文件中事先约定)。"冒用他人的信用卡是指,非持卡人未经持卡人同意或者授权,擅自以持卡人的名义使用信用卡,利用信用卡的业务功能诈骗他人财物的行为。

冒用他人的信用卡仅指冒用他人的合法信用卡,而不包括伪造的、作废的信用卡。如果行为人明知是伪造或者作废的信用卡而冒用的,应属于使用伪造的或者作废的信用卡行为。冒用他人信用卡典型的行为方式为,持有他人信用卡,冒充自己是真正的持卡人;但基于信用卡具有网上支付功能,冒用信用卡不仅限于"持卡"冒用,也可以无卡冒用。同时,行为人为实现冒用,可能会实施伪造身份证明、签名、盗用交易密码等行为,也可能实施其他非法获取信用卡及信用卡信息的行为。《09解释》第五条第二款规定:"刑法第一百九十六条第一款第(三)项所称'冒用他人信用卡',包括以下情形:(一)拾得他人信用卡并使用的;(二)骗取他人信用卡并使用的;(三)窃取、收买、骗取或者以其他非法方式获取他人信用卡信息资料,并通过互联网、通信终端等使用的;(四)其他冒用他人信用卡的情形。"以上规定对于冒用他人信用卡的行为方式进行了充分列举,几乎囊括了除盗窃信用卡并使用之外的所有行为方式。

冒用他人信用卡以违背持卡人意愿为前提条件,以此区别持卡人同意或授权的借用行为。一般情况下,如持卡人同意将信用卡借用给他人使用,则使用人不具备诈骗他人财物的主观故意和非法占有目的,不构成信用卡诈骗罪;但不排除在特殊情形下,持卡人允许使用人使用其信用卡,可能与使用人具有共同诈骗的主观故意和非法占有目的,并成立共犯。如果使用人超出持卡人授权金额范围并隐瞒持卡人而使用信用卡的,对于该部分超出金额,也可能构成冒用他人信用卡型的信用卡诈骗罪。

在司法实践中,冒用他人信用卡是较为常见且典型的信用卡诈骗罪形式。司法机关对于以下几种情形能否认定为"冒用他人信用卡"存在争议:第一,对于"拾得他人信用卡并使用"具体情形的认定;第二,对于采取涉嫌犯罪的行为方法获得信用卡后冒用行为的认定等。相关问题在本文最后一部分关于几种利用信用卡特殊侵财行为的认定中进行分析。

(五) 恶意透支骗取财物的解释

所谓透支，是指持卡人在发卡行账户上已经没有资金或者资金不足的情况下，根据发卡协议或者经银行批准，允许其超过现有资金额度支取现金或者持卡消费的行为。透支实质上是银行为客户提供的短期信贷，透支功能也是贷记卡区别于借记卡和其他金融凭证的最明显特征。合法的透支行为属于合法使用信用卡的行为方式，只有刑法所规定的恶意透支行为才可能涉嫌信用卡诈骗罪。《刑法》第一百九十六条规定："恶意透支，是指持卡人以非法占有为目的，超过规定限额或者规定期限透支，并且经发卡银行催收后仍不归还的行为。"《09 解释》第六条规定："持卡人以非法占有为目的，超过规定限额或者规定期限透支，并且经发卡银行两次催收后超过 3 个月仍不归还的，应当认定为《刑法》第一百九十六条规定的'恶意透支'。"进一步明确了恶意透支的概念。根据以上规定，依据持卡人透支的金额和归还的期限，恶意透支可分为一般违法性的恶意透支和恶意透支型信用卡诈骗罪。一般违法性的恶意透支是行政违法行为，应承担相应的民事责任，由于其社会危害性较小，不构成犯罪；只有符合《刑法》规定的具有非法占有目的的恶意透支行为，才构成信用卡诈骗罪。根据《刑法》上述规定，恶意透支的主体必须是持卡人，客观上必须实施了超过规定限额或者规定期限透支，且经发卡行两次催收后超过 3 个月仍不归还，数额较大的行为，且主观上必须具有非法占有目的。"恶意"实际既包含了客观违法性要素，也包含了主观违法性要素。针对恶意透支型信用卡诈骗罪非法占有目的的认定问题，在下一部分内容进行分析，本部分仅讨论恶意透支客观行为的认定。恶意透支客观行为的认定应从以下三个方面考量：

1. 超过规定限额或规定期限透支的认定

超过规定限额透支，是指透支金额超过发卡银行规定的持卡人可使用的超过其实际存款余额以上的最高限额，包括单笔透支限额和月累计透支限额两种。值得注意的是，超过透支限额应当与恶意透支"数额较大"的标准进行结合考量，而不能仅考虑透支限额问题，而且，如果持卡人超过了透支限额，但在还款期内或者经发卡银行两次催收后的 3 个月内归还了部分款项，最终未达到数额较大标准的，也不构成信用卡诈骗罪。超过规定期限透支，是指透支超过了信用卡管理法规规定的最长透支期限。《信用卡业务管理办法》第十八条规定："信用卡的透支期限最长为 60 天。"

2. 经发卡银行两次催收后超过 3 个月仍不归还的认定

与其他类型的信用卡诈骗不同，恶意透支型信用卡诈骗犯罪，立法特别规定了受害单位（发卡银行）的"催收"前置程序。如果行为人未经催收自动归还或者在催收后归还透支款项的，不以犯罪处理，构成不当透支，依照合同约定承担相应民事责任。《09 解释》将催收限定为"两次"，《最高人民法院研究室关于信用卡犯罪法律适用若干问题的复函》（以下简称"《复函》"）要求催收"应分别采用电话、信函、上门等两种以上催收形式"，并规定："发卡银行的'催收'应有电话录音、持卡人或其家属签字等证据证明。"将催收有效条件和证据要求进一步明确，也是在提醒司法适用时注意被害人的私力救济必须有充分证据证实。如果发卡银行不能提供两次有效催收的证明，则不能认定其履行了催收的法定义务，从而不应对被告人定罪。《银行卡业务管理办法》第五十四条关于"持卡人的义务"第（三）项规定："持卡人或保证人通信地址、职业等发生变化，应当及时书面通知发卡银行。"持卡人对发卡银行所预留的通信地址和联系方式是发卡行催收送达的依据，如果持卡人变更通信方式但无法定理由未书面通知发卡银行，而导致催收无法有效送达持卡人时，只要银行已经按照之前的通信方式和地址履行了送达义务，则持卡人仅两次催收后超过3个月未还款的行为可以认定为"仍不归还"，而不能以通信地址变更作为抗辩理由。另外，根据《复函》之规定，催收可以送达持卡人家属，但需要强调的是，催收在能够送达持卡人时，必须送达持卡人，只有在无法联系持卡人时，才送达其家属或保证人。

理论界对于发卡银行两次催收后超过3个月内，持卡人未归还透支款，而由保证人代为归还的情形，是否应当认定为信用卡诈骗罪存在争议。有观点认为，在此种情况下，由于恶意透支的社会危害性已经因保证人的行为而消除，不应认定为信用卡诈骗罪；① 另一种观点则认为，拒不归还的处理原则是持卡人本人拒不归还，因此，发卡行直接向持卡人催收遭拒的，即可认定犯罪，因为持卡人拒不归还时，其非法占有目的就可推定，符合全部犯罪构成要件；至于其担保人为其归还了透支款，可以作为量刑情节考虑；发卡行直接向担保人催收的，担保人归还的，持卡人不成立犯罪；担保人拒不归还，但持卡人并不知情的，不构成犯罪，持卡人知情并拒不归还的，构成犯罪。② 张明楷教授赞同后一种观点。③ 本文认为，在发卡行催款后3个月内，持卡人未归还透支款，是恶意透支行为的客观要素，应当以客观标准作为认定的依据，无论是持卡人自己归还，还是保证人予以归还，均发生了归还透支款的实际结果，当然不能认定为恶意透支行为。至于保证人拒不归还而持卡人不知情的情况，本身与催收的法律效力有关，不能作为持卡人主观故意及目的的认定依据。

3. 恶意透支数额标准的认定

根据《09解释》之规定，恶意透支，数额在1万元以上不满10万元，应当认定为《刑法》第一百九十六条规定的"数额较大"，且该数额是指持卡人拒不

---

① 参见赵秉志主编：《疑难刑事问题司法对策》（第一集），吉林人民出版社1999年版，第125页。
② 梁华仁、郭亚：《信用卡诈骗罪若干问题研究》，载《政法论坛》2004年第1期，第133页。
③ 参见张明楷：《诈骗罪与金融诈骗罪研究》，清华大学出版社2006年6月版，第682页。

归还的数额或尚未归还的数额，不包括复利、滞纳金、手续费等发卡银行收取的费用。而且，恶意透支的犯罪数额是指全部透支金额，而非仅指超过限额部分。根据《复函》第一条规定："对于一人持有多张信用卡进行恶意透支，每张信用卡透支数额均未达到 1 万元的立案追诉标准的，原则上可以累计数额进行追诉。但考虑到一人办多张信用卡的情况复杂，如累计透支数额不大的，应分不同情况慎重处理。"对于多张信用卡进行恶意透支的，可以累计计算透支金额。

三、信用卡诈骗罪"非法占有目的"的认定

非法占有目的是信用卡诈骗罪成立的主观要素之一，也是司法实践中信用卡诈骗罪认定的重点疑难问题。信用卡诈骗犯罪"非法占有目的"的认定，是区分罪与非罪、此罪与彼罪的重要依据，需要通过分析行为人的客观的外在的表现和行为，并综合考虑行为人的主观心理因素，运用合理的司法推定规则进行判断。

（一）信用卡诈骗罪"非法占有目的"的含义

《刑法》第一百九十六条第一款未明文规定成立信用卡诈骗罪必须"以非法占有为目的"，在第二款对于恶意透支的解释中专门规定了"以非法占有为目的"。但该规定并不表示除了恶意透支型信用卡诈骗罪之外，其他行为方式的信用卡诈骗罪不需要"以非法占有为目的"。信用卡诈骗罪作为特殊的诈骗罪，和普通诈骗罪一样，均必须具备"非法占有目的"这一主观构成要件要素。[①] 因此，另外三种类型的信用卡诈骗罪虽然未在刑法条文中明确规定"非法占有目的"，但其成立仍然必须具备这一主观要素，属于不成文的目的犯。

信用卡诈骗罪的非法占有目的，是指行为人在利用信用卡骗取他人财物时，具有排除他人对财物的权利，并对他人财物进行支配处分的意思。基于信用卡诈骗罪是以信用卡作为媒介的特殊诈骗罪，其占有的对象不是信用卡，而是金融机构、商户或者合法持卡人的财物，因此，对于其非法占有目的的认定，必然要综合考虑普通诈骗罪非法占有目的的认定规则和信用卡诈骗行为的特性。

因为信用卡具有一定的身份属性，仅限于合法持卡人本人或持卡人授权的人使用，故使用伪造的信用卡或使用以虚假的身份证明骗领的信用卡，使用作废的信用卡，冒用他人信用卡骗取财物，其主观非法占有目的的认定相对较为容易。更确切地说，一般情况下，该三种行为方式和结果本身就反映了行为人非法占有的主观目的，除非行为人能够提出反证理由。司法实践中较难认定的是恶意透支型信用卡诈骗行为之非法占有目的。

[①] 刑法理论对于盗窃罪和诈骗罪等财产罪是否需要"非法占有目的"这一主观要素，存在"非法占有目的必要说"和"非法占有目的不要说"之争，本文赞同"非法占有目的必要说"。

(二)"恶意透支"型信用卡诈骗罪"非法占有目的"的认定规则

透支是贷记信用卡本身所具有的功能,信用卡制度允许并鼓励一定程度的透支,因此,仅从透支的客观行为来看,不能认定其刑事违法性。而且,理论界有观点认为,恶意透支行为具有一定的背信性质,应当与一般的信用卡诈骗行为相区别;① 还有观点认为,恶意透支行为的实质是滥用信用,破坏信用制度,与诈骗罪存在重要区别。②

本文暂且不讨论恶意透支行为入罪是否符合刑法谦抑性原则以及立法是否完善的问题。从刑法解释学的角度考量,区分善意透支与恶意透支,最根本的因素就在于非法占有目的的认定。而对于非法占有目的推定规则的审慎运用,有助于改善目前恶意透支型信用卡诈骗罪犯罪率畸高、入罪标准形式化的司法现状。在司法实践中,对恶意透支型信用卡诈骗犯罪"非法占有目的"的认定,必须在坚持主客观相一致的原则下,具体适用以下三个判断规则:

1. 行为时目的判断规则

即非法占有目的必须是行为人实施透支行为之时就具有非法占有目的,而不是指行为之前或者之后具有非法占有目的。行为与责任同时存在原则,是刑法的一项重要原则。犯罪目的是行为人主观上通过自己的行为希望达到的结果,目的与行为同时存在,目的的有无及具体内容,只能以行为时为基准判断。那么,行为人实施行为之后产生的心理意图,不能反映行为时的目的,故"事后目的"之说违背行为与责任同时存在原则,缺乏逻辑自洽性。如果行为人在透支时不具有非法占有目的,那么,其透支行为当然不属于"恶意透支"。

具体而言,行为人在申办信用卡之时或之后,即产生了通过信用卡非法占有他人财物的目的,且该意图延续至透支信用卡时,同时,该行为满足发卡行催款后3个月内,持卡人未归还透支款,数额较大的客观要件,那么,该行为可以认定为恶意透支型信用卡诈骗罪;如果行为人正当透支,之后因客观原因确实无法还款的,不应当认定为恶意透支,而应认定为民事欠款纠纷。

2. 准许反证规则

即准许被告人及其辩护人通过证据和事实对非法占有目的予以否定的规则。在很多案件中,行为人都不会认可自身具有非法占有目的,故认定非法占有目的,只能通过推定的方式。在这种情况下,行为人是否具有非法占有目的,并不是通过直接证据予以证明,而是通过基础事实与待证事实二者之间的联系,运用情理判断和逻辑推理得出结论。因为推定结论具有或然性,只有充分保障被告

---

① 参见冯涛:《恶意透支信用卡诈骗罪的认定及立法完善》,载《中国刑事法杂志》2004年第1期。
② 参见刘明祥:《用拾得的信用卡在ATM机上取款行为之定性》,载《清华法学》2007年第4期。

人、犯罪嫌疑人的反驳权，才能最大限度地避免司法错误的发生。① 因此，对于待证事实的判断，应当允许行为人提出反证加以推翻，而反证的证明程度不需要达到证据"确实、充分"的标准，只需要达到"合理怀疑"，以推翻原有的推定事实基础或推定方法为要求。

【案例】何某某、何某信用卡诈骗案②

福建省宁德市霞浦县人民法院审理霞浦县人民检察院指控原审被告人何某、何某某犯信用卡诈骗罪一案，于 2014 年 6 月 5 日作出（2014）霞刑初字第 102 号刑事判决。宣判后，原审被告人何某某不服，提出上诉。原判认为，被告人何某、何某某以非法占有为目的，恶意透支信用卡达人民币 47 903 元，数额较大，其行为均已构成信用卡诈骗罪。上诉人何某某上诉称：主观上并没有实施信用卡诈骗的共同故意，客观上没有实施信用卡诈骗的行为，其行为不构成信用卡诈骗罪。要求二审撤销原审判决，依法宣告上诉人无罪，并提出反证，证实上诉人何某某虽然将信用卡出借给何某，但在得知原审被告人何某有恶意透支行为后，即催促原审被告人何某还款，在催促未果的情况下到公安机关报案，同时对涉案的信用卡进行挂失，防止损失扩大。二审法院对以上事实予以认定，并认为何某某主观上不具有非法占有目的，客观上也没有与原审被告人何某共同实施恶意透支的行为，何某某诉辩意见有理，予以采纳，上诉人何某某的行为不符合信用卡诈骗罪构成要件，原判认定上诉人何某某行为构成信用卡诈骗罪依据不足，并改判上诉人何某某无罪。

在上述案件中，被告人何某某的反证对于法院认定何某某的出罪事由起到了关键作用。尽管被告人没有自证无罪的义务，但是，当被告人提出无罪的相反证据时，司法机关应当进行客观审查，并作出公正认定和判断。

3. 区分情形具体认定与综合判断相结合规则

即针对个案具体情况具体分析，根据全案证据和事实，综合判断行为人是否具有"非法占有为目的"。司法实践中个案千差万别，如果机械照搬司法解释规定，而不考虑个案中可能存在的特殊出罪情形，则可能作出错误的判断。

【案例】梁某权、梁某艺信用卡诈骗案③

广州市越秀区人民法院经审理查明：被告人梁某权、梁某艺二兄弟共同投资经营广州市两家企业。2013 年 4 月，两人商量后，以梁某艺的名义在中国光大银

---

① 参见刘伟：《恶意透支型信用卡诈骗罪非法占有目的司法认定的基本问题》，载《湖北社会科学》2011 年第 10 期。

② 参见福建省宁德市中级人民法院（2014）宁刑终字第 199 号刑事判决书，来源：中国裁判文书网，网址：http://wenshu.court.gov.cn/content/content? DocID = 12da5670 - f5f8 - 4de3 - acb9 - 066e34a15acd, 2018 年 5 月 6 日访问。

③ 最高人民法院刑事审判一至五庭主办：《刑事审判参考》总第 105 集第 1120 号案例，撰稿：黄莹、邓凯（广州市越秀区人民法院），审编：陆建红（最高人民法院刑四庭），法律出版社 2016 年 12 月出版。

行广州分行越秀支行办理一张信用卡。同年 5 月 17 日起，两人共同使用该信用卡进行透支消费且主要用于上述两家企业的经营。2014 年 8 月 18 日，二人最后一次持该卡透支消费 13 000 元人民币。同年 10 月 31 日，二人向该卡转账还款人民币 40 000 元（银行按照合约规定优先视为归还利息、滞纳金等发卡行所收取的费用），后未能继续归还欠款，二人逾期未还后，经银行多次电话催收、催收函催收、上门催收仍未归还。截至 2015 年 3 月 20 日，按照银行合约计算方法，仍有透支款本金 167 411.6 元及利息 9 542.38 元未归还。2015 年 3 月 23 日，银行报案。广州市越秀区人民法院认为，本案二被告人将透支款用于生产经营，因经营不善、市场风险等客观原因造成透支款无法偿还，主观上不具有"非法占有目的"，其行为不构成信用卡诈骗犯罪，只是一般的民事纠纷。广州市越秀区人民检察院随即书面申请撤回起诉，法院裁定准许撤回起诉。

以上案例中法院判决理由是适当的，且对其他类似案件具有指导意义，本案之后作为典型案例被收录入最高人民法院主办的《刑事审判参考》中。本案如果依据《刑法》第一百九十六条第 2 款规定和《09 解释》第六条规定仅进行形式审查，那么，司法机关极可能会依据"明知没有还款能力而大量透支，无法归还的"而得出有罪结论。尽管司法解释没有明确规定将"透支款用于生产经营"作为恶意透支型信用卡诈骗罪的出罪事由，但是，透支款项的用途很大程度上能体现行为人的主观目的，而且，参照 2010 年《最高人民法院关于审理非法集资刑事案件具体应用法律若干问题的解释》第四条第一款规定，可以得出，行为人将资金用于正常生产经营的，不应认定行为人具有"非法占有目的"。值得关注的是，在该案例宣判后，全国各级法院有若干案例均以透支资金用于合法经营，行为人到期不能归还资金主要是由于经营不善、市场风险等原因为由，认定行为人不具有"非法占有目的"，并判决行为人无罪。

（三）"恶意透支"型信用卡诈骗罪非法占有目的的具体认定

针对恶意透支型信用卡诈骗罪"非法占有目的"的具体认定依据，《09 解释》第六条第二款列举了六种情形："（一）明知没有还款能力而大量透支，无法归还的；（二）肆意挥霍透支的资金，无法归还的；（三）透支后逃匿、改变联系方式，逃避银行催收的；（四）抽逃、转移资金，隐匿财产，逃避还款的；（五）使用透支的资金进行违法犯罪活动的；（六）其他非法占有资金，拒不归还的行为。"理论界对以上六种情形能否直接推定行为人具有非法占有目的，提出了质疑和批评。有学者认为，"明知没有还款能力而大量透支，无法归还的""肆意挥霍透支的资金，无法归还的"是"事后价值倾向性"事由，不符合信用卡诈骗犯罪所要求的行为之初或行为之中就形成主观犯意——非法占有目的的立法本意，欠缺法律依据；"使用透支的资金进行违法犯罪活动的"是"事后证据主导性"事由,不具有普适性。① 笔者认为,以上评价具有合理性,在对行为人是否具有非法占有目的的司法推定过程中,不能仅凭行为人某种行为表象符合上述司法解释的某条情形规定而直接推导出行为人具有非法占有目的的结论。司法推定必须符合经验法则、社会常理,即已知事实与推定结论之间的关系能够为社会公众所认同。

1. 明知没有还款能力而大量透支,无法归还行为与"非法占有目的"的认定

该款规定包含了三个要素,即明知没有还款能力、大量透支和无法归还。其中"明知没有还款能力"是主观心理因素,"大量透支"是客观行为,"无法归还"是客观结果。而对于该款规定的行为与非法占有目的之间是否具有因果关系,则属于司法推定逻辑规则的适用与判断问题。

首先,"明知没有还款能力"是发生于透支行为之前或之时。"明知"是我国犯罪构成四要素理论中关于主观方面认知的一般要求,是行为认罪认罚对犯罪的认知程度。而本款的"明知"与一般罪状描述不同,这一"明知"仅限于对持卡人还款能力的认识。以信用卡透支时间为界,"明知"可发生在透支之前和透支之后,即持卡人清楚自己没有还款能力而透支和持卡人透支之后才清楚自己没有还款能力两类。对于持卡人使用信用卡透支前已经清楚自己没有还款能力,仍然进行大量透支,致使透支款项无法归还的情况,自然属于立法规定的"明知"。但是,在司法实践中,行为人常常以透支后才"明知"自己无还款能力为由进行抗辩。认定此类案件,可以从以下方面入手:其一,"明知"的时间一定发生在透支之前。从严格法条解释而言,该款中运用了连词"而"。"而"在本句中表示递进、顺承关系,即先有前者再有后者。从时间顺序上讲,就是"明知"在前,"透支"在后。故透支后才"明知"无还款能力的情形,不符合法条入罪情形。同时,按主客观相一致原则,"明知"的主观应引导"透支"的行为。还款能力是持卡人进行透支,即占有银行资金,正当与否的参照依据。恶意或正当的透支以持卡人对透支债务的偿还积极性为划分依据,如果持卡人清楚了解本身丧失偿债能力,而继续透支,则是对即将产生的债务的消极放任。但如果行为人在透支款项时本身具有偿债能力,透支后因客观原因丧失还款能力,不能认定为具有非法占有目的

其次,"大量透支"的认定以持卡人的收入、资产状况作为评价的参照物,且应当高于《09解释》中规定的"数额较大"的标准。"大量透支"的多与少应该是相对持卡人本人资产和未来收入状况而言,透支的本身是欠债,持卡人的债务偿还能力是判断透支是否大量的具体标准,偿债能力越强,"大量"的标准就高;反之,"大量"的标准就低。同时,具体而言,大量透支中"大量"的最

---

① 刘宪权、庄绪龙:《"恶意透支"型信用卡诈骗罪若干问题研究——兼评"两高"〈关于办理妨害信用卡管理刑事案件问题的解释〉之有关内容》,载《当代法学》2011年第1期。

低标准应当达到"数额较大"标准。

再次,"无法归还"的认定应当考虑无法归还的具体原因,即"明知"与"大量透支"与"无法归还"之间必须具备因果关系,而不能倒置因果关系,将"无法归还"作为认定"明知没有还款能力"的理由。信用卡透支行为是一种合法的民事行为,信用卡本身具有通过透支来刺激持卡人消费、缓解持卡人资金周转压力等功能和目的,银行在获得信用卡透支收益的同时,也应为此承担一定风险。而且,信用卡发卡行具有审查持卡人还款能力的义务,其有义务根据持卡人的经济能力来调整信用卡的额度。从这个角度而言,信用卡发卡行的发卡行为本身就是对持卡人还款能力的衡量和评估。同时,持卡人的还款能力本身不是一成不变的,有可能因为客观或主观原因发生变化。因此,不能以不能归还的结果来推导行为人"明知没有还款能力",也不能一概以此认定持卡人具有恶意,应当甄别其中因客观因素不能归还的情形。前者是不愿也不能还,后者是欲还而不能。如此,前者才是刑法所要规制的犯罪,而后者则仅是市场商业风险。刑法惩罚恶意透支行为的重点在于对主观"恶意"的惩处,关注行为人主观上的罪过。持卡人在正常透支后,确因其他正当事由,如国家行为、自然灾害、生意失败、意外事故等原因造成偿债不能,因为没有"恶意",属于主观意愿而因为客观原因造成其无法归还透支款,其行为主观上是具有还款的意愿,并不具备非法占有的故意,不属于"明知没有还款能力"。但如果行为人在已经负债累累、完全丧失偿债能力之后,仍然继续大额透支信用卡,且无归还意愿的,可认定为具有非法占有目的。

【案例】 肖某某、孙某某信用卡诈骗案①

宜宾市高县人民法院于二〇一四年十月十六日作出(2014)宜高刑初字第163号刑事判决,判决被告人孙某某、肖某某犯信用卡诈骗罪,并分别判处有期徒刑两年,以及有期徒刑一年六个月,缓刑两年。原判认为,被告人孙某某、肖某某在明知无偿还能力的情况下,决定以透支信用卡方式购买新车,共同以非法占有为目的,超过规定期限透支信用卡,数额较大,且经发卡银行两次催收后超过3个月仍不归还,其行为已构成信用卡诈骗罪。肖某某不服该判决,向宜宾市中级人民法院提出上诉。二审法院认为,二原审被告人向银行提供不实收入证明后,银行未尽审查义务,轻率发放零额度信用卡,二原审被告人通过汽车抵押担保获得银行信用透支额度金用于购车,以信用卡方式分期还款的行为,实质是抵押贷款行为,不属于以非法占有为目的的恶意透支行为。因此,二原审被告人的行为不构成犯罪,原判认定事实及适用法律错误,予以纠正,并判决上诉人(原

---

① 参见四川省宜宾市中级人民法院(2014)宜中刑二终字第169号刑事判决书,来源:中国裁判文书网,网址: http://wenshu.court.gov.cn/content/content? DocID = e042c488 - 5bf4 - 4d77 - bf81 - ec30b4deed3d, 2018年5月15日访问。

审被告人）肖某某、原审被告人孙某某无罪。

2. 肆意挥霍透支的资金，无法归还行为与"非法占有目的"的认定

《09解释》规定行为人"肆意挥霍透支的资金，无法归还的"，推定其有非法占有的目的。此处的"挥霍"本意是指将透支款用于吃喝娱乐、购买奢侈品等生活必需之外的高档消费。但如同前面论述一样，信用卡的本质属性是贷款消费，在授信额度内，发卡银行无权限制持卡人消费程度的高低。且某种程度来说，银行鼓励具备还款能力的持卡人高消费。如果因为持卡人高档消费后无力偿还透支款，而非难其消费行为，难免有客观归罪之嫌。所以，对于行为人将透支款项用于个人生活挥霍的，也应当结合是否具有相应的偿债能力和还款意愿等因素予以综合认定。如果行为人在没有偿还能力的情况下，还肆意挥霍透支的资金，原则上应认定行为人具有非法占有的目的。如果行为人原有的经济能力允许其进行所谓的"肆意挥霍"，但是由于客观原因导致行为人无法偿还透支钱款，行为人确有事实证明其不归还的原因不是主观上不想归还，而是由于其他客观因素导致无法返还或不能返还，则因其主观上不具有非法占有之目的，而不成立恶意透支。

3. 逃避催收归还透支款行为与"以非法占有为目的"的认定

关于"非法占有目的"与"催收不还"之间的关系问题，是认定非法占有目的的疑难问题。即，二者之间仅是文学上的同语反复，还是平行并列关系。表现在司法实践中，认定行为人构成恶意透支型信用卡诈骗，前者认定主要事实为"持卡人超过规定限额或者规定期限透支，并且经发卡银行二次催收后超过3个月仍不归还"或者"明知没有还款能力而大量透支，无法归还"等六种情形之一，二选一即可；还是后者以上条件必须兼而有之，缺一不可？就实践案发情况来看，此类案件启动刑事诉讼的原因，无一例外都是银行报案。银行在进行数次催收后，持卡人均有拒不偿还的行为特征，银行由此向公安机关举报。但现实中，"催收不还"这类原因多种多样。并非所有"催收不还"均是由"非法占有目的"所指引，如对借贷合同提出质疑，事后丧失还款能力等。如果行为人具有非法占有目的是充分条件，会必然导致不返还透支款项的结果。但未归还透支款项的事实不是非法占有目的的必要条件，所以并不一定得出行为人具有非法占有目的的结论，不排除未返还款项是基于非法占有目的以外的其他原因造成。

对于上述疑惑，有观点认为，司法机关认定的事实必须同时具备行为人具有"催收不还行为"及"非法占有目的"两项要件，才能认定为"恶意透支"。① 有学者认为："就恶意透支型信用卡诈骗罪而言，'以非法占有为目的'是其主观要件，'超过规定限额或者规定期限透支，并且经过发卡行催收仍不归还，且数额较大'是其客观要件，在证明行为人构成犯罪时，这两个要件必须同时具

---

① 参见樊辅东：《恶意透支型信用卡诈骗罪中"催收"问题研究》，载《河北法学》2012年3月第3期。

备。如果将证明行为人客观要件的事实同时又将其作为证明主观故意的证据，则实质上取消了刑法对该犯罪主观要件上的要求，使恶意透支型的信用卡诈骗罪从故意型犯罪演变成严格责任型的犯罪。也就是说，只要证明行为人'超过规定限额或者规定期限透支，并且经过发卡行催收仍不归还，且数额较大'这一行为的存在，就可以认定行为人属于恶意透支，从而构成信用卡诈骗罪。这样认定无疑背离了主客观相统一的原则，滑向了'客观归罪'的边缘。"[1] 也有学者认为，"催收不还"并非信用卡诈骗罪的必要要件。"刑法之所以规定这一条件，主要是为了认定持卡人非法占有的目的，因为这种类型的信用卡诈骗罪认定非法占有的目的比较困难，为了正确区分罪与非罪，必须辅以这一条件。但是，在持卡人巨额透支后携款潜逃的或者透支数额特别巨大，明显超过其实际支付能力的情况下，行为人非法占有的目的已经十分明确，银行一经发现即可报案，司法机关一经确认即可对行为人进行定罪处罚。反之，如果还必须经过银行催收，这时候行为人可能已经无影无踪或者没有支付能力，这就会很不利于打击这种严重危害信用卡管理秩序和银行的财产权利的犯罪。例如，有些不法分子在申领信用卡后，四处流窜作案，其透支的数额巨大甚至特别巨大，明显超出其还款能力，非法占有和诈骗财物的故意十分明显，如果这种行为也要求'经银行催收不还'，罪犯可能早已远走高飞或者转移了财产。"[2]

分析《09 解释》第六条第一款可知，条文中使用了"并且"，可见立法的本意是支持认定恶意透支"并且"前后两个要件同时成立。换言之，如果持卡人仅是对银行催收置之不顾，无非法占有之主观目的，则是善意透支，而非恶意透支；相反，若持卡人虽具有非法占有之目的，但因银行的催收产生动摇，在两次催收后的 3 个月内如约履行还款义务，或者银行根本就没有进行过有效催收，则对行为人同样不应认定为恶意透支。对于持第二种观点的学者的担忧，不无道理。但就市场经济而言，作为市场主体的银行，有着自然人无法比拟的优势，无论是从信息获得、信用评估、风险防控等各方面均能有效避免出现学者担心的犯罪形式。试想，银行有多大可能为一名没有固定工作、固定住房、朋友家人以及信用等级低的自然人发放数额巨大甚至特别巨大的消费贷款。

相比其他几类信用卡诈骗犯罪的形式，恶意透支型信用卡诈骗罪的社会危害性更小，罪与非罪的界限更加模糊。透支功能是信用卡的使用价值之一，持卡人消费透支是根据其与银行之间达成的信贷协议进行。按约使用信用卡消费的行为，本身具有民事消费属性，是因为出现"借钱不还"的民事违约结果，才导致对前刷卡消费行为合法性的审查。换言之，没有特定结果的出现，是不会对行为刷卡时的恶意与善意进行审查，哪怕行为人严重违约。信用卡持有人的信息和

---

[1] 张红梅：《恶意透支信用卡的定性分析》，载《人民法院报》2008 年 7 月 9 日第 6 版。
[2] 柯葛壮：《论信用卡恶意透支犯罪》，载《政治与法律》1999 年第 1 期。

授信额度均被银行所掌握，为规避自身风险对持卡人"不当"刷卡进行约束和限制，发卡银行不用借助公权力也能做到。故恶意透支型信用卡诈骗罪的主观恶意性和社会危害性比普通信用卡诈骗行为小，设置更加严格入罪门槛，也就理所当然。因此，笔者认为，"非法占有目的"与"催收不还"两个要件之间是并列关系。认定行为人恶意透支，必须包括《解释》列举的六种情形之一，同时还必须要有"催收不还"的事实。仅凭"非法占有目的"六种情形之一或者"催收不还"单一事实而认定行为人的刷卡行为是恶意透支，短时间有保护银行权益，维护金融稳定的功效，但长期而言必将波及正常的信用消费，不利于健康金融市场形成。《09解释》规定认定为"以非法占有为目的"情形中，第（三）项"透支后逃匿、改变联系方式，逃避银行催收的"和第（四）项"抽逃、转移资金，隐匿财产，逃避还款的"，均属于通过对行为人透支后逃避催收或逃避归还透支款的行为，来推定其具有"非法占有目的"。

（1）"透支后逃匿、改变联系方式，逃避银行催收的"之认定

对于"透支后逃匿、改变联系方式，逃避银行催收的"之司法认定，首先应当明确"逃匿、改变联系方式"与"逃避银行催收"以及逃避银行还款之间的因果关系，即行为人逃匿、改变联系方式的目的就是为了逃避银行催收，并最终逃避银行还款。如行为人提出"反证"，确因其他理由而逃匿、改变联系方式，而导致银行无法实现催收的，依法不应认定行为人具有"非法占有目的"，从而不能认定行为人构成"恶意透支"型信用卡诈骗罪。

【案例】陈某某涉嫌合同诈骗罪、非法吸收公众存款罪、信用卡诈骗罪案[①]

公诉机关共指控陈某某涉嫌三项罪名，针对信用卡被告人陈某某于2010年3月，在中国农业银行股份有限公司东海县支行申办一张授信额度为人民币20 000元信用卡。2014年4月25日，被告人陈某某明知没有还款能力，恶意透支人民币19 095.84元，并于同年5月16日逃匿。2014年12月15日，陈某某亲属偿还了全部透支款息。法院经审理认为，被告人陈某某在透支涉案信用卡缴纳电费后，因其他债务问题而逃匿，后投案被羁押，案发后其家人及时归还了涉案信用卡欠款，不宜认定为犯罪，故对公诉机关指控被告人陈某某的信用卡诈骗罪，本院不予认定，对被告人陈某某及其辩护人的相关辩解、辩护意见予以采纳。

其次，应当正确把握"逃避催收"与"经发卡行催收后仍不归还"之间的关系。

《刑法》第196条对"恶意透支"的构成要件中，明确提出了"经发卡行催收后仍不归还"的限制性条件，《解释》第6条更具体规定"经发卡银行两次催

[①] 参见江苏省东海县人民法院（2015）连东刑初字第310号刑事判决书，来源：中国裁判文书网，网址：http://wenshu.court.gov.cn/content/content? DocID = 8003f796 - bf03 - 4dbb - 8a97 - bb73eba37957，2018年5月5日访问。

收后超过 3 个月仍不归还"这一限制性条件。那么,如因行为人"逃匿、改变联系方式"逃避催收,而导致发卡行无法实现催收,还能否认定"经发卡行催收后仍不归还",并进一步认定行为人是否属于"恶意透支"?

如前所述,《复函》中对于发卡行催收的时间、形式和证据均提出了明确要求,正是为了严格限定发卡行履行催收义务,来准确认定行为人"经发卡行催收后仍不归还"这一事实;并通过对发卡行履行催收义务的限定,适当提高入罪门槛。即对于行为人"逃匿、改变联系方式,逃避银行催收"的情形,如要认定为恶意透支,还必须同时满足发卡行依法履行催收义务,且催收后行为人未归还款项两个条件。如发卡行未依法履行催收义务,则不符合"经发卡行催收后仍不归还"的法定条件;如行为人出于搬迁等客观原因,导致没有收到发卡银行账单、催收文书,则不能证明行为具有非法占有目的。故在该两种情况下,行为人可以以未收到催收通知作为无罪的抗辩理由。

【案例】 路某某信用卡诈骗案①

一审法院龙岩市新罗区人民法院判决认定,被告人路某某在中国工商银行龙岩分行办理 4 张信用卡,透支该 4 张信用卡后,被告人路某某逃匿并改变联系方式逃避银行催收。路某某以非法占有为目的,恶意透支该 4 张信用卡,共计人民币 73 255.23 元,数额较大,其行为已构成信用卡诈骗罪,判处其有期徒刑 2 年,并处罚金人民币 2 万元。二审法院查明,除其中一张信用卡工商银行提供证据证明向上诉人催收过两次之外,并无证据证明工商银行针对其他三张信用卡向上诉人催收过两次,故原判认定的另 3 起犯罪事实不能成立,不予认定。故撤销原一审判决,改判路某某有期徒刑一年三个月,并处罚金人民币 2 万元。

以上判决之所以改判,即因为发卡行未提供充分证据证明其依法履行了催收义务,虽然行为人存在"逃匿、改变联系方式,逃避银行催收"的情形,但不符合"经发卡银行催收仍不归还"的法定构成要件,故该三张信用卡透支行为不构成信用卡诈骗罪。

但是,在行为人为逃避催收,故意"逃匿、改变联系方式",而导致发卡行无法实现催收的情况下,如发卡行能够提供其已经严格按照《复函》规定履行催收义务的证据,则应当认定行为人具有非法占有为目的,且"经发卡行催收后仍不归还"。理由在于:其一,从文义上理解,"经发卡行催收后仍不归还"之含义本身并不包括催收意思表示必须到达行为人本人这一条件,《复函》对于发

---

① 参见福建省龙岩市中级人民法院(2015)岩刑终字第 188 号刑事判决书,来源:中国裁判文书网,网址:http://wenshu.court.gov.cn/content/content?DocID=780bc966-8682-46e0-af22-35b1073-a8d98&KeyWord=%E4%BF%A1%E7%94%A8%E5%8D%A1%E8%AF%88%E9%AA%97%E7%BD%AA1%E6%8A%BD%E9%80%83%E3%80%81%E8%BD%AC%E7%A7%BB%E8%B5%84%E9%87%91%EF%BC%8C%E9%9A%90%E5%8C%BF%E8%B4%A2%E4%BA%A7%EF%BC%8C%E9%80%83%E9%81%BF%E8%BF%98%E6%AC%AC%E5%BE%E8%BF%98%E6%AC%BE,2017 年 10 月 17 日访问。

卡行催收义务之限定也未包含该条件，《复函》之规定与《刑法》第 196 条和《解释》第 6 条规定中"经发卡行催收后仍不归还"并不矛盾冲突，且系刑法和《解释》规定之具体解释。其二，从合同义务的范围看，根据《银行卡业务管理办法》第五十四条的规定，持卡人应当向发卡银行提供真实的申请资料，并在通信地址、职业等发生变化时应及时书面通知发卡银行。持卡人单方变更通信地址后，发卡银行只要严格履行了催收义务，催收不能的法律后果就应当由持卡人承担。行为人在透支后，明知银行会催收还款，为逃避催收，故意"逃匿、改变联系方式"，即表明其已经具有"不归还"款项的意思表示，且主动放弃了收到发卡行催收后还款的权利。在此情况下，应当认定为行为人具有非法占有目的，且"经发卡行催收后仍不归还"，并进一步认定行为人构成恶意透支型信用卡诈骗罪。

（2）"抽逃、转移资金，隐匿财产，逃避还款的"之认定

在司法实践中，要通过行为人"抽逃、转移资金，隐匿财产，逃避还款的"行为，来认定行为人具有"非法占有目的"，同样需要准确把握"抽逃、转移资金，隐匿财产"之行为与"逃避还款"之间的因果关系，即行为人实施抽逃、转移资金、隐匿财产的行为是为了逃避还款，而不是基于其他正当理由。如行为人在实施透支行为之前，就已经与他人达成财产转移的约定，且该约定与透支行为无关联，在透支后，行为人基于约定转移财产的，依法不能认定属于"抽逃、转移资金，隐匿财产，逃避还款的"行为，从而不能认定具有非法占有目的。

同时，行为人在使用信用卡过程中发生财产变动属于较为常见的生活情形，为防止定罪和处罚范围过宽，应当依据"行为时目的判断规则"，结合案件证据和事实，通过行为人透支时和透支后的一系列行为表现，谨慎认定行为人是否具有非法占有目的。如行为人在透支信用卡后的财产变动情况并非基于真实的客观原因，而是逃避还款、实现非法占有目的之手段或方式，则其行为应当认定为"抽逃、转移资金，隐匿财产"，并进一步认定具有非法占有目的。但如果行为人能"反证"其在透支时并不具有非法占有目的，之后的财产变动行为并不是为了逃避还款，而是基于真实的客观事由，则依法不应根据该行为认定其具有非法占有目的。在已有司法判例中，鲜少有仅因为行为人透支后具有"抽逃、转移资金，隐匿财产"之行为，就直接认定其透支时具有非法占有目的的案例。原因就在于，如果不综合考虑个案中行为人透支信用卡时和透支后的具体情况，而仅根据透支后的财产变更行为来推定行为人透支时的目的，可能会陷入"事后目的"推定之陷阱，从而违背主客观相统一原则。

4. 使用透支的资金进行违法犯罪活动与"非法占有目的"的认定

笔者认为，使用透支的资金进行违法犯罪活动并不能直接推定出行为人具有非法占有目的。根据行为时目的判断规则，应当结合行为人利用透支资金进行违法犯罪活动的目的产生的具体时间对行为人未归还投资款项的行为进行综合评

判。如果行为人在透支时即产生使用透支的资金进行违法犯罪活动的动机和目的，但在透支后在还款期内归还透支款项的，显然不能对其行为认定为信用卡诈骗罪，而只能对其利用透支款项所实施的违法犯罪行为进行处罚。如果行为人在透支时即具有使用透支的资金进行违法犯罪活动的动机和目的，并产生不予归还的心理状态，且透支后满足银行两次催收后超过3个月内未归还的客观要件，其行为应认定为信用卡诈骗罪，并对其使用透支资金进行的违法犯罪活动另行评价，构成犯罪的，与信用卡诈骗罪数罪并罚。如果行为人透支时并不具有使用透支的资金进行违法犯罪活动的意图，而是在透支后才产生该意图，那么，该意图显然是在新的心理状态或主观故意支配下实施，透支行为与使用资金进行违法犯罪活动之间并不具有直接因果关系，也不具有牵连关系，故不能认定行为人对透支款项具有非法占有目的，对于其使用透支的资金进行违法犯罪活动的行为只能单独评价，而不能与透支行为合并评价。

【案例】付某某信用卡诈骗案①

原审判决认定：2013年7月以来，被告人付某某明知没有还款能力而大量透支信用卡资金611 006.42元，被告人付某某使用虚假资料申请办理信用卡，透支信用卡资金进行地下六合彩赌博的违法活动，应当依法认定被告人付某某具有"非法占有为目的"的故意，且超过规定期限透支，经发卡银行催收后仍不归还，被告人付某某的透支信用卡行为属于恶意透支信用卡，且数额巨大，已构成信用卡诈骗罪。被告人付某某不服，提出上诉。其主要上诉理由是：不是非法占有，信用卡内资金系被骗走导致不能归还，原审法院没有查明上诉人为什么不能还款的原因，应不构成信用卡诈骗罪。二审法院认为，上诉人付某某向银行申领两张信用卡时，均使用了虚假的财产证明资料，领取信用卡后，恶意透支，将卡内资金用于购房、装修及购买六合彩，肆意挥霍，用于违法活动，透支款到期后，经发卡银行两次催收后超过3个月仍不归还数额达60余万元，符合法律规定的"恶意透支"构成信用卡诈骗罪，上诉人付某某从事购买六合彩赌博的违法活动过程中资金被骗，不属法律保护的合法权益，故上诉人付某某以其信用卡内资金系被骗走导致不能归还，不构成信用卡诈骗罪的理由不能成立，不予支持。最终驳回上诉，维持原判。

在上述案例中，法院对于付某某利用透支资金进行六合彩赌博活动的行为并未单独评价，而是结合了行为人使用虚假财产证明材料办理信用卡、肆意挥霍等行为以及当时的归还能力进行综合评价。由此可见，在司法实践中，法院对于行为人利用透支款项进行违法犯罪活动的评价，仍然考虑了其他诸多因素，分析行

---

① 参见娄底市中级人民法院（2017）湘13刑终29号刑事裁定书，来源：中国裁判文书网，网址：http://wenshu.court.gov.cn/content/content? DocID=ec231fff-4921-4c33-b708-a77d00af1944，2015年5月15日访问。

为人透支款项与进行违法犯罪活动以及最终未能还款之间是否具有因果关系，以最终认定行为人是否具有非法占有目的。

5. 其他非法占有资金，拒不归还的行为与"非法占有目的"的认定

《09 解释》第 6 条第 2 款第（六）项关于"其他非法占有资金，拒不归还的行为"的规定，属于概括性兜底条款，这里的"非法占有资金"本身已经包含了"非法占有目的"的评价，而且，在司法实践中，只要是透支信用卡且在催收后未归还的行为均可套用该兜底条款，从而导致该条款被扩大适用，造成"后果归罪"。"非法占有目的"的列举方式并非是"唯后果论"，还是应当对未还款客观原因进行实质审查，如果确有证据证明行为人系由于某种客观原因不能归还款项，并非有归还能力而拒不归还，从而不具有非法占有目的的，可以通过民事途径解决，不应以犯罪论处。

【案例】谢某某信用卡诈骗案[①]

谢某某涉嫌信用卡诈骗罪等罪名一案，一审法院认定公诉机关指控谢某某犯信用卡诈骗罪的事实不清，证据不充分，罪名不成立，不予支持。检察院抗诉称：谢某某在完全有还款能力的情况下，明知银行多次对其催收欠款而拒绝归还，其非法占有透支款的主观故意明确，足以认定其非法占有的目的，且其客观上有"恶意透支"的行为，应适用《09 解释》第 6 条第 2 款第（六）项的兜底规定，认定其构成信用卡诈骗罪。二审法院认为，谢某某具有一定的经济能力，不属于"明知没有还款能力而大量透支"的情形。在透支业务发生后，有陆续还款，且一直使用其在银行预留的联系电话，在接到银行方面催收的通知后，并未消极躲避或明确拒绝还款，现有证据不足以证明其在透支后有逃匿、改变联系方式的行为或有逃避银行催收的迹象。现有证据也不足以证实谢某某有肆意挥霍透支资金的行为，也无法证实其有抽逃、转移资金，隐匿财产，逃避还款的行为或使用透支的资金进行违法犯罪活动等情形。针对检察院的抗诉理由，法院认为，在透支后的前期，谢某某有积极履行还款义务，没有拒绝归还透支款的倾向；在出现逾期未能还款情形时，谢某某仍积极应对，竭尽所能筹集资金付还银行，没有拒不归还的迹象。谢某某关于未能还款存在客观原因的供述得到侧面印证，具有可信性，现有证据不足以证明谢锐斌有还款能力而拒绝归还透支款项，其行为不属于"非法占有资金，拒不归还的行为"。从而裁定驳回抗诉，维持原判。

在以上案件中，二审法院对谢某某的行为进行充分审查，阐述理由充分，认定其行为不属于《09 解释》第 6 条第 2 款前五项规定的情形，也不属于第（六）项兜底条款规定的情形，并采信了无罪证据，适用"存疑时有利于被告"的证

[①] 参见潮州市中级人民法院（2016）粤 51 刑终 143 号刑事裁定书，来源：中国裁判文书网，网址：http://wenshu.court.gov.cn/content/content? DocID = 7b5c69fa – d6fa – 49fc – bb43 – a74c008e0379，2018 年 5 月 20 日访问。

据规则，最终作出了无罪判决。

四、几种利用信用卡特殊侵财行为的定性

针对持卡人在 ATM 机上使用信用卡恶意取款行为定性、利用信用卡绑定的网络支付平台侵财行为定性以及行为人以骗取、抢夺或抢劫等非法手段获取他人信用卡并使用行为的定性问题，理论界存在较大争议，且在一定程度上影响司法实践，下面结合相关案例对以上问题进行分析。

（一）持卡人在 ATM 机上使用信用卡恶意取款行为的定性

传统的信用卡使用行为主要为在金融机构柜台取款，针对在 ATM 机上使用信用卡恶意取款的行为，首先应当区分取款人主体是持卡人还是通过非法手段取得信用卡的人，本部分仅研究持卡人的恶意取款行为定性，包括使用伪造的信用卡、以虚假身份证明骗领的信用卡、作废的信用卡或者冒用他人信用卡在 ATM 机上取款、在 ATM 机上恶意透支等恶意取款行为的定性问题。对此问题，理论界存在明显分歧，而其中张明楷教授和刘明祥教授之间的争论尤为激烈和深刻。张明楷教授在其《诈骗罪与金融诈骗罪研究》一书中，提出"机器是不能被骗的，机器不可能陷入认识错误"的理由，[①] 主张在 ATM 机上恶意取款的行为应当定性为盗窃罪。刘明祥教授在 2007 年第 4 期《清华法学》中发表《用拾得的信用卡在 ATM 机上取款行为之定性》一文，认为"机器本身不能受骗，但由于机器是按人的意志来行事的，机器背后的人可能受骗"，从而主张在 ATM 机上恶意取款的行为构成信用卡诈骗罪。[②] 之后，张明楷教授为反驳刘明祥教授观点，发表《也论用拾得的信用卡在 ATM 机上取款的行为定性——与刘明祥教授商榷》一文；[③] 刘明祥教授作为回应，又再次发表《再论用拾得的信用卡在 ATM 机上取款的行为定性——与张明楷教授商榷》。[④] 在以上三篇论文中，两位学者分别引用了德国、日本、韩国等国家对使用计算机诈骗罪的相关规定和法理来论证各自观点的正确性。张明楷教授认为，德国、日本和韩国等国增设使用计算机诈骗罪，是因为盗窃罪对象仅限于有体物，不包括财产性利益；使用计算机诈骗罪是以机器不能被骗为前提，与普通诈骗罪所规定的构成要件存在重大区别。刘明祥教授认为，信用卡可以在 ATM 机上使用，信用卡诈骗活动就完全可能是利用计

---

① 参见张明楷：《诈骗罪与金融诈骗罪研究》，清华大学出版社 2006 年 6 月版，第 645 页，第 661-662 页，第 689 页，第 710 页等。
② 参见刘明祥：《用拾得的信用卡在 ATM 机上取款行为之定性》，载《清华法学》2007 年第 4 期。
③ 参见张明楷：《也论用拾得的信用卡在 ATM 机上取款的行为定性——与刘明祥教授商榷》，载《清华法学》2008 年第 4 期。
④ 参见刘明祥：《再论用拾得的信用卡在 ATM 机上取款的行为定性——与张明楷教授商榷》，载《清华法学》2009 年第 1 期。

算机来进行诈骗，利用计算机诈骗具有不同于普通诈骗的特殊性，即不要求有自然人直接受骗和自然人直接交付财物的环节，机器不能被骗并不妨碍计算机诈骗罪的成立，同样利用信用卡在 ATM 机上取款也就能够构成信用卡诈骗罪。

笔者赞同刘明祥教授的观点，同时认为，将我国刑法中的信用卡诈骗罪与德国、日本、韩国等国刑法增设使用计算机诈骗罪进行比较解释虽然具有理论研究价值，但是，毕竟我国刑法中盗窃罪、诈骗罪的犯罪构成要件与德日刑法相关规定存在差异，德日刑法中对使用计算机诈骗罪的规定与我国刑法关于信用卡诈骗罪的规定及立法体例不同，对于使用信用卡在 ATM 机上恶意取款行为应当定性为盗窃罪还是信用卡诈骗罪，还是应当回到我国刑法体系中进行解释。首先，从文义解释的角度来看，信用卡诈骗罪中的"使用""冒用""透支"行为均没有对使用的场所和环境进行限定，张明楷教授以机器不可能被骗主张对以上行为进行限制解释，将 ATM 机这一使用场所排除在外，缺乏合理和充分的理由。其次，关于 ATM 机能否被骗这一核心问题，本文认为，刘宪权教授、李舒俊博士生关于 ATM 机属于"机器人"的解释具有一定创新性和合理性，能够解决"机器不能被骗"的质疑。[①] ATM 机本身不具有人体意识，但其作为人工智能成果，由金融机构事先设定了识别和取款程序，具有"拟人化"的辨别方式，只是相对于人而言，其识别和操作更简单和机械化，而不具备灵活性，从而在安全系统上存在更多漏洞，但并不表示 ATM 机不可能被骗。ATM 机和柜台营业员都是金融机构设置的取款媒介，持卡人使用伪造的信用卡、以虚假身份证明骗领的信用卡、作废的信用卡或者冒用他人信用卡在 ATM 机上取款，以及在 ATM 机上恶意透支的行为与在柜台上通过营业员取款或恶意透支没有任何区别，行为人使用虚构事实、隐瞒真相的方式获取款项并不因为对方是 ATM 机或者人而有所变化，在这一点上，刘明祥教授所提出的 ATM 机是"电子营业员"的观点与刘宪权教授的"机器人说"有异曲同工之妙。而实际上，人类营业员与 ATM 机的区别在于，是否能够准确识别出行为人的欺骗行为而交付款项，在此情况下，营业员与 ATM 机同样面临被骗的风险，只是风险高低有所不同。因此，笔者认为，从 ATM 机与人类营业员的性质、地位和作用来看，在 ATM 机上使用信用卡恶意取款行为不应与在柜台取款或在第三方或特约商户消费行为相区分。再次，从立法目的来看，信用卡诈骗罪属于典型的行政犯，侵犯的是信用卡管理制度和公私财产所有权，使用信用卡在 ATM 机取款属于信用卡管理制度的一部分，这是其不同于普通诈骗罪、更不同于盗窃罪的重要特征。将在 ATM 机上使用信用卡取款行为与在柜台取款分别定性，无疑是对这一罪名立法设置的人为割裂，有悖于立法目的。最后，从量刑的角度来分析，根据张明楷教授的"盗窃罪说"，对于既在

[①] 参见刘宪权、李舒俊：《网络移动支付环境下信用卡诈骗罪定性研究》，载《现代法学》2017 年 11 月第 39 卷第 6 期。

ATM 机上取款又在柜台上取款的复合行为，只能分别适用盗窃罪和信用卡诈骗罪，数罪并罚，这样极可能出现最终量刑过重的结果，不符合罪刑相适应的基本原则。

从司法实践来看，相关司法解释也未将在 ATM 机上使用信用卡与在柜台上使用信用卡之行为进行分别定性处理。2008 年《最高人民检察院关于拾得他人信用卡并在自动柜员机（ATM 机）上使用的行为如何定性问题的批复》明确指出，拾得他人信用卡并在自动柜员机上使用的行为属于《刑法》第一百九十六条第一款第（三）项规定的"冒用他人信用卡"的情形，构成犯罪的，以信用卡诈骗罪追究刑事责任。2009 年《最高人民法院、最高人民检察院关于办理妨害信用卡管理刑事案件具体应用法律若干问题的解释》第五条规定，"拾得他人信用卡并使用的"属于"冒用他人信用卡"的信用卡诈骗行为。以上司法解释尽管是专门针对拾得信用卡并使用行为的定性规定，但是，从中可以得出司法机关对于 ATM 机上恶意使用信用卡取款行为适用信用卡诈骗罪刑法规定的结论。同时，大量的司法案例也普遍适用了信用卡诈骗罪刑法规定进行判决，并未刻意区分取款行为是在 ATM 机上还是柜台上从而进行分别定性。

2006 年发生的许霆 ATM 机恶意取款案引发了全国范围的讨论，学者们站在不同的视角和立场对许霆行为的定性发表了不同的见解。其中，认为许霆有罪的观点主要集中在盗窃罪、诈骗罪、侵占罪及信用卡诈骗罪等罪名上，部分学者针对 ATM 机能否成为诈骗对象进行了分析和研究，并对于 ATM 机是否属于金融机构进行了讨论。许霆系使用自己真实、合法、有效的信用卡在 ATM 机上取款，且其信用卡属于不具备透支功能的储蓄卡，其取款不存在虚构事实、隐瞒真相的欺骗行为，故不构成诈骗罪或信用卡诈骗罪；ATM 机中吐出的超出许霆取款金额的现金并不属于许霆代为保管物、遗忘物或埋藏物，故许霆也不构成侵占罪。支持许霆案应当以盗窃罪定性的大部分学者均认为，ATM 机能否被骗不是许霆案定性的关键，许霆的行为符合盗窃罪秘密窃取财物的特征，且 ATM 机应当属于金融机构的一部分，故许霆应当以盗窃金融机构定罪处罚，而许霆案的判决结果和理由也与上述观点完全相符。因此，从以上学术研究和司法实践结论来看，利用信用卡在 ATM 机上取款非法获取公私财物的行为定性并不取决于取款的对象，而在于行为人之行为方式和主观意志。

值得注意的是，对于利用他人遗忘在 ATM 机上的信用卡进行取款的行为定性，司法实践中存在一定分歧。下面从一起案例的一审判决和二审判决结果和理由进行分析。

【案例】 徐某盗窃案①

2016 年 5 月 9 日，袁某使用其丈夫余某的银行卡在重庆市璧山区建设银行 ATM 机取款，取款后忘记将银行卡取走。徐某发现已经输入银行卡密码后进入操作界面的状态，三次从账户中取款共计 5 000 元。随后，徐某将该卡取走并丢弃。5 月 12 日，徐某被当地公安局抓获，如实供述了犯罪事实。5 月 13 日，重庆市璧山区公安局从徐某处扣押了现金 4 600 元并发还给了余某。同日，徐某将剩余 400 元返还给了余某。重庆市璧山区人民法院经审理认为，被告人徐某利用他人遗忘在 ATM 机中的银行卡，取走现金，且犯罪所得数额较大，其行为已构成信用卡诈骗罪。一审宣判后，徐某未提出上诉，重庆市璧山区人民检察院提出抗诉。重庆市璧山区人民检察院抗诉书、重庆市人民检察院第一分院支持抗诉意见书提出，原审被告人徐某以非法占有为目的，在被害人袁某已输入银行卡密码、进入操作界面的情况下，盗取该银行卡上现金 5 000 元，其行为符合盗窃罪的构成要件。重庆市第一中级人民法院经审理认为，徐某在 ATM 机上通过他人已经输入密码的银行卡取款，主观上系非法占有的故意，客观上实施了秘密窃取的行为，其行为已构成盗窃罪，应以盗窃罪定罪量刑，检察院的抗诉意见成立。

在以上案例中，一审法院和二审法院明显对徐某行为应当定性为盗窃罪还是信用卡诈骗罪存在分歧。这一分歧的产生并非是基于对"机器是否可能被骗"这一认识，而是基于徐某行为是否属于"拾得他人信用卡并使用"这一判断，进一步而言，是基于徐某行为是否属于"冒用他人信用卡的行为"之判断。笔者认为，二审法院将徐某行为改判为盗窃罪更为合法合理。理由在于：第一，本案中，在徐某取款之前，被害人先前已经使用了真实、有效的银行卡并输入正确的密码，ATM 机对该银行卡所有权人的身份识别无误后处在操作状态下，在身份识别完成后，徐某不存在虚构事实、隐瞒真相冒用余某身份取款的前提条件，不应认定为"拾得他人信用卡并使用的"的情形，依法不构成信用卡诈骗罪。第二，被害人在进行身份识别和取款操作后，该银行卡内的钱物已由原来的银行管理完全转移至被害人自己的控制之下。徐某在被害人未退出银行卡的情况下输入取款金额取走他人卡内现金，符合盗窃罪秘密窃取他人财物的构成要件。综上所述，对于使用 ATM 机取款方式侵财行为的定性，并不取决于取款环境是 ATM 机还是柜台人工操作，而在于行为人之客观行为是否符合"冒用"他人信用卡的情形，如符合，则以信用卡诈骗罪定罪；不符合，则以盗窃罪等其他罪名定性。

---

① 参见重庆市第一中级人民法院（2017）渝 01 刑终 547 号刑事判决书，来源：中国裁判文书网，网址：http://wenshu.court.gov.cn/content/content? DocID = b0b1f90b - 652e - 490b - b81f - a82e01162b85，2018 年 5 月 5 日访问。

（二）利用他人网络支付平台账户侵财行为的定性

由于网络科技和手机 App 的普及发展，人们对支付宝、微信等第三方支付平台的使用日益普遍，这些支付平台通过将个人支付账户与信用卡账户绑定的方式付款，付款方式十分便捷。近两年利用他人网络支付平台账户非法获取财物的犯罪行为尤为猖獗。根据《09 解释》第五条第二款规定，"窃取、收买、骗取或者以其他非法方式获取他人信用卡信息资料，并通过互联网、通信终端等使用的"行为，应当认定为"冒用他人信用卡"型的信用卡诈骗罪。但是，对于利用他人网络支付平台账户侵财的行为，是否一律适用上述司法解释规定，认定为信用卡诈骗罪，存在较大争议。尤其在司法实践中，分别出现了盗窃罪、诈骗罪和信用卡诈骗罪三种不同的判决结果。理论界则相应地分别形成了以盗窃罪和信用卡诈骗罪定性两种分歧意见。而这种分歧的产生，主要还是围绕网络支付平台是否产生认识错误、是否具备财产处分意识这一核心问题。有学者认为，在行为人冒用他人网络移动账户侵财的案件中，实际存在"受骗人"，即"机器人"，也即网络移动支付软件，网络移动支付环境下的大多数侵财行为本质上属于冒用信用卡行为，应定性为信用卡诈骗罪；① 也有学者认为，支付宝等支付平台不可能产生错误认识，不具有财产处分的选择权，不具备诈骗罪的特性，应当定性为盗窃罪。② 还有观点认为，即使第三方支付平台不能被骗，冒用行为仍应以信用卡诈骗罪论处。笔者认为，第三方支付平台是否可能产生认识错误的问题，与 ATM 机是否可能被骗之争论具有相似之处，第三方支付平台和 ATM 机都不具备人类意识，都是事先设置取款或支付程序，二者都是通过账号和密码进行识别，而且 ATM 机现在也具备无卡取款功能。因此，参照前述 ATM 机取款行为的定性分析，如果行为人获取他人信用卡信息资料后，通过他人的账号和密码登录第三方支付平台，使用他人信用卡绑定支付宝账号获取财物的（包括将他人信用卡中的钱转走或直接通过平台进行消费），应当定性为信用卡诈骗罪。但是，如果行为人直接从支付宝账户余额中将款项转走，并未利用他人信用卡信息资料而冒用他人信用卡的，不应定性为信用卡诈骗罪，而应认定为盗窃罪。

下面结合两起案例进行具体分析。

【案例】周某某信用卡诈骗案③

2016 年 4 月，被告人周某某在被害人张某不知情的情况下，利用张某的手机

---

① 参见刘宪权、李舒俊：《网络移动支付环境下信用卡诈骗罪定性研究》，载《现代法学》2017 年 11 月第 39 卷第 6 期。

② 参见赵运锋：《转移他人支付宝欠款行为定性分析》，载《华东政法大学学报》2017 年第 3 期。

③ 参见呼和浩特市中级人民法院（2017）内 01 刑终 22 号刑事裁定书，来源：中国裁判文书网，网址：http://wenshu.court.gov.cn/content/content?DocID=866d598d-b734-4803-ad16-a7dd00f781d8，2018 年 5 月 15 日访问。

下载了支付宝软件并绑定张某的中国农业银行的银行卡,将从张某处窃取的农行卡卡号输入支付宝,利用支付宝将张某农行卡内的人民币 38 992 元转走用于自己花销。被告人周某某窃取他人信用卡信息资料,利用他人手机与银行卡的绑定关系,通过支付宝进行网上转账的行为,即是"窃取他人信用卡信息资料,并通过互联网使用"的行为,属于《关于办理妨害信用卡管理刑事案件具体应用法律若干问题的解释》规定的"冒用他人信用卡"进行诈骗的情形,且数额较大,应当以信用卡诈骗罪追究其刑事责任,公诉机关指控被告人周某某犯盗窃罪的罪名不当,一审法院判决:被告人周某某犯信用卡诈骗罪,判处有期徒刑四年,并处罚金人民币 30 000 元。武川县人民检察院抗诉称,第一,本案不存在直接的对人冒用的情形;第二,信用卡诈骗罪中的冒用要求受骗人有基于虚构事实的处分行为,而本案中周某某采取秘密窃取的手段将被害人的合法财产利用支付宝软件转移到自己的银行卡,没有虚构也没有具体的被骗对象,更没有被害人的处分行为。一审判决定性不准确,请依法判处。二审法院经审理认为,信用卡诈骗罪中规定的"冒用他人信用卡",是指非持卡人以持卡人的名义使用持卡人的信用卡而骗取财物的行为,故"冒用"是指对银行的冒用,而非对人的冒用;信用卡诈骗罪侵害的客体是复杂客体,既对信用卡的管理制度造成侵害,同时也给银行及信用卡持卡人的公私财物所有权产生损害。本案中,原审被告人周某某以窃取的方式获得了被害人张某的信用卡信息资料,使银行误认为申请人即是持卡人本人,银行陷入了错误认识而处分了被害人的财产,原审被告人周某某的行为直接妨害了银行对信用卡的管理,同时还侵害了被害人的财产所有权,故其行为符合信用卡诈骗罪的相关规定,该抗诉理由亦不能成立,裁定驳回抗诉,维持原判。

【案例】 吴某某盗窃案[①]

2016 年 7 月,被告人吴某某在工作中捡到被害人遗失的一部手机,利用被害人手机号与手机中发现的银行账号和手机支付宝绑定的便捷,成功修改了手机支付宝密码,并由该手机支付宝账号向吴某某支付宝账号分两次转走 5 000 元现金。原审法院认为,被告人吴某某以非法占有为目的,擅自使用他人手机,利用修改支付宝密码后转账的方式秘密窃取他人财物,数额较大,其行为已构成盗窃罪。原判宣告后,原审被告人吴某某服判,未提出上诉。凉城县人民检察院提出抗诉,认为被告人吴某某的行为实质是窃取了他人信用卡资料后,冒用持卡人身份向其银行卡绑定的相关银行发出支付指令,银行在接到指令后,错误地认为是持卡人发出指令而予以同意支付,银行存在认识上的错误和被骗情形,该行为属于冒用他人信用卡的诈骗行为,构成信用卡诈骗罪。二审法院经审理认为,从支

---

① 参见乌兰察布市中级人民法院 (2016) 内 09 刑终 88 号刑事裁定书,来源:中国裁判文书网,网址:http://wenshu.court.gov.cn/content/content? DocID = d1f368aa - 5d47 - 4715 - 82d0 - a7c500f7be87, 2018 年 5 月 15 日访问。

付宝的程序设计上看，支付宝没有被欺骗而产生错误认识进而处分财物的功能。故本案难以认定支付宝被骗。银行是接受支付宝指令而转账，故而也不能认定银行被骗。其次，支付宝公司尚不属于金融机构，支付宝也不属于信用卡。即便认为本案原审被告人有妨害支付宝管理秩序的行为，依照罪刑法定原则，也不能类推其有妨害信用卡管理秩序的行为。关于原审被告人吴某某修改支付密码的行为，是全部利用了手机内已有的支付宝相关信息和支付宝使用规则而实施。尽管其中包括信用卡卡号，也不宜认定为主要是利用了信用卡信息资料而为。抗诉机关认为其构成信用卡诈骗罪，原审判决适用法律错误量刑不当的抗诉意见不能成立。故裁定驳回抗诉，维持原判。

在以上两起案件中，行为人同样是利用被害人手机通过支付宝将钱转账到自己的银行卡账户，但分别被定性为信用卡诈骗罪和盗窃罪，原因就在于，第一个案件中行为人是利用他人信用卡信息资料而冒用他人名义将信用卡和支付宝进行了绑定，虽然利用了支付宝这一媒介，但金钱是来自被害人信用卡账户；而且，在绑定过程中，行为人使用非法掌握的信用卡信息资料使得银行陷入了认识错误，从而发送验证码使得信用卡得以成功绑定，再通过信用卡账户与支付宝账户的绑定关系转移信用卡中的金钱，因此，该行为仍然属于冒用他人信用卡的行为。在第二个案件中，行为人是通过修改手机中的支付宝密码直接将支付宝中的金钱转走，该行为与掌握了他人支付宝账户密码而直接将他人支付宝账户中的钱转走的行为并无不同，并未冒用他人信用卡使银行陷入认识错误而获取信用卡中的金钱，该行为符合盗窃罪秘密窃取他人财物的行为特征，该案二审判决适用盗窃罪罪名定性正确。

在第三方网络支付平台中，有许多平台具有信贷功能，例如支付宝旗下蚂蚁金融服务集团就推出了"借呗"和"花呗"两个信贷产品，前者可以直接通过绑定支付宝将借款提入自己的银行卡中，后者则可以通过绑定支付宝进行网上消费。对于冒用身份或他人账号套取"借呗"平台借款或通过"花呗"进行消费的行为该如何定性，司法实践中同样存在不同结论。下面再来看两起案例。

【案例】浙江曹某某、徐某某支付宝"借呗"贷款诈骗案[①]

2015年4月26日至28日期间，被告人曹某某、徐某某经预谋，利用网上泄露的个人身份信息和建设银行e付卡注册漏洞，并借助支付宝（中国）网络技术有限公司"借呗"平台的漏洞，冒用陈某等人的真实身份信息通过支付宝实名认证，并利用陈某等人的真实信用额度从"借呗"平台骗取贷款21笔，共计人民币203 040元。法院经审理认为，本案中被告人的行为由注册建设银行e付卡、

[①] 参见浙江省平阳县人民法院（2015）温平刑初字第1240号刑事判决书，来源：中国裁判文书网，网址：http://wenshu.court.gov.cn/content/content? DocID = 5a749764 - 91b9 - 432a - 9b20 - ded4e9a8d414，2018年5月5日访问。

绑定支付宝信用卡通过实名认证、使用支付宝"借呗"进行贷款三个行为组成。第一个注册建设银行 e 付卡的行为是被告人通过网络非法获取他人身份信息冒领信用卡，属于冒用他人信用卡，是建设银行基于错误认识通过其 e 付卡注册。第二个行为是行为人通过支付宝实名认证的行为。被告人在网络上非法购买他人第三方支付平台支付宝账户，并在所购买支付宝上绑定之前申请的 e 付卡以通过实名认证，进而获取蚂蚁"借呗"功能的资格并享有一定贷款额度。第三个行为是骗取蚂蚁"借呗"贷款的行为，被告人采用冒用他人信用卡和通过支付宝实名认证的方式虚构事实隐瞒真相，使蚂蚁"借呗"平台即重庆市阿里巴巴小额贷款有限公司陷入错误的认识，误认为是被冒用人陈某等人本人贷款，并基于此错误发放了贷款。此外，被告人前后 21 次使用的同样的方法骗取蚂蚁"借呗"贷款，具有明显的非法占有主观意图。蚂蚁"借呗"平台性质上属于网络小额借贷公司，已被中国人民银行纳入其他金融机构范畴。以非法占有为目的冒用他人支付宝账户骗取蚂蚁"借呗"贷款的犯罪行为，依法构成贷款诈骗罪。

【案例】 浙江付某某支付宝"花呗"盗窃案①

2015 年 6 月 8 日至 6 月 10 日期间，付某某利用事先知晓的被害人杨某的支付宝账户及密码，通过该支付宝蚂蚁花呗先后三次套取人民币 8 000 元，后扣除交付给卖家手续费 10% 后实际得款人民币 7 200 元均用于个人还款。案发后，付某某主动到公安机关投案自首并已退赔被害人经济损失人民币 8 000 元。瑞安市人民检察院指控被告人付某某犯盗窃罪，向法院提起公诉。瑞安市人民法院经审理认为：被告人付某某以非法占有为目的，多次秘密窃取他人财物，数额较大，其行为已触犯刑法，构成盗窃罪。裁判理由为：本案中被告人的行为由取得支付宝账户密码、使用支付宝花呗购买商品、退款并取现三个行为组成。第一个行为获取方式在法律上属正当获取，该行为仅是被告人后续可以使用支付宝的前提。此后，被告人在被害人不知情的情况下利用知晓的支付宝账户使用"花呗"购买商品，该行为是三个行为中的核心，属于行为人采取不易被财物所有人、保管人或者其他人发现的方法，将公私财物占有的行为。被告人后续退货并取现的行为只是被告人实现商品货币化的手段。被告人的上述三个行为结合在一起所形成的犯罪过程更符合盗窃罪"占有为目的，秘密窃取公私财物的行为"的法定构成要件特征，属于秘密窃取公私财物，构成盗窃罪。

需要特别说明的是，这两个案例与前述两个案例之区别在于，支付宝平台与"借呗""花呗"平台虽然相关，但是属于两种不同的支付工具；支付宝通过绑定信用卡进行支付，其资金来源于信用卡中存储的资金或者透支资金；支付宝自身不具有透支或借贷功能；而"借呗"和"花呗"账户自身即具有借贷功能，

---

① 参见浙江瑞安市人民法院（2015）温瑞刑初字第 1624 号刑事判决书，来源：人民法院报，网址：http://rmfyb.chinacourt.org/paper/html/2016-11/10/content_118313.htm?div=-1，2018 年 5 月 5 日访问。

其主体企业蚂蚁金服公司已经注册为金融机构，具有信贷资质，其资金来源于蚂蚁金服公司，同时，网络信贷账户虽然具有透支功能，但并不属于信用卡。因此，行为人通过"借呗"和"花呗"直接套取现金，不涉嫌信用卡犯罪。再来看这两个案例，"借呗"与"花呗"和支付宝一样，均具有身份识别程序，第一个案例中被告人是直接冒用他人身份注册支付宝，设置了密码并通过了识别，之后利用支付宝"借呗"套取借款，属于典型的冒用他人身份虚构事实，让"借呗"平台自愿借出资金，同时因为被诈骗主体系金融机构，具备发放小额贷款的资质，故该案以贷款诈骗罪而非诈骗罪定性；第二个案例中被告人是利用亲戚关系掌握被害人支付宝密码的情况下，在被害人和"花呗"平台不知情的情况下，登录被害人支付宝账号，通过网络程序识别套取"花呗"资金，故定性为盗窃罪。区分二者行为性质之关键在于，行为人是通过欺骗手段让被害人自愿交付财物，还是以秘密窃取手段套取资金。

因此，并非所有利用网络支付平台侵财的行为都是单一化的性质，具体应当结合司法实践进行具体分析，除了信用卡诈骗罪和盗窃罪之外，行为人的行为也可能定性为诈骗罪或其他罪名。要进行准确区分，关键应当把握行为人的客观行为特征和主观心理状态，避免机械照搬刑法条文和司法解释。

（三）以骗取、抢夺或抢劫等非法手段获取他人信用卡并使用行为的定性

根据《刑法》第 196 条第 3 款规定，盗窃信用卡并使用的，以盗窃罪论处。对于该条规定的具体解释，以及由此延伸的以其他非法方法获取他人信用卡并使用的定性问题，也引发了学界较为深刻的争论。同时，《09 解释》第五条第二款规定："《刑法》第 196 条第 1 款第（三）项所称"冒用他人信用卡"，包括以下情形：（一）拾得他人信用卡并使用的；（二）骗取他人信用卡并使用的……。"从以上司法解释规定来看，对拾得和骗取他人信用卡并使用行为是以信用卡诈骗罪来认定，明显与《刑法》第 196 条第 3 款规定的盗窃罪定性存在一定矛盾和冲突。

有学者认为，《刑法》第 196 条第 3 款规定的盗窃信用卡并使用行为属于牵连犯，应从一重罪处断，故以盗窃罪定罪；[①] 也有学者认为，该条规定是结合犯，故以盗窃罪定罪符合刑法原理。[②] 同时，也有不少学者针对《刑法》第 196 条第 3 款规定的合理性问题展开了批判，认为对盗窃信用卡并使用的行为符合信用卡诈骗罪中冒用他人信用卡的性质与构造，应以信用卡诈骗罪论处，而不能以盗窃罪论处。[③] 张明楷教授认为，盗窃他人信用卡的行为不构成盗窃罪，因此

[①] 参见高铭暄主编：《新型经济犯罪研究》，方正出版社 2000 年版，955 页以下。
[②] 参见刘宪权：《信用卡诈骗罪的司法认定》，载《政法论坛》2003 年第 6 期，第 89 页。
[③] 参见李文燕主编：《金融诈骗犯罪研究》，中国人民公安大学出版社 2002 年版，第 308 页；赵秉志、许成磊：《盗窃信用卡并使用行为的定性分析与司法适用》，载《浙江社会科学》2000 年第 6 期，第 45 页；梁华仁、郭亚：《信用卡诈骗罪若干问题研究》，载《政法论坛》2004 年第 1 期，第 134 页。

"牵连犯说"和"结合犯说"均不适用于对该条规定的解释；行为人盗窃他人信用卡后在柜台或者特约商户使用的，原本属于冒用他人信用卡，理应成立信用卡诈骗罪，该条规定属于部分法律拟制（盗窃信用卡后在 ATM 机上取款应认定为盗窃罪），因而不能将拟制内容推而广之。① 陈兴良教授认为："基于刑法教义学的方法，我们可以把盗窃信用卡并使用的情形分解为前后两个行为：第一个行为是信用卡的取得行为，第二个行为是信用卡的使用行为。然后，可以归纳出存在信用卡取得行为和使用行为的情况下，应当以取得行为定罪处罚这一刑法教义学的规则。根据这一规则，抢劫信用卡并使用的，应当以抢劫罪论处；抢夺信用卡并使用的，应当以抢夺罪论处。"② 由此可观之，对《刑法》第 196 条第 3 款规定的解释方法和原理，直接决定了该条规定能否推而广之适用于其他以非法手段获取他人信用卡并使用行为的定性。

笔者认为，在对盗窃信用卡并使用行为定性时，应当将其与盗窃一般财物并使用的行为进行比较分析，这样能得出盗窃信用卡行为与使用行为之间属于何种关系，并在整体定性上得出准确结论。行为人在盗窃一般财物后，必然要对财物进行占有、利用和处分，但刑法之所以没有对行为人之后的占有、利用和处分等行为再次进行评价并规定为犯罪，是因为盗窃罪作为状态犯，行为人犯盗窃罪窃取财物后，盗窃行为已经结束，但是非法占用他人财物的状态一直持续，对所窃物品的占有意味着被害人的财产权利遭受侵害的不法状态存在。其构成要件本身已经包含了对上述事后行为的评价，故事后行为一般不会另行认定为其他犯罪，理论上称为不可罚（共罚）的事后行为。③ 在盗窃罪中，盗窃行为与事后的销赃行为所侵犯的是同一法益，其事后行为直接被盗窃状态犯所吸收，故以盗窃罪定罪。我们再来看盗窃信用卡行为与使用信用卡行为之间的关系。首先，信用卡本身不具有经济价值，其价值在于卡中存储的金钱，信用卡这一载体与其中存储的金钱属于相对分离状态，如果盗窃信用卡后不使用信用卡取出其中的金钱或者进行消费，则行为人无法实现对信用卡中金钱的占有。因此，盗窃信用卡并使用的行为显然应当与盗窃一般财物的行为性质不同，其使用行为不属于销赃等事后行为，而是实现非法占有目的的另一实行行为，故不能适用上述不可罚的事后行为原理，而将盗窃信用卡行为作为定罪的主要依据。其次，无论是盗窃罪、诈骗罪还是抢夺罪，都是典型的数额犯（多次盗窃、入户盗窃、携带凶器盗窃、扒窃不以数额为入罪标准）。而单纯的盗窃、骗取和抢夺信用卡的行为虽然具有非法性，但不具备可罚性，均不构成犯罪，也就不能适用牵连犯的刑法原理对盗窃信用卡并使用的行为进行解释。再次，冒用信用卡的行为本身侵犯了新的法益，

---

① 参见张明楷：《诈骗罪与金融诈骗罪研究》，清华大学出版社 2006 年 6 月版，第 692 – 693 页。
② 陈兴良：《中国刑法学研究 40 年（1978—2018 年）》，载《武汉大学学报（哲学社会科学版）》2018 年第 2 期。
③ 参见张明楷：《刑法学》（第四版），法律出版社 2011 年版，第 432 页。

即信用卡管理制度，而不仅仅包括财产所有权。由此可见，窃取、骗取或抢夺他人信用卡后使用的行为定性核心依据，并非是先前的窃取、骗取或抢夺行为，而是之后的使用行为，只有通过使用行为才能实现行为人非法占有他人财物的主观目的，从而单纯的盗窃、骗取和抢夺信用卡后冒用他人信用卡的行为，符合信用卡诈骗罪的构成要件。因此，笔者赞同张明楷教授关于《刑法》第196条第3款规定系法律拟制的观点，该条规定与《刑法》第210条第1款所规定的"盗窃增值税专用发票或者可以用于骗取出口退税、抵扣税款的其他发票的，以盗窃罪定罪处罚"属于同种性质的规定。同时，盗窃信用卡后在ATM机上使用或在柜台或特约商户使用行为的性质并无不同，不应区分对待。

尽管盗窃信用卡后使用的行为由刑法拟制为盗窃罪，但这种法律拟制不可大规模复制并同时适用于其他非法获取信用卡并使用行为的定性，否则可能陷入类推解释的窠臼。因此，骗取或抢夺信用卡后冒用他人信用卡的行为仍然应当定性为信用卡诈骗罪，而不应定性为诈骗罪和抢夺罪。陈兴良教授关于《刑法》第196条第3款规定是以先取得行为来定罪处罚、具备教义学规则应推而广之的观点，是在没有对该条规定的合理性进行论证的基础上得出的结论，明显缺乏充分依据。此外，如果行为人在骗取或抢夺他人财物时，一并获取了他人信用卡和其他财物，其获取其他财物的数额达到入罪标准的，定诈骗罪或抢夺罪，如果在骗取或抢夺信用卡后又使用的，该部分使用金额以信用卡诈骗罪定罪，数罪并罚。

以抢劫方式获取他人信用卡后又使用的，因抢劫罪并非数额犯，且其保护的法益既包括财产权，也包括人身权利，抢劫他人信用卡的行为本身即构成抢劫罪，这是抢劫信用卡并使用行为与盗窃、骗取或抢夺信用卡并使用行为不同之处，因此，该行为在定性和处罚上有其特殊规则。对于抢劫信用卡后使用的行为应当如何定性，学界也有不同观点。有学者认为，抢劫信用卡后的使用行为如果达到数额较大标准，又构成信用卡诈骗罪的，抢劫罪与信用卡诈骗罪构成牵连关系，按照牵连犯的处理原则处理。① 有学者对以上观点进行反驳并认为，抢劫信用卡与事后使用信用卡之间并不具有类型性的牵连关系，抢劫信用卡不是利用他人信用卡取得财物的通常手段行为，故不应认定为牵连犯；如果抢劫信用卡并当场提取现金的，获取信用卡和取款行为都属于抢劫行为的"当场"，应以抢劫罪定罪；如果抢劫信用卡但并未使用的，以抢劫罪定罪，抢劫数额以信用卡本身的工本费数额计算；如抢劫信用卡并事后使用的，在柜台上或特约商户冒用信用的，以抢劫罪和信用卡诈骗罪数罪并罚，在ATM机上使用的，以抢劫罪和盗窃罪数罪并罚。② 有学者认为，抢劫手段轻微且未使用信用卡的，应当根据《刑

---

① 参见赵秉志、许成磊：《盗窃信用卡并使用行为的定性分析与司法适用》，载《浙江社会科学》2000年第6期。

② 参见张明楷：《诈骗罪与金融诈骗罪研究》，清华大学出版社2006年6月版，第719–720页。

法》第 13 条但书规定作一般违法处理，不应定性为抢劫罪；对于使用暴力、胁迫的手段危险性较大，并当场使用的应定抢劫罪，对于抢劫手段轻微、事后使用信用卡的行为应定性为信用卡诈骗罪；抢劫信用卡后既当场使用又事后使用的，应数罪并罚。①② 还有观点认为，抢劫信用卡即便不使用一般也构成抢劫罪；抢劫信用卡并使用的，其评价的重点应当立足于抢劫行为本身，不管是当场使用还是事后使用所抢得的信用卡，均应评价为抢劫罪。③

　　上述几位学者的观点中，大部分均认同无论行为人是否使用信用卡，其抢劫信用卡的行为均应当认定为抢劫罪，并认同抢劫信用卡后当场使用的行为构成抢劫罪；主要分歧在于抢劫信用卡并事后使用行为属于一罪还是数罪，在量刑上适用一罪处罚还是数罪并罚的问题。首先，参照前述对于盗窃罪状态犯以及盗窃信用卡后使用行为的评价，抢劫信用卡之后的使用行为也是实现对信用卡中金钱非法占有目的的手段，与抢劫一般财物之后的使用或销赃行为不同，不应作为状态犯的事后行为进行评价。其次，从罪数标准来衡量，抢劫信用卡并事后使用的行为在构成要件形式上符合数罪的标准。关于罪数的认定标准，理论界分为行为说、法益说（结果说）、犯意说（主观说、意思说）、构成要件说和个别化说，④其中，构成要件说是通说。依照构成要件说的观点，抢劫信用卡行为与冒用信用卡行为属于两个行为，且分别符合抢劫罪与信用卡诈骗罪两个不同罪名的构成要件，不属于单纯的一罪。但是，前后两个行为并非完全毫无关联的独立行为，彼此之间存在联系，而且，理论中对于罪数的划分标准以及处罚原则争议较大，那么，对抢劫信用卡并使用行为应认定为一罪还是数罪，还需要从两行为之间的具体关系进行判断。笔者认为，抢劫信用卡的行为与事后冒用信用卡行为之间系原因行为与结果行为之间的关系，成立牵连犯。关于牵连关系的评价标准，刑法理论又存在主观说、客观说、折中说以及类型说等不同见解。本文赞同折中说的观点，即牵连关系的成立不仅要求客观上存在方法与目的或原因与结果的关系，而且，行为人实施前后行为时在主观故意上具有牵连意图。再回到抢劫信用卡并使用行为的定性上来，无论行为人是否以信用卡为特定的抢劫对象，其之后的使用信用卡行为都是之前抢劫信用卡行为的后续结果；而且，两个行为都是以非法占有信用卡中的金钱为核心意图，前后两个行为形成一个整体，其中，抢劫信用卡行为是主旨支配行为，使用信用卡行为是为进一步实现犯罪意图的后续行为，因此，属于处断的一罪，在处罚上，可适用从一重处罚原则对其认定为抢劫罪。

　　我们再来参照司法实践评价上述观点。《最高人民法院关于审理抢劫、抢夺刑事案件适用法律若干问题的意见》中"抢劫犯罪数额的计算"规定："抢劫信

---

① 参见刘宪权、卫磊：《涉信用卡犯罪刑法理论与实务》，载《现代法学》2017 年 11 月第 39 卷第 6 期。
② 参见刘明祥：《抢劫信用卡并使用行为之定性》，上海人民出版社 2013 年 12 月版，第 231 – 238 页。
③ 参见吴允锋：《也论抢劫信用卡并使用行为之定性——与刘明祥教授商榷》，《法学》2011 年第 3 期。
④ 参见张明楷：《刑法学》（第四版），法律出版社 2011 年版，第 411 – 412 页。

用卡后使用、消费的,其实际使用、消费的数额为抢劫数额;抢劫信用卡后未实际使用、消费的,不计数额,根据情节轻重量刑。"从该司法解释规定来看,也认可将抢劫信用卡后使用的行为以一罪论处,并未区分当场使用还是事后使用;而且认定抢劫信用卡不使用的行为本身也构成抢劫罪,只是信用卡中所储存的金钱金额不计入抢劫罪数额,而司法实践中对于相关案例的裁判也均是依据该司法解释作出。由此可见,将抢劫信用卡并使用行为定性为抢劫罪并不是参照《刑法》第 196 条第 3 款规定进行简单的类推适用,而是基于不同的刑法解释原理得出的结论。

第四节　集资诈骗罪的刑法解释与适用

集资诈骗罪的刑法解释疑难问题集中体现在以下四个方面:其一,集资诈骗罪"非法占有目的"的认定;其二,"使用诈骗方法""非法集资"等基本概念的界定;其三,集资诈骗罪的界限问题,主要是合法借贷与非法集资的界限问题,以及集资诈骗罪与非法吸收公众存款罪的区分问题;其四,集资诈骗罪的共犯和单位犯罪认定问题。

一、"非法占有目的"的刑法解释

集资诈骗罪系法定目的犯,"以非法占有为目的"是集资诈骗罪的法定构成要件要素。鉴于集资诈骗罪属于诈骗类犯罪之中的一个罪名,其客体包含公私财产所有权,对集资诈骗罪"非法占有目的"之解释,应建立在对取得型侵财罪中"非法占有目的"的解释,以及对诈骗类犯罪中"非法占有目的"解释基础之上,但其同时也具有其不同于一般侵财罪及诈骗类犯罪"非法占有目的"之特性。

(一)非法占有目的之含义界定

我国传统刑法理论学界对于非法占有目的含义的理解存在较大争议。主要有以下几种观点:第一,不法所有说,认为"以非法占有为目的,是指以将公私财物非法转为自己或第三者不法所有为目的";① 第二,非法改变所有权说,认为非法占有目的是"行为人意图非法改变公私财产的所有权";② 第三,非法占有说,认为"刑法上的占有概念与民法上的占有概念基本一致,即对物的控制和管领",③ 第四,非法获利说,认为诈骗等非法取得他人财物的犯罪都属于图利性

---

① 参见高铭暄主编:《新编中国刑法学》,中国人民大学出版社 1998 年版,第 760 页。
② 参见苏惠渔:《刑法学》,中国政法大学出版社 1994 年版,第 389 页。
③ 参见储槐植:《再说刑事一体化》,载《法学》2004 年 3 月。

的犯罪，其主观要件不是以非法占有或不法所有为目的，而是以非法获利为目的。① 陈兴良教授认为，以上观点大同小异，核心的意思都是非法获得对财物的所有权的一种主观意图。②

在日本刑法理论中，对非法占有目的的理解有以下三种学说：第一种学说主张，非法占有为目的既包括排除权利人权利的排除意思，也包括对财物进行利用或处分的利用意思，大谷实教授持该观点，并认为排除意思属于违法要素，利用意思属于责任要素；③ 第二种学说主张，非法占有目的是指行为人将自己作为财物的所有人进行支配的目的；第三种学说主张，非法占有目的仅包括对财物进行利用的意思。德国刑法理论认为，非法占有目的包括两个要素，一是排除占有，二是建立占有，与以上日本刑法理论中第二种学说相近。英国《1968年盗窃法》规定，诈骗罪必须具有"永久性剥夺他人财产的意图"。张明楷教授赞成日本刑法理论中第一种学说，并认为，排除意思不限于永久性剥夺公私财产的意思，而是达到了可罚程度的妨害他人利用财产的意思，其主要机能是，将不值得科处刑罚的盗用、骗用行为排除在犯罪之外；④ 利用意思，是指遵从财物可能具有的用法进行利用、处分的意思，以此区分盗窃罪、诈骗罪与故意毁坏财物罪，并解释盗窃罪、诈骗罪的法定刑何以高于故意毁坏财物罪的法定刑。⑤ 理论界以上对于非法占有目的含义和内容的争论和研究，与对侵财罪保护法益的认识分歧相关。在德国刑法理论中，对于侵财罪保护法益存在"法律的财产说""经济的财产说"以及"法律—经济的财产说"之理论争议；日本刑法理论存在"本权说""占有说"和"中间说"之分歧。我国理论界则存在"所有权说"与"占有说"之争，且前一种观点占主流地位。

梳理以上观点和学说，本文认为，非法占有目的中的"占有"不同于民法上的"占有"，民法上的所有权包括占有、使用、收益和处分四项权能，"占有"权能仅仅包括控制和管领之意，而刑法上的非法"占有"具有排除所有人的所有权之含义，其外延应当宽泛于民法上的"占有"，故"不法所有说"更具有周延性和妥当性。同时，非法占有目的不仅包括排除他人权利之含义，而且包括对他人财物进行支配之含义。无论是夺取罪还是侵占罪，其非法占有目的都包括使行为人自己支配或使第三人支配财物。至于该支配含义是表述为"支配"还是"处分"，尚需要进一步斟酌。张明楷教授认为"非法占有目的"具有利用意思，可以作为区分盗窃罪、诈骗罪与故意毁坏财物罪的依据，本文认为，该盗窃罪、诈骗与故意毁坏财物罪之区分，可以通过客观行为及主观故意之内容来实现，并

---

① 参见张瑞幸主编：《经济犯罪新论》，陕西人民教育出版社1991年版，第225页。
② 参见陈兴良：《判例刑法学（下卷）》，中国人民大学出版社2009年5月第1版，第87页。
③ 参见［日］大谷实：《刑法各论》，成文堂2001年版，第120－121页。
④ 参见张明楷：《刑法分则的解释原理》，中国人民大学出版社2011年5月版，第437页。
⑤ 参见张明楷：《刑法分则的解释原理》，中国人民大学出版社2011年5月版，第443页。

不依赖于非法占有目的之内涵判断，且"利用意思"也不能体现集资诈骗罪和非法吸收公众存款罪之差异，故非法占有目的并不包含利用意思。

关于非法占有目的与故意之间的关系问题，国内外理论界观点不一。国内理论界主流观点认为，目的包含于直接故意的意志因素之中，目的犯只能由直接故意构成。张明楷教授认为，目的犯可以由间接故意构成，非法占有目的是故意之外的主观超过要素。① 本文赞同非法占有目的是独立于故意之外的主观要素，其与直接故意中意志因素相区别，但同时，目的之积极主观要素与间接故意中"放任"之消极意志因素相矛盾，故目的犯不能由间接故意构成。

（二）非法占有目的产生的时间界定

行为与责任同时存在原则，是刑法的一项重要原则。该原则与我国刑法中主客观相一致原则之内涵相近。"刑事责任要求单个犯罪的犯罪行为和犯罪意图同时具备或同时发生。更确切地说，被告人的精神状态必须'激发'其身体行为实施特定犯罪。"② 犯罪目的是行为人主观上通过自己的行为希望达到的结果，目的与行为同时存在，目的的有无及具体内容，只能以行为时为基准判断。那么，行为人实施行为之后产生的心理意图，不能反映行为时的目的，故"事后目的"之说违背行为与责任同时存在原则，缺乏逻辑自洽性。

非法占有目的的产生时间，就是"非法占有的决意形成与表现时间"，③ 也是通过主观意图来判断行为人客观取得财物行为性质的重要时间节点。非法占有目的产生的时间之认定，直接关系到对行为人能否定罪以及认定此罪还是彼罪。以行为人先杀人后劫物的案件为例，如果行为人实施杀人行为之前或之时即已经产生非法占有他人财物之目的，且杀人是劫走财物的必要手段，那么应定性为抢劫罪；如果行为人在实施杀人行为之后才产生非法占有目的，并取走被害人财物的，则应定性为杀人罪和盗窃罪，数罪并罚。再以行为人受托管理他人财物，在管理过程中将管理的他人财物私自处置用于清偿自身债务，且拒不返还财物的案件为例，如果行为人在受托管理他人财物之前或之时，即已经产生以他人财物抵自身债务的目的和意图，其行为应定性为诈骗罪；如果行为人是在合法受托管理财物之后才产生以财抵债之目的，则其行为应定性为侵占罪。

（三）集资诈骗罪非法占有目的之特性及认定标准

在考察集资诈骗罪"非法占有目的"之含义时，一方面，应当注意集资诈骗罪作为诈骗类犯罪的个罪，具有侵犯财产罪类罪的共性，基于刑法用语统一性

---

① 参见张明楷：《刑法分则的解释原理》，中国人民大学出版社2011年5月版，第421页。
② ［美］道格拉斯.N.胡萨克著：《刑法哲学》，谢望源等译，中国人民大学出版社2004年版，第22页。
③ 陈增宝：《"非法占有目的的产生时间"之研究》，载《中国刑事法杂志》2004年第2期。

的要求和体系解释的方法，集资诈骗罪之"非法占有目的"解释应当基于对一般侵犯财产罪和诈骗罪中"非法占有目的"的解释，即非法占有目的具有排除他人权利并对他人财物进行支配处分之含义；另一方面，应当注意集资诈骗罪作为典型的金融诈骗罪，其主观和客观要件具有其不同于其他诈骗罪名的显著特征。对于非法占有目的的认定能有效区分该罪与合法民间借贷，以及该罪与非法吸收公众存款罪的界限；其非法集资客观行为特征又能作为区分该罪与其他诈骗类犯罪的依据。而集资诈骗罪中非法占有目的之认定，与对行为人非法集资的客观行为之评价密切相关。基于集资诈骗罪中吸收资金的行为与非法吸收公众存款罪之客观行为相同，而行为人口供不一定能反映其真实的主观意图，那么，单从被告人供述或者吸收资金之行为无法准确判断行为人是否具有非法占有目的，故推定方法成为证明行为人具有非法占有目的的主要方式。陈兴良教授也指出："主观目的之证明应当建立在客观事实的基础上，为此就有必要采用推定的方法，根据客观存在的事实推断行为人主观目的之存在。"①

最高人民法院发布的三份司法解释及文件中相关规定是目前司法机关运用推定方法认定"非法占有目的"的主要指引性文件。1996年《最高人民法院关于审理诈骗案件具体应用法律若干问题的解释》（以下简称"《1996年解释》"）第三条规定："（一）明知没有履行合同的能力或者有效的担保，采取下列欺骗手段与他人签订合同，骗取财物数额较大并造成较大损失的：1. 虚构主体；2. 冒用他人名义；3. 使用伪造、变造或者无效的单据、介绍信、印章或者其他证明文件的；4. 隐瞒真相，使用明知不能兑现的票据或者其他结算凭证作为合同履行担保的；5. 隐瞒真相，使用明知不符合担保条件的抵押物、债权文书等作为合同履行担保的；6. 使用其他欺骗手段使对方交付款、物的。（二）合同签订后携带对方当事人交付的货物、货款、预付款或者定金、保证金等担保合同履行的财产逃跑的；（三）挥霍对方当事人交付的货物、货款、预付款或者定金、保证金等担保合同履行的财产，致使上述款物无法返还的；（四）使用对方当事人交付的货物、货款、预付款或者定金、保证金等担保合同履行的财产进行违法犯罪活动，致使上述款物无法返还的；（五）隐匿合同货物、货款、预付款或者定金、保证金等担保合同履行的财产，拒不返还的；（六）合同签订后，以支付部分货款，开始履行合同为诱饵，骗取全部货物后，在合同规定的期限内或者双方另行约定的付款期限内，无正当理由拒不支付其余货款的。"2001年《全国法院审理金融犯罪案件工作座谈会纪要》（简称"《2001年纪要》"）中"金融诈骗罪中非法占有目的的认定"规定："根据司法实践，对于行为人通过诈骗的方法非法获取资金，造成数额较大资金不能归还，并具有下列情形之一的，可以认定为具有非法占有的目的：（1）明知没有归还能力而大量骗取资金的；（2）非法获

---

① 陈兴良：《目的犯的法理探究》，载《法学研究》2004年第3期。

取资金后逃跑的；（3）肆意挥霍骗取资金的；（4）使用骗取的资金进行违法犯罪活动的；（5）抽逃、转移资金、隐匿财产，以逃避返还资金的；（6）隐匿、销毁账目，或者搞假破产、假倒闭，以逃避返还资金的；（7）其他非法占有资金、拒不返还的行为。"2010年《最高人民法院关于审理非法集资刑事案件具体应用法律若干问题的解释》（以下简称"《2010年解释》"）第四条规定："以非法占有为目的，使用诈骗方法实施本解释第二条规定所列行为的，应当依照《刑法》第192条的规定，以集资诈骗罪定罪处罚。使用诈骗方法非法集资，具有下列情形之一的，可以认定为'以非法占有为目的'：（一）集资后不用于生产经营活动或者用于生产经营活动与筹集资金规模明显不成比例，致使集资款不能返还的；（二）肆意挥霍集资款，致使集资款不能返还的；（三）携带集资款逃匿的；（四）将集资款用于违法犯罪活动的；（五）抽逃、转移资金、隐匿财产，逃避返还资金的；（六）隐匿、销毁账目，或者搞假破产、假倒闭，逃避返还资金的；（七）拒不交代资金去向，逃避返还资金的；（八）其他可以认定非法占有目的的情形。"

从以上三份司法解释和文件规定来看，司法实践中主要通过以下三种情形来推定行为人在获取资金时具有主观目的：第一，明知没有归还能力而借款，事后未能归还资金；第二，获取资金后携款潜逃；第三，获取资金后不当使用资金，致使不能或逃避返还资金。而且，《2010年解释》中删除了第1种情形，第3种情形是主要的推定理由。但是，以上规定一方面与认定"非法占有目的"之刑法理论存在多处矛盾，另一方面也突破了刑事推定的基本规则，既为刑法学者们所诟病，亦在一定程度上造成了司法裁判之困惑与混乱。主要体现在如下几个方面：

1. 仅以获取集资款之后的不当使用或逃逸行为来推定获取集资款时的主观目的，有违行为与责任同时存在原则

集资诈骗罪作为夺取型侵财罪和直接目的犯，只要实施符合构成要件的行为就可以实现目的，在行为人取得或控制集资款时，即为既遂，既遂之后的后续行为和心理状态只能另行评价，而不能直接作为取得集资款之违法性和责任的判断依据。故行为人取得集资款之主观目的的判断应定格于取得集资款时，而非行为人已经取得集资款之后；取得集资款之后的行为只能作为参考因素，而不是绝对的评价依据。以下面两则案例来进行分析。第一，甲因企业生产经营需要向社会吸收集资款，但在收取资金后，因意外原因导致生产无法继续，且欠下巨额债务，甲遂以集资款归还以上债务，后因无法归还集资款逃匿。第二，乙向社会吸收公众存款，准备用于企业正常生产经营并在营利后归还款项，收取集资款之后，发现生产销售伪劣商品有利可图，遂将款项全部用于生产销售伪劣商品，后被公安机关抓获，集资款无法归还。

依照《2010年解释》第四条规定，行为人甲符合该条规定中第（一）项"集资后不用于生产经营活动或者用于生产经营活动与筹集资金规模明显不成比

例,致使集资款不能返还的"以及第(三)项"携带集资款逃匿的"之情形;行为人乙符合该条规定第(四)项"将集资款用于违法犯罪活动的"情形,均具有非法占有目的,均应定性为集资诈骗罪。但客观评价甲和乙在收取集资款时的主观目的,很显然二人均不具有非法占有目的,其收取款项之后的行为是在新的心理状态或主观故意支配下实施,且前后行为并不具有直接因果关系。对于甲的行为,应定性为非法吸收公众存款罪;对于乙的行为,应定性为非法吸收公众存款罪和生产、销售伪劣产品罪。

2. 单纯以不能归还集资款的结果推定行为人具有非法占有目的,有"客观归罪"之嫌

目的犯本身不以目的实现结果作为犯罪成立要件,目的是否实现,只是判断未遂和既遂的标准,因此,行为人实施行为之结果不能作为判断其主观目的的直接依据。《2010 年解释》第四条规定中,第(一)至(三)、(五)至(七)项情形均是以"逃避返还资金"或者"致使集资款不能归还"作为判断"非法占有目的"的条件之一,且舍弃了《1996 年解释》和《2001 年纪要》中"明知没有归还能力而骗取资金"的相关规定,体现出"结果决定目的"的反逻辑思维倾向。同时,在司法实践中,侦查机关对集资诈骗罪的立案实际也是以无法返还集资款作为最重要的标准。有学者举出如下案例:如行为人以占有为目的吸收集资款,且不打算归还,吸收资金后全部用于个人挥霍,但因害怕法律制裁,通过多种渠道还清了全部的集资款。并认为,如果不考虑行为人挥霍全部款项的行为,继而不考虑其获取集资款时的非法占有目的依据结果排除目的的认定方式,对其只能以非法吸收公众存款罪认定。① 而实际上,该案在司法实践中可能根本不会予以立案侦查,因为目前非法吸收公众存款罪也是以不能归还集资款作为立案标准,对于行为人在案发前已经归还全部款项的,公安机关一般不予立案。相反,如果行为人有大量集资款未能返还,且款项去向不明的,公安机关或检察机关的指控方向首先是集资诈骗罪,而甚少去认真审查款项未能返还的真实原因以及行为人在获取集资款时是否具有非法占有目的。

3. 推定规则的不当运用可能违反因果关系法则,且不能排除合理怀疑。

刑事推定是在刑事司法实践中,通过已知案件事实推导出未知事实的重要证明方法,也是替代司法证明的方法。已经查明的事实为"基础事实",由基础事实推断出来的事实为"推定事实"。但是,"推定是一种带有假定性质的事实判断,这种判断不可避免地带有或然性成分,不可能与客观事实完全相吻合。"② 刑事推定是基于经验法则而来,具有一定合理性和确定性,但其可靠性只能达到

---

① 参见侯婉颖:《集资诈骗罪中非法占有目的的司法偏执》,载《法学》2012 年第 3 期。
② 李玉蓉:《司法实践中如何运用刑事推定》,来源:江西法制报,网址:http://www.jxnews.com.cn/oldnews/n1084/ca744403.htm,2018 年 1 月 3 日访问。

高度盖然性的程度，不具有绝对性。更何况，非法占有目的是一种心理状态，要将其确定为"推定事实"，必须经过从客观事实到主观心理，再到客观事实的复杂推理过程。一般情况下，如行为人具有非法占有目的，就不会归还集资款项，二者似乎构成充分条件关系。但是，以上推定只能说具有高度盖然性，而不具有绝对性。上述行为人挥霍集资款后归还的案例也显示，行为人以非法占有为目的吸收集资款，并非必定造成不归还集资款的后果。那么，单纯以不能归还集资款之结果，推定出行为人具有非法占有目的，这种"以果推因"的方式连充分条件关系都无法形成，更不能满足"高度盖然性"的要求，且不能排除合理怀疑。

基于以上理由，司法解释以行为人未能将资金用于生产经营活动，以及未能归还资金的行为，直接推定行为人具有非法占有目的，可能造成司法擅断。在司法实践中，要通过客观行为认定集资行为人是否具有非法占有目的，并进一步认定行为人是否构成集资诈骗罪，应当结合集资诈骗罪的行为特征，并适度运用刑事推定规则。具体可以从以下方面综合审查和判断：

第一，集资事由或集资项目是否真实存在。一般情况下，集资行为人如果基于真实的项目和原因而集资，并未虚构事实或隐瞒真相，那么，能得出行为人不具有非法占有之目的之结论。反之，如果行为人具有非法占有目的，一般都会事先虚构集资事由或项目，且在集资后积极转移集资款项。

第二，集资行为人是否具有开展或实施集资项目的能力和行为。集资行为人为筹集资金，一般会与集资受害人签订合同，并约定营利或返还资金的方式。故集资人是否具备履行项目合同的能力，以及是否开展和实施集资项目，是判断行为人在集资时是否具有非法占有目的的重要因素。同时，应当考察集资行为人未能实施项目是否具有特殊的客观原因，该原因是否属于行为人能够预见或控制的因素。如果基于意外因素，行为人预先制定的项目未能开展或实施的，则另当别论。

第三，集资行为人筹集资金后是否按照约定使用资金以及资金去向，应当作为审查行为人在集资时是否具备非法占有目的的重要参考因素。这里之所以将该因素界定为"参考因素"是因为，虽然通过资金使用行为来推定非法占有目的具有"事后推定"的特性，但是，由于心理状态具有一定的延续性，"事后"行为也能在一定程度上反映筹集资金行为时的主观心理状态，故该因素对于行为人是否具有非法占有目的之评价具有重要的参考价值。只是《2010年解释》将其作为绝对推定依据，并以"任一情形"的列举方式呈现，过于夸大了使用资金的行为方式对于非法占有目的的作用。

第四，行为人是否具有归还资金的行为和意图。司法实践中出现较多的案例为，行为人归还部分资金后，资金链断裂而无法归还，而且，经侦查机关调查取证，行为人有将部分资金用于个人消费的行为，针对该种情况，不能简单得出行为人具有非法占有目的。还应当考虑行为人消费资金的比率，资金链断裂的原因，以及行为人是否具有归还资金的意图。另外，对于行为人的逃逸行为，也不应当简单地归结于"携款逃匿",如行为人将资金主要用于生产经营活动,后期不能归还,为了躲避集资参与人的威胁而外出的,不应认定为非法占有目的。

需要强调的是,以上因素均只能作为案件整体事实的其中一部分,而不能证明全部案件事实;从而,对于行为人是否具有非法占有目的的判断,应当综合全案事实进行综合考量,并适用科学的推定规则进行推定。

(四)集资诈骗罪非法占有目的之推定规则运用

在办理集资诈骗案件时,运用刑事推定方法证明行为人具有非法占有目的,应当遵循以下推定规则:

第一,确保"大前提"即基础事实的真实性。刑事推定作为一种演绎推理方法,是从一般性的前提出发,通过推导,得出具体陈述或个别结论的过程,其三段论推理形式为"大前提——小前提——肯定性结论"。其中大前提为已知的一般原理,小前提为所研究的特殊情况,结论是根据一般原理,对特殊情况作出判断。大前提是通过归纳推理形成的经验法则,本身具有盖然性,要保证刑事推定结论之准确,首先必须保证大前提之真实性,"根据无罪推定原则,检察机关要承担证明被告人犯罪事实存在的责任,并且要达到事实清楚、证据确实、充分的最高程度。"① 因此,检察机关必须举证证明基础事实之真实性。公安机关所搜集的证据应当具备真实性、合法性和关联性,检察机关所指控的事实必须客观真实,证据必须满足确实、充分的要求。尤其应当注重举证证明被告人"使用诈骗方法"获取财物前以及获取财物时的客观行为,至于获取财物后的行为表现应当与获取财物前以及获取财物时的行为进行结合评价,才具备关联性和证明力。

第二,正确并审慎运用逻辑推理方法和推定经验法则,保证推定的因果关系具有高度盖然性和科学性,符合社会常理。针对目前司法实践中,司法机关以行为人采取欺诈手段直接推定行为人非法占有目的,以及循环或者连续运用推定手段认定非法占有目的的现状,实务界人士提出了禁止同体推定规则和禁止二次推定规则。禁止同体推定规则之含义为,禁止以行为人采取虚构事实或者隐瞒真相的欺诈手段,径行推定行为人具有非法占有目的;禁止二次推定规则之含义为,针对某一犯罪事实的认定只能一次适用而不得连续两次(包括两次以上)适用推定技术,即在推定三段论中,构成推定小前提的基础事实本身不能经由推定获得。② 以上两项规则符合逻辑推理之基本法则,具有较强实务操作性,应当充分运用于集资诈骗案件司法实践中。

第三,允许被告人进行反驳或反证,并调查反驳或反证事实是否客观真实,以及是否影响定罪。如行为人对于不能归还集资款提出了合理理由,且该理由为

---

① 陈瑞华:《论刑事法中的推定》,载《法学》2015年第5期。
② 徐剑锋:《非法占用目的推定应把握两项禁止性规则》,载《人民检察》2015年第24期。

客观事实，则不应认定具有非法占有目的。例如：检察机关举证证明被告人收取集资款后具有逃匿行为，但被告人反驳或反证其并非携款逃匿，而是基于无法归还集资款受到非法威胁而出外躲避，仍具有还款意愿的，则不能以其逃匿行为推导出非法占有目的；检察机关举证证明被告人用于生产经营活动与筹集资金规模明显不成比例，致使集资款不能归还，但被告人举证证明其生产经营受到市场影响不能正常运营以致亏损，所筹集资金用于弥补亏损的，同样不能以该行为推定出被告人具有非法占有目的。

第四，推定事实必须符合刑事诉讼法"事实清楚，证据确实、充分"的证明标准。对于该证明标准的内涵和具体要求，《刑事诉讼法》《最高人民法院关于适用〈中华人民共和国刑事诉讼法〉的解释》《关于办理刑事案件严格排除非法证据排除若干问题的规定》等法律和司法解释均作出了明确规定。鉴于控辩双方在取证方面的失衡，以及非法集资案件涉众性特征所造成的极大社会压力，人民法院在审判过程中应当全面综合审查证据，将对非法占有目的的认定是否能"排除合理怀疑"作为判断"事实清楚，证据确实、充分"的证明标准。

二、"使用诈骗方法""非法集资"的刑法解释

集资诈骗罪客观方面的主要特征是，使用诈骗方法非法集资、数额较大的行为，对其客观行为的解释疑难主要表现在"使用诈骗方法""非法集资"的解释上。

（一）使用诈骗方法的具体含义

"使用诈骗方法"就是使用欺骗行为之含义，具体表现为向集资参与人虚构事实或隐瞒真相，传递不真实信息，使集资参与人陷入处分财产的认识错误。1996年12月16日发布的《最高人民法院关于审理诈骗案件具体应用法律的若干问题的解释》第3条第2款规定："'诈骗方法'是指行为人采取虚构集资用途，以虚假的证明文件和高回报率为诱饵，骗取集资款的手段。"该款规定是专门针对集资诈骗罪之"诈骗方法"进行的解释，应当说该款规定中对于行为手段进行了明确和限定，但却不一定能反映诈骗方法的实质。其中，"虚构资金用途""虚假证明文件""高回报率"三种方式都只是行为表象。如果虚构资金用途后，集资行为人仍然将资金用于正常生产经营活动的，该虚构行为不能认定为使用诈骗方法；而如果行为人使用了虚假证明文件，但该证明文件并不重要，不能使集资参与人陷入认识错误而交付财产，那么，该虚假证明文件的出具也不能认定为使用诈骗方法；至于高回报率的问题，在上小节"非法吸收公众存款罪"中已经进行过分析，在非法吸收公众存款案中，也普遍存在高回报率的问题，因此，这一手段并不是认定使用诈骗方法的完全可靠依据。

张明楷教授认为："就集资诈骗而言，只要某种行为足以使对方陷入'行为

人属合法募集资金''行为人属正常募集资金''行为人的集资获得了有关机关的批准''处置后会有回报'等认识错误",进而导致'出资',那么,这种行为就属于集资诈骗罪中的诈骗方法。"① 并主张,对集资诈骗罪的"诈骗方法"只能进行实质的限定,而不可能穷尽其具体表现。

笔者认为,并非所有的欺诈行为都应当认定为"使用诈骗方法"。首先,欺骗手段必须使集资参与人陷入认识错误;其次,行为人基于认识错误而自愿处分自己的财物。即欺骗手段必须与集资参与人基于认识错误处分财物之间具备直接因果关系,该行为才能认定为使用诈骗方法。例如,公司在成立过程中,有虚报注册资本或虚假出资行为,但该行为与集资参与人将款项交付集资行为人之间并不具备因果关系,因此,不能作为认定"使用诈骗方法"的依据。

(二) 使用诈骗方法与非法占有目的之间的关系

使用诈骗方法是客观行为,非法占有目的是主观目的,客观行为一定程度上反映主观目的,二者之间虽然存在紧密联系,但不能等同。在司法实践中,确实存在大量直接以使用诈骗方法推定行为人具有非法占有目的的做法,该方式有"同体推定"的嫌疑。有学者认为,行为人以非法占有目的进行非法集资必然使用诈骗方法,但是,使用诈骗方法并不必然说明行为人具有非法占有目的。② 以上观点正确阐述了二者之间的关系。因此,在认定行为人是否具有非法占有目的时,在集资时是否使用诈骗方法是其中一个重要的判断因素。在司法实践中,侦查机关和公诉机关为证实行为人具有非法占有目的,往往会千方百计寻找行为人的欺诈证据和事实。但是,不能以行为人使用了诈骗方法为依据,就直接推定行为人具有非法占有目的。在司法实践中,尤其应当着重审查行为人欺诈的对象和具体内容,并进一步审查行为人使用的欺诈手段是否为了实现非法占有,二者之间是否存在因果关系。例如,行为人以 A 项目为集资事由,但实际是要用于 B 项目,虽然行为人采取了欺诈手段,但并不具有非法占有目的。2016 年《四川省高级人民法院、四川省人民检察院、四川省公安厅关于我省办理非法集资刑事案件若干问题的会议纪要》第五条规定:"区分非法吸收公众存款罪和集资诈骗罪的关键在'非法占有目的'的认定,在认定时要坚持主客观相一致的原则,不能仅根据行为人有隐瞒真相或者虚构事实行为就推定其具有'非法占有目的'。"也是针对诈骗方法与非法占有目的之间关系的专门规定,在司法实践中具有指导和参考意义。

结合上述分析,在判断和认定行为人是否使用诈骗方法以及是否具有非法占

---

① 张明楷著:《刑法学(下)》(第五版),法律出版社 2016 年 7 月出版,第 796 页。
② 刘仁文、田坤:《非法集资刑事案件适用法律疑难问题探析》,载《江苏行政学院学报》2012 年第 1 期。

有目的时，必须将行为人所使用的欺诈方法与集资参与人自愿交出财产，以及行为人取得财产时的主观心理状态，取得财产后的具体行为等综合起来进行判断，不能笼统地将欺诈行为作为判断行为人主观故意及目的的万能钥匙。

（三）"非法集资"的含义与特征

非法集资的含义，有狭义和广义之分。广义的非法集资行为，是指违反了法律、法规、规章有关集资的实体规定或者程序规定集资，而不限于未经有权机关批准；狭义的非法集资行为，是指未经法定程序和有权机关的批准进行集资的行为。其中，集资只限于向社会公众募集资金，不包括募集资金以外的财物。最高人民法院1996年《关于审理诈骗案件具体应用法律若干问题的解释》第3条规定："非法集资是指法人、其他组织或者个人，未经有权机关批准，向社会公众募集资金的行为。"《非法金融机构和非法金融业务活动取缔办法》（国务院〔1998〕247号令）第一条规定："非法集资是指单位或个人未依照法定程序经有关部门批准，以发行股票、债券、彩票、投资基金证券或其他债权凭证的方式向社会公众筹集资金，并承诺在一定期限内以货币、实物及其他方式向出资人还本付息或给予回报的行为。它具有如下特点：（一）未经有关部门依法批准，包括没有批准权限的部门批准的集资以及有审批权限的部门超越权限批准的集资；（二）承诺在一定期限内给出资人还本付息，还本付息的形式除以货币形式为主外，还包括以实物形式或其他形式；（三）向社会不特定对象即社会公众筹集资金；（四）以合法形式掩盖其非法集资的性质。"以上司法解释和行政命令文件中对于非法集资的界定均限于狭义解释。而根据最高人民法院发布的一系列司法解释，非法集资犯罪是一类罪的总称，包括非法吸收公众存款罪、集资诈骗罪、擅自发行股票、公司、企业债券罪等罪名。而且，《非法金融机构和非法金融业务活动取缔办法》中对于非法集资行为特征之界定与《2010年解释》中对于非法吸收公众存款罪之行为特征的界定基本一致，即非法集资行为具有非法性、公开性、利诱性和社会性四大特征。

集资诈骗罪中非法集资含义的界定应当采取广义概念，而且，集资诈骗罪中的非法集资行为还体现为虚假承诺回报，这是其与非法吸收公众存款罪中集资行为的区别之一。非法吸收公众存款罪中的集资行为虽然也具有利诱性，但行为人具有归还集资款的意思表示，而集资诈骗罪中的集资行为与非法占有目的紧密联系，行为人的承诺回报具有虚假性，只是其获取集资款的手段，而不具有归还集资款的真实意思。

三、集资诈骗罪的界限问题

集资诈骗罪的界限问题主要体现在罪与非罪以及与非法吸收公众存款罪的区分上。

（一）集资诈骗罪罪与非罪问题

集资诈骗罪是数额犯和情节犯，对于骗取数额较小资金，且情节较轻的行为，不应认定为犯罪。判断集资诈骗罪罪与非罪的问题，最重要的区分标准就是是否具有非法占有目的。因本节前面部分已经对非法占有目的进行了详细阐述，本部分主要结合司法判例来进行具体分析。

【案例】庞某被指控涉嫌合同诈骗罪、集资诈骗罪被改判无罪案①

四川省南江县人民法院审理南江县人民检察院指控原审被告人庞某犯合同诈骗罪、集资诈骗罪一案，于2014年作出庞某犯合同诈骗罪、集资诈骗罪一审刑事判决。宣判后，庞某不服，提出上诉。巴中市中级人民法院以原判认定事实不清，裁定发回重审。南江县人民法院另行组成合议庭进行了审理，并再次作出有罪刑事判决，宣判后，庞某提起上诉，巴中市中级人民法院以审判程序违法裁定发回重审。南江县人民法院另行组成合议庭进行了审理，并再次作出有罪判决，宣判后，南江县人民检察院认为原判认定事实不清、确有错误提起抗诉，庞某认为其不构成犯罪提起上诉。

原判认定，被告人庞某在分别与被害人周某1、谭某、张某3业务往来过程中，采取先付款再发货的方式收取货款，但在合同履行过程中未向被害人足额发货，分别向3人写下欠条或借条，并承诺支付利息，案发前未还三人欠款合计为149.79万元。2001年至2007年，被告人庞某分别以代理"小角楼"酒和开办抱国醇酒业缺钱为由，以给付1~5分利息为诱饵，在赵某2等21人处非法收取人民币223.9924万元拒不退还。原判认为，被告人庞某以非法占有为目的，在签订、履行合同过程中，非法收取对方当事人财物，拒不返还且逃匿，数额特别巨大；被告人庞某以非法占有为目的，使用诈骗方法非法集资，且未返还，数额特别巨大。其行为构成合同诈骗罪、集资诈骗罪。依法应当数罪并罚判决决定执行有期徒刑十五年，并处罚金二十万元。

庞某上诉称，对本案涉及的所立条据的金额无异议，最终的金额应以实际还款或以酒抵账的金额为准。我没有以非法占有为目的，无非法收取他人货款和借款的故意，也无逃匿，其不构成诈骗罪，请求改判无罪。其辩护人的辩护意见是，借款、欠款是事实，但没有占为己有、拒不归还的意图，主、客观均没有犯罪的故意，有争议的金额不应纳入定案范围，庞某外出并非逃匿。请求判决庞某无罪。

二审法院经审理认定，针对合同诈骗罪指控，原公诉机关仅因庞某欠下周某1、谭某、张某3大额欠款及欠据，指控庞某只履行合同极少部分证据不充分。

---

① 参见巴中市中级人民法院（2017）川19刑终37号刑事判决书，来源：中国裁判文书网，网址：http://wenshu.court.gov.cn/content/content?DocID=de03bf87-67a8-4966-a0a8-a83b00a9f089&KeyWord=%EF%BC%882017%EF%BC%89E5%B7%9D19%E5%88%91%E7%BB%8837%E5%8F%B7，2018年3月13日访问。

原公诉机关指控被害人周某1等人向庞某支付足额购酒款后，庞某不足额发货，庞某辩称是平昌小角楼酒类销售公司对酒调价让其在经营中高进低出产生逆向价差致其亏损。认定庞某以非法占有为目的，具有欺诈行为，拒不退还购酒款的证据不充分；另针对原公诉机关指控庞某逃匿的事实，庞某未在巴中期间与携款逃匿性质不同，不能必然得出其离开属于拒不偿还。针对集资诈骗罪的指控，经查，各借款人在借款前均认识庞某，在案无证据证实庞某采用向社会公开宣传的方式向不特定的人进行集资。根据庞某供述、各债权人陈述以及在案书证、证人证言，可证实庞某借款的原因是代理小角楼酒和投资巴中市抱国醇酒业有限责任公司的酒厂，经查，庞某的借款时间确实是在其代理小角楼酒、投资抱国醇酒厂的期间内，故借款的事由并未虚构。针对庞某借款是否具有非法占有的主观目的的问题，经查，现有证据证实庞某对巴中市抱国醇酒业有限责任公司的酒厂进行了投入，酒厂也进行了生产，现有在案证据不能确定庞某投入生产经营活动或者用于生产经营活动所需资金与所筹集资金规模的比例，不能锁定资金去向，也无其他证据证实庞某在此期间有肆意挥霍、携款潜逃、资金用于违法犯罪活动、逃避返还资金的情形，从而实现非法占有。法院认为，原判认定庞某构成合同诈骗罪、集资诈骗罪的证据不足，原公诉机关指控上诉人（原审被告人）庞某所犯罪名不能成立，故撤销原一审判决，改判上诉人（原审被告人）庞某无罪。

从以上案件中可以看出，对于庞某行为是否构成合同诈骗罪和集资诈骗罪，一审法院和二审法院观点不同，案件经上诉、抗诉、驳回、再上诉、再驳回等几番波折，最终才被宣判无罪。在对于庞某是否构成集资诈骗罪的认定问题上，终审判决从三个角度对控辩双方争议的焦点进行了评析。首先，针对行为人是否存在非法集资行为的问题，终审判决以无证据证实庞某采用向社会公开宣传的方式向不特定的人进行集资，认定庞某行为不构成非法集资；其次，针对庞某是否存在"使用诈骗方法"的问题，终审判决以庞某未虚构借款事由而否定"使用诈骗方法"的指控；再次，对于庞某是否具有非法占有目的的问题，终审判决以在案资金去向证据不足，从而否定了庞某具有非法占有目的的指控。笔者认为，终审判决在中介判决无罪的理由时，将其完全归结于证据不足不够准确，从判决具体理由的列举来看，该案中实际还存在定性不当的问题，庞某的借款行为本身不符合集资诈骗罪的构成要件，这也是判决庞某无罪的重要理由。

【案例】刘某甲被指控涉嫌集资诈骗罪被判无罪案[①]

宣恩县人民法院审理宣恩县人民检察院起诉指控原审被告人刘某甲犯集资诈

---

① 恩施土家族苗族自治州中级人民法院（2014）鄂恩施中刑终字第00184号刑事裁定书，来源：中国裁判文书网，网址：http://wenshu.court.gov.cn/content/content?DocID=3ae3b1ab-5c2c-4df4-8a57-71272ff80d0e&KeyWord=%EF%BC%882014%EF%BC%89E9%84%82%E6%81%A9%E6%96%BD%E4%B8%AD%E5%88%91%E7%BB%88%E5%AD%97%E7%AC%AC00184%E5%8F%B7，2018年3月13日访问。

骗罪一案，于 2014 年 10 月 28 日作出（2014）鄂宣恩刑初字第 00087 号刑事判决。原审查明，被告人刘某甲于 2007 至 2008 年间在利川市开办了柏杨养殖合作社，刘某甲为法定代表人，业务范围为生猪养殖、销售，之后又设立恩施州玉泉养殖专业合作总社。刘某甲在经营过程中，向张某乙、刘某乙、李某丙、何某、贾某等合作社成员借款，之后，在与湖北民族学院化学与环境工程学院合作过程中，向该学院教师胡某、肖某、李某甲、宋兴建、王某甲非法发行股票 34 张，总金额 17 万元。刘某甲所借款及欠款已全部清偿。原审判决认为，被告人刘某甲开办的恩施州玉泉养殖专业合作总社是一个经济组织，属于企业性质，其机构、制度较为完整。刘某甲在借款时没有虚构事实，也没有隐瞒差钱的真相，不能认定其采取了欺诈方法和以非法占有为目的。被告人刘某甲指使陈加林在湖北民族学院化学与环境工程学院以发行内部股券的形式在老师处集资的行为是非法的，但该学院与恩施州玉泉养殖专业合作总社有业务合作关系，所集资的对象是该学院的职工，其对象是特定的人，且只吸纳了五个人的资金，合计只有 17 万元，该行为既不构成集资诈骗罪，也不构成非法吸收公共存款罪。判决宣告被告人刘某甲无罪。

抗诉机关宣恩县人民检察院提出抗诉认为：原判认定被告人刘某甲主观上没有非法占有他人财物的故意，属认定事实和适用法律错误。被告人刘某甲明知没有偿还能力，仍虚构借款用途，虚假发售企业内部股券，以高息为诱饵，大肆向社会公众集资，且集资后用于生产经营活动与筹集资金规模明显不成比例，造成巨额资金不能归还，足以认定其主观上具有非法占有的故意。

二审法院经审理查明，刘某甲设立合作总社是为了从事生猪养殖的目的是明确的。刘某甲在向宣恩县工商行政管理局申请登记注册合作总社时，虽然没有如实登记合作总社成员，并按照申报的出资额进行出资，但客观上合作总社在设立时是有一定的实物资产的。检察机关所提原审被告人刘某甲在申请工商登记过程中的弄虚作假行为，是以此给社会公众造成其有雄厚经济实力的假象，为日后骗取更多的社会资金做好铺垫的意见，无证据证实，不予采纳。并认定，刘某甲在向何某、贾某、肖某、张某甲、张某乙、刘某乙、李某乙借款时，既没有使用虚构事实、隐瞒真相等诈骗的手段，也无充分证据证实原审被告人刘某甲对所借款项有非法占有的故意。此外，原审被告人刘某甲的借款对象也是特定的人，不属刑法意义上的"社会公众"，故原审被告人刘某甲的上述行为不构成集资诈骗罪，也不构成其他犯罪。驳回抗诉，维持原判。

在以上案件中，一、二审判决对刘某甲判决无罪，同样是基于三个理由，即没有使用诈骗方法、没有非法占有目的以及不构成非法集资行为，二审判决重点针对刘某甲设立合作总社时未按照申报出资以及没有如实登记成员的行为进行了分析评价。刘某甲的行为虽然属于欺诈行为，但是不能以此推定刘某甲不具备履行能力，且该欺诈行为欺骗对象系工商登记部门，属于行政违法，与之后借款行为之间不具备因果关系，不能认定刘某甲"使用诈骗方法"借款；另外，刘某甲的实际经营行为和借款目的证实其不具有非法占有目的。

（二）集资诈骗罪与非法吸收公众存款罪的界限

集资诈骗罪与非法吸收公众存款罪均属于非法集资犯罪，在我国司法解释对于非法集资行为的界定不明确的情况下，往往将非法吸收公众存款罪之客观行为等同于非法集资，并有学者将集资诈骗罪和非法吸收公众存款罪界定为特殊法条和普通法条的关系。笔者认为，该观点有失偏颇。从广义上理解非法集资犯罪，其属于一类犯罪的总称，而不存在非法集资罪这一罪名，从而非法吸收公众存款罪与集资诈骗罪不存在普通法条与特殊法条之关系；如果对于集资诈骗罪中的非法集资行为进行狭义理解，将非法集资行为特征等同于非法吸收公众存款罪行为特征，则在行为方式上，二者存在部分重合，但仍然不能得出二者属于普通法条与特殊法条之关系的结论。两者的区别在于：第一，侵犯的客体是单一客体还是复杂客体；第二，客观上是否使用诈骗方法；第三，主观上是否具有非法占有目的。其中，主观是否具有非法占有目的是区分二者的主要因素。我们针对下面的案例进行具体分析。

【案例】 李某等非法吸收公众存款罪案①

河南省郑州市中级人民法院审理郑州市人民检察院指控李某、白某、孙某、刘某等4人犯集资诈骗罪及许某等犯非法吸收公众存款罪一案，于2013年作出一审判决。原判认定：2010年上半年，被告人李某与白某通过中介在郑州市机场工商分局登记注册了河南快易投资担保有限公司，后又将该公司注册资金变更为5 000万元，股东并未实际出资。2011年8月份，郑州市工商行政机关发现快易担保公司非法从事担保业务，要求该公司法定代表人白某立即将该公司予以注销。同年8月22日，白某在债权债务未经清算的情况下，到工商管理部门办理了快易担保公司的注销手续，并登报公示。快易担保公司成立后，被告人李某和白某负责日常工作，在未经有关部门批准的情况下，被告人李某等人以快易担保公司为依托，以高息作为诱饵，大肆进行理财宣传，吸引社会公众到其公司存款。经鉴定，快易担保公司自2010年10月至2011年10月，共计吸收公众存款金额为661 336 500元（已扣除续存金额75 528 500元）；截至2011年10月31日尚未归还客户总额为237 265 000元，扣除已付利息17 766 122元，扣除还本

---

① 参见河南省高级人民法院（2013）预法刑四终字第00100号刑事判决书，来源：无讼网，网址：https://www.itslaw.com/detail?judgementId=0b7dcd11-6636-4d5e-97c6-187fldabad08&area=1&index=1&sortType=1&count=1&conditions=searchWord%2B%EF%BC%882013%EF%BC%89%E9%A2%84%E6%B3%95%E5%88%91%E5%9B%9B%E7%BB%88%E5%AD%97%E7%AC%AC00100%E5%8F%B7%E2%B1%2B%EF%BC%882013%EF%BC%89%E9%A2%84%E6%B3%95%E5%88%91%E5%9B%9B%E7%BB%88%E5%AD%97%E7%AC%AC00100%E5%8F%B7%B7，2018年3月13日访问。

金额 24 308 013 元，尚欠客户净额为 195 190 865 元。上述被告人非法募集资金后，将 90 000 000 元以豫海公司的名义购买土地（案发前已退还 40 000 000 元），将 70 576 657 元以孙某等个人的名义购买房产 20 多套，将 6 709 900 元用于 KTV 等处装修，将 8 087 244 元用于购买宝马等高级轿车。案发后，部分被告人退还赃款 66 万元，公安机关追回赃款赃物价值人民币 132 002 787 元，尚有损失人民币 62 528 078 元无法挽回。郑州市中级人民法院认定被告人李某、白某、孙某、刘某犯集资诈骗罪，被告人许某等犯非法吸收公众存款罪。

李某等人不服一审判决，提出上诉，并辩称：李某等人的行为不构成集资诈骗罪，其行为构成非法吸收公众存款罪。二审法院经审理认定，关于上诉人李某、白某、孙某、刘某及其辩护人"四上诉人不构成集资诈骗罪"的上诉理由和辩护意见，经查，李某等在案的十一人以快易担保公司的名义向社会公众非法募集资金，主要用于投资购买房产、土地使用权、KTV 等经营性活动，扰乱国家金融管理秩序，其行为符合非法吸收公众存款罪的特征；在案证据证实李某等人将少量资金用于购车等挥霍行为，不能确定四上诉人使用了明显的诈骗手段非法占有集资款项的目的，不应以集资诈骗罪追究四上诉人的刑事责任。并认为，上诉人李某等人行为均构成非法吸收公众存款罪，并撤销河南省郑州市中级人民法院一审判决对被告人李某、白某、孙某、刘某等的判决部分，改判该 6 人非法吸收公众存款罪及适当刑期。

在以上案例中，二审法院对李某等四人由集资诈骗罪改判为非法吸收公众存款罪的理由在于，李某等人将吸收资金主要用于经营性活动，仅有少量用于挥霍，故不能认定行为人使用了"明显"诈骗手段非法占有集资款。

笔者注意到，在大量集资诈骗案中，公诉机关均或多或少地存在对行为人挥霍财产的指控。浙江吴英案中，公诉机关指控，吴英将大量珠宝等高价物品赠与他人，还购买豪车，盲目投资期货亏损 4 700 万余元，盲目竞标东阳某地块，致使 800 万元保证金被没收等，足以说明吴英在肆意挥霍集资款，并适用 2010 年解释第四条第（二）项"肆意挥霍集资款，致使集资款不能返还的"之规定，认定吴英具有非法占有目的。针对吴英购买豪车珠宝的行为是否能认定其具有恶意挥霍行为，以及由该行为能否认定吴英具有非法占有目的，理论界和实务界当时进行了较为激烈的争论。尽管吴英案判决已经盖棺定论，但现在再来回顾该案相关证据、事实及定性，不得不说，判决中对于吴英的"挥霍"行为定性有失偏颇。而且，即便依照《2010 年解释》第四条第（一）项"集资后不用于生产经营活动或者用于生产经营活动与筹集资金规模明显不成比例，致使集资款不能返还的"之规定，吴英将极少量款项用于个人消费，但绝大部分款项用于生产经营活动的行为也不应认定为"非法占有目的"。该判决结果也不符合 2001 年《全国法院审理金融犯罪案件工作座谈会纪要》中对于"集资诈骗罪的认定和处理"的相关规定："在处理具体案件时要注意以下两点：一是不能仅凭较大数额的非法集资款不能返款的结果，推定行为人具有非法占有目的；二是行为人将大部分资金用于投资或生产经营活动，而将少量资金用于个人消费或挥霍的，不应仅以此便认定具有非法占有目的。"但值得强调的是，该纪要规定的"少量资金"在集资总额中所占比例并不明确，这也就导致了司法实践中对于同类案例在判决结果上存在的重大差异，有不少案件将其中用于个人奢侈消费的部分资金认定为集资诈骗罪，而将其余款项金额认定为非法吸收公众存款罪。

另外，对于非法吸收公众存款罪可否转化为集资诈骗罪的问题，有观点认为，二者之间可以转化。① 2016 年《四川省高级人民法院、四川省人民检察院、四川省公安厅关于我省办理非法集资刑事案件若干问题的会议纪要》规定："对被告人实施非法吸收公众存款行为，但后期逐步转化为集资诈骗行为的案件，定罪时要坚持主客观相一致的原则，准确区分被告人犯意的转化时间节点，可从被告人供述、集资款的去向、企业的生产经营状况、集资款的管理等方面综合认定。"即是认可非法吸收公众存款罪可以转化为集资诈骗罪。笔者认为，根据行为与责任同时存在原则和主客观相一致原则，如果集资行为人收取款项时具有非法占有目的，那么，该行为应直接认定为集资诈骗罪，不存在由非法吸收公众罪转化的问题。如果行为人收取款项时不具有非法占有目的，其吸收资金的行为应认定为非法吸收公众存款罪；如果在吸收资金之后，再产生非法占有目的，吸收资金行为和之后的行为应当分别进行评价，后一行为构成其他罪名的，数罪并罚，故也不存在罪名转化的问题。

四、集资诈骗罪的共同犯罪和单位犯罪认定问题

司法实践中，大部分集资诈骗罪主体均为多人，且有部分金额巨大的案件是以单位甚至集团企业名义集资，故存在共同犯罪和单位犯罪的认定疑难问题。

（一）集资诈骗罪共同犯罪的认定疑难问题

我国传统刑法理论认为，共同犯罪的成立必须具备三个条件：第一，共同犯罪的主体必须是两个以上达到刑事责任年龄、具有刑事责任能力的人或者单位；第二，构成共同犯罪必须两人以上共同实施犯罪行为；第三，构成共同犯罪必须两人以上具有共同犯罪故意；不区分正犯与狭义的共犯，而是以行为人在共同犯罪中所起的作用大小区分主犯、从犯、胁从犯及教唆犯，并由此认定相应刑事责任。德日刑法理论主张两种学说，其一是犯罪共同说，即共同犯罪必须是数人共同施行特定的犯罪，或者说两人以上只能就完全相同的犯罪成立共同犯罪；部分犯罪共同说主张，两人以上虽然共同实施了不同的犯罪，但当这些不同的犯罪之间具有重合的性质时，则在重合的限度内成立共同犯罪；其二是行为共同说，共

---

① 参见：陈鹏鹏、王周：《集资诈骗罪的认定问题》，载《西南政法大学学报》2012 年第 2 期。

同犯罪是指数人共同实施了行为。我国目前司法实践采取部分犯罪共同说。

因集资诈骗案件的涉众性，大部分集资诈骗案件犯罪主体均为两人以上，且很多案件为单位犯罪，对于两个以上自然人涉嫌非法集资共同犯罪的案件，按照《最高人民法院关于审理非法集资刑事案件具体应用法律若干问题的解释》第四条规定："非法集资共同犯罪中部分行为人具有非法占有目的，其他行为人没有非法占有集资款的共同故意和行为的，对具有非法占有目的的行为人以集资诈骗罪定罪处罚。"可以根据行为人是否具有非法占有集资款目的和行为，基于部分犯罪共同理论，分别定性为集资诈骗罪和非法吸收公众存款罪，即行为人在非法吸收公众存款罪限度内成立共同犯罪。对于两个以上单位涉嫌集资诈骗罪的，依据《全国法院审理金融犯罪案件工作座谈会纪要》规定："两个以上单位以共同故意实施的犯罪，应根据各单位在共同犯罪中的地位、作用大小，确定犯罪单位的主从犯。"可以认定共同犯罪，并区分主从犯。非法集资"上线"和"下线"之间是否基于共同犯罪故意及共同目的吸收资金，是判断各自罪名及刑事责任的依据，如资金获取人对于集资款持非法占有目的，但是其下线由于受其蒙蔽对于吸收的集资款项仅持非法吸存的故意，则两者之间只能就非法吸收公众存款罪成立共同犯罪。

对于中介机构及中间人的共同犯罪认定和量刑问题，依据《最高人民法院、最高人民检察院、公安部关于办理非法集资刑事案件适用法律若干问题的意见》规定："为他人向社会公众非法吸收资金提供帮助，从中收取代理费、好处费、返点费、佣金、提成等费用，构成非法集资共同犯罪的，应当依法追究刑事责任。能够及时退缴上述费用的，可依法从轻处罚；其中情节轻微的，可以免除处罚；情节显著轻微、危害不大的，不作为犯罪处理。"对于中介机构或中间人构成共犯的量刑，可以根据退缴金额和情节情况分别从轻处罚、免除处罚或不作为犯罪处理，实际是依据中间方的从犯地位和作用所作的从宽处罚规定。该规定仅对典型的收取中介费之帮助行为进行了规定，而且，对于"非法集资共同犯罪"的界定不够明确。对于由中间方吸收资金供资金使用方使用的情形，可根据行为人主观故意和目的的内容及所实施的客观行为，分别对资金实际使用人和中间方定性为集资诈骗罪和非法吸收公众存款罪。但是，如果中间人明知资金实际使用人具有非法占有目的，仍然帮助其向不特定公众吸收资金供其使用，那么，无论中间人是以自己名义还是以他人名义，也不论其是否从集资中牟利，均与资金使用人共同构成集资诈骗罪。

另针对广告经营者、发布者的共犯认定问题，《2010年解释》第八条规定："广告经营者、广告发布者违反国家规定，利用广告为非法集资活动相关的商品或者服务作虚假宣传，具有下列情形之一的，依照《刑法》第二百二十二条的规定，以虚假广告罪定罪处罚：（一）违法所得数额在10万元以上的；（二）造成严重危害后果或者恶劣社会影响的；（三）二年内利用广告作虚假宣传，受过行政处罚二次以上的；（四）其他情节严重的情形。明知他人从事欺诈发行股票、债券，非法吸收公众存款，擅自发行股票、债券，集资诈骗或者组织、领导传销活动等集资犯罪活动，为其提供广告等宣传的，以相关犯罪的共犯论处。"该规定以广告经营者、发布者主观上是否明知作为判断是否共犯的依据，以虚假广告罪为一般定性，以非法集资共犯作为例外规定。一般情况下，广告经营者、发布者对其宣传的内容是否违法仅具有形式审查义务，而不具备实质审查义务，而且，即便广告经营者、发布者未尽到审慎核实的义务，客观上进行了虚假的宣传，但因其主观上却并不具备非法集资的主观故意和目的，不应认定为集资诈骗罪或其他非法集资罪名。同时，还应当注意到，《刑法修正案（九）》增设了帮助信息网络犯罪活动罪，《刑法》第二百八十七条之二规定："明知他人利用信息网络实施犯罪，为其犯罪提供互联网接入、服务器托管、网络存储、通信传输等技术支持，或者提供广告推广、支付结算等帮助，情节严重的，处三年以下有期徒刑或者拘役，并处或者单处罚金。"该条规定与《刑法》第二百二十二条规定系法条竞合。如果广告经营者、发布者是利用互联网进行非法集资的广告经营和发布，则应当认定为帮助信息网络犯罪活动罪。只有在广告经营者明知集资方要求为其进行的虚假宣传是为了非法集资，却仍为其进行相关的宣传的特殊情形下，才应该认定其与集资方成立共同犯罪。

(二) 集资诈骗罪单位犯罪的认定疑难问题

对于指控单位构成集资诈骗罪的案件中，单位内部直接负责的主管人员和其他责任人员之间是否构成共同犯罪？进一步而言，对于单位直接负责的主管人员和其他责任人员可否不按照单位涉嫌的集资诈骗罪进行定性，而分别定性为集资诈骗罪和非法吸收公众存款罪？

首先，对于单位犯罪是否共同犯罪问题，理论界存在分歧。肯定单位犯罪是共同犯罪的观点分为两种：一种观点认为，单位犯罪是单位与其责任人员的共同犯罪；① 另一种观点认为，单位犯罪意志是经单位组织决策机构成员共同决策后形成的整体意志，这种整体意志又由该单位组织内部自然人行为转化为单位的犯罪行为，因此，单位犯罪是单位内部责任人员之间的共同犯罪。② 否定论者认为，单位犯罪中单位与其内部责任人员之间不构成共同犯罪，同时，单位内部责任人员之间也不构成共同犯罪，因为单位的犯罪意志是为了单位的整体利益，不是决策成员意志的简单相加；将单位犯罪视为特殊共同犯罪从根本上否定了单位是客观存在的独立人格体；从刑法规定来看，单位犯罪也与共同犯罪分别独立且

---

① 参见：许朝阳：《单位犯罪相关问题刍议》，人民检察出版社1999年版，第22页。
② 参见龚培华：《刑法理论与司法实务》，上海社会科学院出版社2002年版，第92页。

并列进行规定。① 目前大部分学者均认同单位犯罪内部成员之间不成立共同犯罪的观点。

但是，从最高人民法院相关司法解释文件来看，目前司法实务实际认可单位犯罪内部可以成立共同犯罪。2000 年 9 月《最高人民法院关于审理单位犯罪案件对其直接负责的主管人员和其他直接责任人员是否区分主犯、从犯问题的批复》规定："在审理单位故意犯罪案件时，对其直接负责的主管人员和其他直接责任人员，可不区分主犯、从犯，按照其在单位犯罪中所起的作用判处刑罚。"2001 年最高人民法院下发的《全国法院审理金融犯罪案件工作座谈会纪要》规定："对于单位犯罪中的直接负责的主管人员和其他直接责任人员，应根据其在单位犯罪中的地位、作用和犯罪情节，分别处以相应的刑罚，主管人员与直接责任人员，在个案中，不是当然的主、从犯关系，有的案件，主管人员与直接责任人员在实施犯罪行为的主、从关系不明显的，可不分主、从犯。但具体案件可以分清主、从犯，且不分清主、从犯，在同一法定刑档次、幅度内量刑无法做到罪刑相适应的，应当分清主、从犯，依法处罚。"依据以上规定，集资诈骗罪单位犯罪内部主管人员的其他直接责任人员之间可以成立共同犯罪，并依据其在单位犯罪中的地位和作用，区分主、从犯。

其次，对于同一单位犯罪主体下，单位责任人员的罪名可否与单位犯罪罪名不一致的问题，学界也存在争议。现行《刑法》对于单位犯罪采取总则概括性规定和分则具体规定相结合的模式，《刑法总则》第 30 条、第 31 条对于单位犯罪的成立范围及处罚原则进行规定，分则对具体罪名和法定刑进行规定，并对单位犯罪采取双罚制为主的处罚方式。从分则罪名的具体规定来看，单位犯罪与单位责任人员的罪名均应当为同一罪名，单位责任人员罪名从属于单位罪名。而对于单位成员的责任根据，我国理论学界有"人格化社会系统责任论"② "整体社会责任论"③ "复合主体论"④ "单位成员从属性与独立性论"⑤ 等多种观点，且以上观点均认可单位犯罪系一个犯罪行为；叶良芳教授在其《论单位犯罪的形态结构——兼论单位与单位成员责任分离论》中提出了新的观点，即单位与单位成员责任分离论，认为在单位犯罪的场合，至少存在两个犯罪行为，一个是单位犯罪，一个是单位成员犯罪，从而以此为基础，可以对单位责任与单位成员责任实现适当分离，追究单位的刑事责任，以单位犯罪为根据；追究单位成员的刑事责

---

① 参见陈展鹏：《单位犯罪司法实务问题释疑》，中国法制出版社 2007 年版，第 170 页。
② 参见何秉松主编：《法人犯罪与刑事责任》，中国法制出版社 2000 年版，第 485 页。
③ 参见陈兴良：《以规范为视角的分析》，载《河南省政法管理干部学院学报》2003 年第 1 期。
④ 参见马长生、胡凤英：《论新刑法对单位犯罪的规定》，载《政法论坛》1997 年第 6 期。
⑤ 参见石磊：《单位犯罪关系论》，山东大学出版社 2005 年版，第 18 – 21 页。

任，以单位成员的犯罪行为为根据。① 根据以上观点，单位犯罪中，单位成员与单位之间罪名可不同，单位成员之间的罪名也可能不同。同时，也有学者从以下角度提出了同一单位犯罪主体下能对不同意志的直接负责人员以不同罪名定罪的理由：作为单位犯罪整体和作为单位犯罪组成部分的责任人员之间存在犯罪意志脱离的情形；单位犯罪责任人员之间本质上是共同犯罪关系，在参与共同犯罪促成危害结果发生的前提下，各参与人应在本人存在故意的犯罪内承担共同犯罪罪责。②

在司法实践中，单位涉嫌集资诈骗案件中，也出现了判决认定单位构成集资诈骗罪，对单位内部成员部分以集资诈骗罪和非法吸收公众存款定罪的情形。以著名的"e租宝"案为例，2017年9月12日，北京市第一中级人民法院依法公开宣判被告单位安徽钰诚控股集团、钰诚国际控股集团有限公司以及被告人丁宁、丁甸、张敏等26人集资诈骗、非法吸收公众存款案，对钰诚国际控股集团有限公司以集资诈骗罪、走私贵重金属罪判处罚金人民币18.03亿元；对安徽钰诚控股集团以集资诈骗罪判处罚金人民币1亿元；对丁宁以集资诈骗罪、走私贵重金属罪、非法持有枪支罪、偷越国境罪判处无期徒刑，剥夺政治权利终身，并处没收个人财产人民币50万元，罚金人民币1亿元；对丁甸以集资诈骗罪判处无期徒刑，剥夺政治权利终身，并处罚金人民币7 000万元。同时，分别以集资诈骗罪、非法吸收公众存款罪、走私贵重金属罪、偷越国境罪，对张敏等24人判处有期徒刑3年至15年不等刑罚，并处剥夺政治权利及罚金。其中，认定被告人王之焕等16人违反国家金融管理法律规定，变相吸收公众存款，行为已构成非法吸收公众存款罪。北京市高级人民法院二审对该案维持原判。③ 在以上案件中，王之焕等16人均系安徽钰诚控股集团、钰诚国际控股集团有限公司内部员工，但判决仅对丁宁、丁甸认定为集资诈骗罪，而未对该16人定性为集资诈骗罪，实际即是认可单位与单位成员之间相互独立、责任分离的观点。

---

① 参见叶良芳：《论单位犯罪的形态结构——兼论单位与单位成员责任分离论》，载《中国法学》2008年第6期。

② 参见王永强：《单位犯罪与共同犯罪关系辨析——以一起单位集资诈骗案为例》，载《政治与法律》2012年第10期。

③ 来源：和讯网，网址：http://news.hexun.com/2017-09-12/190825204.html，2018年1月1日访问。

第五章
环境资源犯罪刑法解释与行刑衔接

第一节 对"环境污染司法解释"非法经营罪条款的再解释

根据"两高"2016年《关于办理环境污染刑事案件适用法律若干问题的解释》的规定,无证经营危险废物的行为,可以构成非法经营罪。该司法解释关于非法经营罪的规定存在内部逻辑矛盾、没有"国家规定"支持、罪刑不相适应等问题。但另一方面,某些类型的行为又具有以非法经营罪进行规制的必要性,且司法解释具有实际效力。对上述条款应当再解释,加入目的性的构成要件要素——"以最终将造成环境污染为目的"。

一、问题的提出

自2017年1月1日起施行的《最高人民法院、最高人民检察院〈关于办理环境污染刑事案件适用法律若干问题的解释〉》(法释〔2016〕29号)(以下简称《解释》)第六条规定:

无危险废物经营许可证从事收集、贮存、利用、处置危险废物经营活动,严重污染环境的,按照污染环境罪定罪处罚;同时构成非法经营罪的,依照处罚较重的规定定罪处罚。

实施前款规定的行为,不具有超标排放污染物、非法倾倒污染物或者其他违法造成环境污染的情形的,可以认定为非法经营情节显著轻微危害不大,不认为是犯罪;构成生产、销售伪劣产品等其他犯罪的,以其他犯罪论处。

该有关非法经营罪的相关规定具有首创性。一是关于危险废物的非法经营是首次在司法解释中出现;二是对比"两高"2013年的同名司法解释,该规定也是新增内容。

实践中出现了如下案例:蒋某无证收集、贮存废旧电池案。2017年3月28日,A市B区环保局接群众举报在该区黄金路1176号查获一废旧电池仓库,现场查获铅酸电池(属于《国家危险废物名录》规定的危险废物)87吨。经调查,违法行为人蒋某自2016年5月起从事废旧电池经营,从A市各地收购废旧电池运往 C 省 D 金铅股份有限公司进行拆解处理，出售价为每吨 7 000 余元。蒋某无危险废物经营许可证，C 省 D 金铅股份有限公司系 C 省环保厅指定的危险废物处理单位。环保部门调查后对蒋某是否涉嫌犯罪（污染环境罪和非法经营罪）存在疑问，申请检察机关提前介入。

笔者认为，蒋某的行为不构成污染环境罪。根据《解释》第六条的规定，蒋某无证收集、贮存废旧电池的行为如果构成污染环境罪还需要符合"严重污染环境"条件，这就要求结合《解释》第一条来进行判断。① 蒋某的行为唯一可能符合的是该条第二项"非法排放、倾倒、处置危险废物三吨以上的"。但是，蒋某的收集、贮存行为既不属于排放、也不属于倾倒或处置，因为根据《解释》第六条，收集、贮存是与处置并列的行为方式，同时根据《解释》第十六条②对"非法处置危险废物"的解释，收集、贮存也不能被认定为"处置"。同时，蒋某也不可能以共犯方式构成犯罪，因为其经营废旧电池的相对方不构成犯罪。因此，蒋某的行为不构成污染环境罪。

存在争议的问题是：蒋某的行为是否构成非法经营罪？从《解释》的意图来看，无疑是要加大对污染环境行为的打击力度——可以以法定刑更重的非法经营罪来定罪处罚。③ 但笔者认为，《解释》第六条关于非法经营罪的规定存在一定问题，应当进一步厘清。

---

① 《解释》第一条规定：实施刑法第三百三十八条规定的行为，具有下列情形之一的，应当认定为"严重污染环境"：（一）在饮用水水源一级保护区、自然保护区核心区排放、倾倒、处置有放射性的废物、含传染病病原体的废物、有毒物质的；（二）非法排放、倾倒、处置危险废物三吨以上的；（三）排放、倾倒、处置含铅、汞、镉、铬、砷、铊、锑的污染物，超过国家或者地方污染物排放标准三倍以上的；（四）排放、倾倒、处置含镍、铜、锌、银、钒、锰、钴的污染物，超过国家或者地方污染物排放标准十倍以上的；（五）通过暗管、渗井、渗坑、裂隙、溶洞、灌注等逃避监管的方式排放、倾倒、处置有放射性的废物、含传染病病原体的废物、有毒物质的；（六）二年内曾因违反国家规定，排放、倾倒、处置有放射性的废物、含传染病病原体的废物、有毒物质受过两次以上行政处罚，又实施前列行为的；（七）重点排污单位篡改、伪造自动监测数据或者干扰自动监测设施，排放化学需氧量、氨氮、二氧化硫、氮氧化物等污染物的；（八）违法减少防治污染设施运行支出一百万元以上的；（九）违法所得或者致使公私财产损失三十万元以上的；（十）造成生态环境严重损害的；（十一）致使乡镇以上集中式饮用水水源取水中断十二小时以上的；（十二）致使基本农田、防护林地、特种用途林地五亩以上，其他农用地十亩以上，其他土地二十亩以上基本功能丧失或者遭受永久性破坏的；（十三）致使森林或者其他林木死亡五十立方米以上，或者幼树死亡二千五百株以上的；（十四）致使疏散、转移群众五千人以上的；（十五）致使三十人以上中毒的；（十六）致使三人以上轻伤、轻度残疾或者器官组织损伤导致一般功能障碍的；（十七）致使一人以上重伤、中度残疾或者器官组织损伤导致严重功能障碍的；（十八）其他严重污染环境的情形。

② 《解释》第十六条规定：无危险废物经营许可证，以营利为目的，从危险废物中提取物质作为原材料或者燃料，并具有超标排放污染物、非法倾倒污染物或者其他违法造成环境污染的情形的行为，应当认定为"非法处置危险废物"。

③ 《刑法》第三百三十八条规定的污染环境罪的刑罚为："三年以下有期徒刑或者拘役，并处或者单处罚金；后果特别严重的，处三年以上七年以下有期徒刑，并处罚金。"而第二百二十五条规定的非法经营罪的刑罚为"五年以下有期徒刑或者拘役……情节特别严重的，处五年以上有期徒刑……。"

二、《解释》有关非法经营罪条款的合法性与合理性基础的缺失

(一) 以"注意规定"为解释进路,没有对应的"国家规定"或司法解释

2011年高法《关于准确理解和适用刑法中"国家规定"有关问题的通知》指出:"各级人民法院审理非法经营犯罪案件,要依法严格把握《刑法》第二百二十五条第(四)项的适用范围。对被告人的行为是否属于《刑法》第二百二十五条第(四)项规定的'其他严重扰乱市场秩序的非法经营行为',有关司法解释未作明确规定的,应当作为法律适用问题,逐级向最高人民法院请示。"这是高法限制非法经营罪滥用的具体措施。因此我们在理解、适用非法经营罪时,应当以审慎的态度,寻找相关法律规定和司法解释,作为认定的法律依据。作为"口袋罪"的非法经营罪要具体应用于某种非法经营行为,至少需要以行为所违反的"国家规定"中具有刑事责任条款或相关司法解释有明确规定为前提。

《解释》第六条第一款看似对无证经营危险废物的行为直接规定了适用非法经营罪,但是细细推敲之下,并非如此。本条内容并非直接规定,而貌似注意规定[①]——"同时构成非法经营罪的,依照处罚较重的规定定罪处罚。"该文字似乎是在提示执法者去查阅非法经营罪条款、相关非刑事法律法规、其他司法解释,如果有规定构成非法经营罪的,可以以该罪处理。对比直接规定适用非法经营罪的司法解释,两者的差别一目了然。其他直接规定适用非法经营罪的司法解释几乎一致的表述方式为:"违反国家规定,(行为),扰乱市场秩序,情节严重的,依照《刑法》第二百二十五条(第某项)的规定,以非法经营罪定罪处罚(追究刑事责任)。"[②] 如果《解释》直接规定适用非法经营罪,该条理应这样表述:"违反国家规定,无危险废物经营许可证从事收集、贮存、利用、处置危险

---

① 有关学者对"注意规定"的解释是"注意规定是在《刑法》已作基本规定的前提下,提示司法工作人员注意,以免司法工作人员忽略的规定。"与之相对应的概念是"法律拟制"——"法律拟制(或法定拟制)的特点是,导致将原本不同的行为按照相同的行为处理(包括将原本不符合某种规定的行为也按照该规定处理)。"——参见张明楷:《刑法分则的解释原理》,中国人民大学出版社2011年版,第622、631页。

② 相关司法解释参见高法《关于审理骗购外汇、非法买卖外汇刑事案件具体应用法律若干问题的解释》、高法《关于审理非法出版物刑事案件具体应用法律若干问题的解释》、高法《关于审理扰乱电信市场管理秩序案件具体应用法律若干问题的解释》、两高《关于办理非法生产、销售、使用禁止在饲料和动物饮水中使用的药品等刑事案件具体应用法律若干问题的解释》、高检《关于办理非法经营食盐刑事案件具体应用法律若干问题的解释》、两高《关于办理妨害预防、控制突发传染病疫情等灾害的刑事案件具体应用法律若干问题的解释》、两高《关于办理妨害信用卡管理刑事案件具体应用法律若干问题的解释》、两高《关于办理非法生产、销售烟草专卖品等刑事案件具体应用法律若干问题的解释》、高法《关于审理非法集资刑事案件具体应用法律若干问题的解释》、两高《关于办理危害食品安全刑事案件适用法律若干问题的解释》、两高《关于办理利用信息网络实施诽谤等刑事案件适用法律若干问题的解释》、两高等《关于依法办理非法生产销售使用"伪基站"设备案件的意见》、两高一部《关于办理利用赌博机开设赌场案件适用法律若干问题的意见》、两高《关于办理危害药品安全刑事案件适用法律若干问题的解释》等。

废物经营活动,扰乱市场秩序,情节严重的,依照《刑法》第二百二十五条的规定,以非法经营罪定罪处罚。"因此,从文字表述方式的相异性来看,该条款更近似于注意规定。

如果认为《解释》第六条第一款是"注意规定",以"注意规定"为解释的进路,来寻找上述无证经营危险废物行为适用非法经营罪的法律依据——其他司法解释直接关于构成非法经营罪的规定或者非刑事法律规范中对非法经营罪的规定,笔者认为难以找到。首先,关于无证经营危险废物领域类似上述"直接规定型"的司法解释是没有的,《解释》第六条的现有规定已属首创。其次,在"国家规定"方面,《固体废物污染环境防治法》第五十七条虽然规定了"禁止无经营许可证或者不按照经营许可证规定从事危险废物收集、贮存、利用、处置的经营活动",但是在规定罚则的第七十七条仅规定了"无经营许可证或者不按照经营许可证规定从事收集、贮存、利用、处置危险废物经营活动的,由县级以上人民政府环境保护行政主管部门责令停止违法行为,没收违法所得,可以并处违法所得三倍以下的罚款",没有刑事责任条款。需注意的是,该法的刑事责任条款并非总括性、兜底型规定,而是各条款分别规定,如该法第八十三条规定"违反本法规定,收集、贮存、利用、处置危险废物,造成重大环境污染事故,构成犯罪的,依法追究刑事责任。"也就是说,《固体废物污染环境防治法》在肯定收集、贮存、利用、处置危险废物行为可以构成污染环境罪(当时是重大环境事故罪)的同时,不认为同样的行为可以构成非法经营罪。

当然,关于我国有无附属刑法、非刑事法律、法规中的刑事责任条款对于刑法典上行政犯的处理有无影响,向来存在争议。否定附属刑法的观点认为,"构成犯罪,依法追究刑事责任"这种附属刑法不属于"立法"范围,而仅仅是一种广义的"立法"技术而已,是为了照应刑法、宣示刑法从而有助于树立相关刑事法律的权威性。"只要非刑事法律中没有真正的罪刑规范,就不存在'附属刑法'这一渊源。"肯定附属刑法的观点认为,最高立法机关制定的行政法、经济法等非刑事法律规范中的有关刑事责任条款是附属刑法,而其他部门规章、地方性法规中的类似条款不是附属刑法。与之密切相关的问题是,非法经营罪中"违反国家规定"是否必须与对应的"国家规定"中具有刑事责任条款才能认定。两个问题的关联性在于,如果肯定附属刑法的存在,当然应当肯定对应关系;如果否定附属刑法,则不用对应刑事责任条款。

我们认为,首先,应当肯定附属刑法的积极作用。其积极作用体现在,附属刑法的存在具有限缩空白刑法的机能。凡是非刑事法律没有将某种违法行为纳入附属刑法规制的范畴,就不能将其解释按照刑法分则特定条款定罪量刑。其次,"违反国家规定"应当与对应的"国家规定"中的刑事责任条款具有对应关系。如果不需要对应,空白罪状可能会被虚置或滥用。虚置是指"违反国家规定"不再具有构成要件的限制性功能,属于"空话""套话",在适用刑法条文时可以直接被忽略不计；滥用则是任何法律、法规都可以成为"违反"的对象，而不仅限于某个具体的行政法，甚至宪法的原则性规定都能适用。这实际等同于虚置。虽然随着立法的发展，"违反国家规定"出现松动迹象。表现之一是其他法律法规中采取"兜底式"刑事责任条款规定的情形越来越多，以规避与刑法之间照应不周延的问题，之二是《刑法修正案（九）》对《刑法》第二百五十三条之一出售、非法提供公民个人信息罪中使用了"违反国家有关规定"，以规避"国家规定"尚不存在的问题。但不可否认的是，除立法"开口子"的情况下，空白罪状与附属刑法当然应当存在对应关系。

"违反国家规定"的虚置或滥用情况如果发生在非法经营罪这种常常被作为兜底性、口袋罪使用的罪名上，后果可能是灾难性的，可能导致海量的本应采取行政处罚的行为类型涌入刑法规制中。对非法经营罪无论是在解释还是在具体适用上都应当采取限缩、谨慎、严格的态度。

因此，通过上述"司法解释"和"法律规定"两方面的分析来看，无危险废物经营许可证从事收集、贮存、利用、处置危险废物经营活动的行为没有直接规定构成非法经营罪的司法解释条款或对应的"国家规定"中的刑事责任条款。

（二）以"法律拟制"为解释进路，《解释》的非法经营罪条款存在逻辑矛盾

如果认为《解释》第六条是法律拟制①，创设了一种新类型的非法经营罪司法解释，笔者认为该规定的内容存在逻辑上的矛盾。

《解释》第六条第二款规定的内容可以被看作是类似于前述"直接规定"型的非法经营罪的司法解释条文。其原文表述为："实施前款规定的行为，不具有超标排放污染物、非法倾倒污染物或者其他违法造成环境污染的情形的，可以认定为非法经营情节显著轻微危害不大，不认为是犯罪。"也即无危险废物经营许可证从事收集、贮存、利用、处置危险废物经营活动，不具备造成污染环境的结果，可以认为不构成非法经营罪。如果将该条文认为是拟制规定，从《解释》第六条第一、二款的关系来看，第一款是原则规定，第二款是具体规定；第一款只是规定以非法经营罪处置的大原则，第二款才是对具体构成要件的规定。将第二款的否定性语言同等置换成肯定性语言是："实施无危险废物经营许可证从事收集、贮存、利用、处置危险废物经营活动，具有超标排放污染物、非法倾倒污染物或者其他违法造成环境污染的情形，情节严重的，构成非法经营罪。"

这又带来了另一个问题：本条款所规定的非法经营罪的构成要件内容是什么？众所周知，非法经营罪的通用构成要件包括"违反国家规定""非法经营行为"和"情节严重"（"情节特别严重"）。其中，所有类型的非法经营罪的"情

---

① 虽然"注意规定"和"法律拟制"是针对法律条文的，但由于我国司法解释具有类似立法的性质，笔者将其也适用于司法解释。

节严重"（"情节特别严重"）均以非法经营数额或违法所得数额为依据。非法经营罪的法益侵害程度来源只有一个——数额。但本条款却对以非法经营罪增加了另一个构成要件——"造成环境污染结果"。如果没有造成环境污染结果，即使非法经营数额、违法所得数额非常大，也不属于情节严重，不构成犯罪。也即是说，本条款设置了一种新的非法经营罪的犯罪构成类型："违反国家规定，非法经营危险废物，造成污染环境结果，数额达到追诉标准的。"

但这样的规定显然已经违背了基本的刑法学原理，将 A 罪的构成要件加入 B 罪中去，将 A 罪的违法性作为 B 罪违法性判断的标准，并且 A 罪和 B 罪之间还没有竞合关系。如果行为人的行为造成了环境污染的结果，侵害了环境法益，适用污染环境罪正可罚当其罪，难以理解为何要以更重的非法经营罪来处理；如果行为人的行为本来就符合非法经营罪的犯罪构成，也应当径行定罪处罚，同样难以理解何以没有污染环境就可以不作为犯罪处理。诚然，随着我国对生态环境保护越来越重视，对污染环境的行为处罚力度越来越强，立法和司法解释体现了污染环境法益保护的早期化。但是罪刑法定原则永远是刑法适用不可逾越的藩篱。《解释》的上述规定并不是在《刑法》规定的非法经营罪构成要件范围内具体解释无证经营危险废物行为属于非法经营行为，而是逾越《刑法》创设了一种新类型的非法经营罪构成要件，这是不合适的做法。

当然，《解释》用了一个关键词"可以"，而不是"应当"，理论上讲即使没有造成污染环境结果，也可以非法经营罪定罪处罚，这样来看似乎不算是规定一种新犯罪构成类型。但是关于我国《刑法》语境中的"可以"，在一定程度上存在与"应当"的误用，有的"可以"实际上起到的作用是"应当"。同时，对"可以"的实际效果的考察必须结合司法实践。从绝大多数"可以"的司法实践运用场合来看，其代表着"只要没有极其特殊的理由，都应当适用"。而在本文所指条文中，本已经非常模糊的内容，又何来"特殊理由"给司法者参照？故这里的"可以"在司法实践的效果中几乎等同于"应当"。最后，虽然刑法解释并不以有利于犯罪嫌疑人为方向，但是在司法解释明确规定出罪情形下，司法者几乎不会在司法解释之外来找理由进行相反解释的。所以结论是，该条款仍然会起到实际的"立法"作用。然而该"立法"是违反法理的。

（三）对蒋某的行为以非法经营罪定罪不合理

1. 罪刑不相适应

对蒋某的行为适用非法经营罪违反了罪刑相适应原则。罪刑相适应原则是实质法治观的体现，讲求处理结果的妥当性。目前学界一种有力的学说"以刑释罪"认为，应当从结果处理的妥当性出发来寻求法律大前提的适用。司法实践也往往真实存在这种现象。"法官首先凭直觉找到结果，然后形成这一结果的逻辑理由。这本身就是一种心理现象，并不奇怪。"从结果处理的妥当性、罪刑相适应的角度，笔者认为对蒋某无证收集、贮存危险废物行为适用非法经营罪明显罪刑不相适应，适用该罪进行处理应当慎重。

首先，从行为对环境、市场的危险程度来说，将"收集、贮存、利用"和"处置"同等对待不合理。根据《解释》第六条，收集、贮存、利用和处置是构成污染环境罪和非法经营罪的四种行为方式。根据法律的类推方法论特征①，"收集、贮存、利用"应当和"处置"具有同等的法益危害程度。类似的例子如《刑法》第一百一十四条"放火、决水、爆炸……或者以其他危险方法……"、第二百三十六条"暴力、胁迫或其他手段"当中的"其他方法（手段）"就是和前面所列举的手段相当的方法。然而，不管从法律规定本身还是实践情况来看，"收集、贮存、利用"与"处置"相比都不具有这种相当性。一是《刑法》第三百三十八条污染环境罪仅规定了"处置"而没有"收集、贮存、利用"，《解释》第一条第三项也是同样如此，说明"收集、贮存、利用"的法益危害程序小于"处置"。二是"收集、贮存、利用"行为对生态环境造成危险的程度比"处置"行为要低得多。三是从经营行为角度来看，"收集、贮存、利用"行为也比"处置"行为对市场秩序造成的影响小。而"收集、贮存、利用"却可能被与"处置"同罪处理，甚至可能出现对"处置"行为处以较轻的污染环境罪而对"收集、贮存、利用"行为处以较重的非法经营罪的不合理现象。而本案中蒋某的行为正是"收集、贮存、利用"而不是"处置"。

其次，从有证、无证的角度来看，也存在问题。《解释》第四条规定，具有危险废物经营许可证的企业违反国家规定排放、倾倒、处置有放射性的废物、含传染病病原体的废物、有毒物质或者其他有害物质的从重处罚。显然，相对于无证排放、倾倒、处置，有证的企业排放、倾倒、处置将被处罚更重，因其属于明知故犯。在有证者应当从重处罚、无证者相对应当从轻处罚的规定和理念下，无证经营者反而被以非法经营罪判了更重的刑罚，不符合罪行相适应原则。

再次，从行政法规的允许程度看，对危险废物的"收集、贮存、利用、处置"是许可经营，而排放、倾倒是《固体废物污染环境防治法》所没有规定的行为方式，也即是说属于绝对禁止的行为。前者属于限制经营，后者属于禁止经营。显然后者的法益侵害程度、行政违法程度都要高于前者。但是如果按照《解释》的非法经营罪来处理，会出现非法经营限制经营物定重罪非法经营罪，非法经营危害程度更高的禁止经营物反而定轻罪污染环境罪的不合理结果。

2. 无处罚必要性

"在判断解释的容许范围时，必须衡量与语言的本来的意义（核心）的距离

---

① 法的现实性本身是根基于一种类推，因此法律认识一直是类推性的认识。法原本即带有类推的性质。刑法解释中要禁止的不是作为思维方式和思维规律之一的类推方法，而是创制法条的类推适用。参见：[德] 亚图·考夫曼：《类推与"事物本质"——兼论类型理论》，吴从周译，学林文化事业有限公司1999年版，第43页；王凯石：《刑法适用解释研究》，西南政法大学，2006年，博士，第89页。

和处罚的必要性"。对一个行为的处罚必要性越高,就越可能将其解释为犯罪,反之则反。在本案中,笔者认为蒋某的行为几乎无处罚之必要。

首先,蒋某行为的法益侵害达不到污染环境罪和非法经营罪所要求的法益侵害程度。从污染环境罪立法和司法解释的变迁来看,存在从实害犯到危险犯转化、法益保护提前的倾向。《刑法修正案(八)》将重大环境事故罪改为污染环境罪,将原罪名中的结果要件改为"严重污染环境的"。根据司法解释,"严重污染环境"包括了造成环境污染结果或排放、倾倒有毒有害物质严重超标对环境具有较大危险的情形,也即在一定程度上包含了危险犯的危险结果。无证收集、贮存、利用危险废物的行为无疑是具有一定的危险性的,特别是在没有专业的贮存条件下,危险废物中的危险物质如果泄漏,可能造成污染环境的结果。但是无证收集、贮存、利用危险废物行为的危险性是否达到了污染环境罪所要求的危险呢?将无证收集、贮存、利用危险废物的事实状态(未造成污染结果)和《解释》第一条所规定的18种情形进行"目光的往返",我们发现,该行为所蕴含的危险状态不在司法解释之列,不能以污染环境罪定罪处罚。既然该行为的危险程度尚不足以构成污染环境罪,结合上文所分析的《解释》第六条第二款——定非法经营罪需符合《解释》第一条,当然也达不到以非法经营罪定罪的法益侵害程度。

其次,蒋某无证收集、贮存、利用危险废物的行为对社会有益无害。司法解释认为此类行为有害、需打击的理由应当是此类行为在未经许可、不具备相关保护措施和条件的情况下,可能造成污染环境的结果。但是这是一个抽象的、概括的、想当然的思路,以一个抽象的概念来代替了生活中千姿百态的不同类型的行为。"抽象的概念是封闭的,类型则是开放的,概念式的思维是一种'分离式''非此即彼'的思维,类型则是流动的、无法严格界定界限的思维,因而可以适应现实生活'或多或少'多样性的变化。"事实上,具体到废旧电池的回收上,甚至于在垃圾堆中收集危险废物进行倒卖的行为,其非但不会起到增大环境污染危险性的作用,反而能够起到将分散的、随时可能泄露污染环境的危险废物集中、暂时贮存和管理、并运至危险废物处置场所的作用。这种行为实际起到的作用是连接废旧电池倾倒者(普通民众)和处理者,在其中架起一座有益的桥梁。在我国尚未普遍建立起到达普通民众终端的废旧电池等危险废物的处置网络的情况下,显然这种作为中介的无证收集、贮存、利用行为起到了积极的作用。以客观归责理论来看,该行为没有制造危险、提升危险,甚至降低了危险,不应当构成犯罪。进一步,这种行为甚至在行政法上也不应当被认定为违法。

三、《解释》的相对合理性与实际效力来源

在上述对《解释》的非法经营罪条款的质疑的同时,我们也不得不考虑其在处置某些类型行为时的相对合理性以及其所具有的强大的现实法律效力。

（一）以非法经营罪来处置相关行为的现实需求

正如上文所说，我们不可能以一个蒋某无证收集、贮存废旧电池案来代替所有的非法经营危险废物的行为类型，以蒋某行为的无法益侵害性、处罚必要性来证明所有其他的行为均无法益侵害性、处罚必要性。相反，在很多其他类型的行为中，行为人的行为具有较大的危害。"实践中，不少企业为降低危险废物处置费用，在明知他人未取得经营许可证或者超出经营许可范围的情况下，向他人提供或者委托他人收集、贮存、利用、处置危险废物的现象十分普遍。"这正是司法解释制定者所考虑到的具有法益侵害性、处罚必要性的行为类型。笔者在司法实践中也遇到了此种类型的案件：

2016 年 12 月 20 日，A 市 E 区环保局在该区的某废旧物资有限公司进行检查时发现，该单位在未取得《危险废物经营许可证》的情况下，擅自从事危险废物（废旧铅酸电池）的收集、储存和销售并涉嫌非法处置，现场发现废旧铅酸电池 2 064 个，共计 41 232.8 千克。区环保局对该单位院内、疑似排污口等地点的土壤进行鉴定，经鉴定，疑似排污口的土壤中铅超标 56.032 倍、镉超标 66.167 倍。后经公安机关侦查发现，犯罪嫌疑人夏某甲、夏某乙于 2009 年开设此公司并经营废旧电池回收业务，并从中盈利，并指使王某甲、王某乙、曾某将废旧电池切割皮坯并直接倾倒电池废液，其处置过的铅酸电池共计达到 3 吨以上。检察机关对夏某甲等 5 人以涉嫌污染环境罪批准逮捕。①

相比较蒋某案，这种具有普遍性的行为类型存在以下几个不同的特点，一是危险物质不是从分散到集中，而是从集中到扩散，增大了危险物质污染环境的危险性。二是收集、贮存、利用的最终目的是处置（根据《解释》第十六条，处置包括提取、排放、倾倒或其他造成环境污染的行为），并且是非法处置，这种处置几乎必然包含污染环境的结果。三是谋取非法利益，有的是收取他人的费用但不进行无害化处置；有的是赚取从危险物质中提取原材料赚钱。总之，与无害化处置需要支出的费用相比，其会从非法处置中获取非法利益。四是这种类型的无证经营危险废物的行为还具有多次性、长期性、规模性、经营性的特点，导致对环境污染的危险较单个污染环境行为更大，并且呈几何级数增长。

在这种类型行为具有对环境更为严重的污染危险性的前提下，采取污染环境罪反而难以有效进行打击和处理。一是证据问题。虽然《解释》第一条对"严重污染环境"要件进行了细化，且以一些抽象危险或行为的危险直接来代指了污染环境的结果，但是实践中对证据的收集往往存在困难。环境污染犯罪特别需要对污染物、污染结果进行鉴定，这就要求抓获现行。在没有抓获现行的情况下，污染物质扩散和灭失会导致鉴定不能、取证困难。并且在行为人采取"蚂蚁搬

---

① 暂时未认定非法经营罪是因为非法经营数额等证据还需进一步查证。

家""零包"处置的情况下,也会导致入罪困难。即使单次行为构成犯罪,也难以将行为人长期、批量、规模污染环境的行为查证属实(过去的行为缺乏污染环境鉴定意见),对行为人的单次行为定罪处罚也不能与其长期的经营行为罚当其罪。二是犯罪形态和共犯论问题。从犯罪形态上看,收集、贮存、利用行为往往是污染环境行为的着手甚至预备行为,以污染环境罪来定罪处罚意味着该行为属于未遂或预备形态,还得从轻、减轻处罚甚至免除处罚。如果收集、贮存、利用的行为人还要将危险物质转移给他人处置,其可能只是污染环境罪的从犯,也得从轻、减轻或免除处罚。这使得罪刑相适应的矛盾更加突出。"相较于传统刑法,环境刑法的核心功能应当是环境风险防范。"而从传统刑法理论和传统污染环境罪的相关规定出发难以达至这种风险防范需求,所以引入非法经营罪等对污染环境行为进行"综合治理",成为防控环境风险刑事政策在污染环境案件中的现实需求和体现。

环境污染案件中对非法经营罪的现实需求可以与当前网络犯罪的新发展进行比较。网络犯罪相较于传统犯罪,出现了碎片化、片面化的特点,即各个不同阶段的行为如预备行为、实行行为、销赃行为的分离,共同犯罪中的分工更为细碎,并且相互之间的意思联络更为松散。学者称之为传统犯罪的网络异化。这种特点与上文所述污染环境罪中的非法经营行为是一致的。为应对这种网络犯罪的异化现象,法律和司法解释都作出了相应调整。《刑法修正案(九)》增设了非法利用信息网络罪、帮助信息网络犯罪活动罪、拒不履行信息网络安全管理义务罪等,以将帮助行为正犯化、预备行为实行犯化。而"两高一部"2016年《关于办理电信网络诈骗等刑事案件适用法律若干问题的意见》也进行了类似调整,对相关的帮助行为,分别规定以扰乱无线电通信管理秩序罪、侵犯公民个人信息罪、妨害信用卡管理罪,掩饰、隐瞒犯罪所得、犯罪所得收益罪、非法利用信息网络罪、帮助信息网络犯罪活动罪,拒不履行信息网络安全管理义务罪等定罪处罚。并且这些帮助行为的正犯化并不依赖于电信诈骗正犯的定罪处罚:"实施上述行为,电信网络诈骗犯罪嫌疑人尚未到案或案件尚未依法裁判,但现有证据足以证明该犯罪确实存在,不影响掩饰、隐瞒犯罪所得、犯罪所得收益罪的认定。"可见,以网络时代、风险社会为背景,《刑法》《证据法》的相关理论和实践正在进行上述方向的转型,而《解释》对非法经营罪的规定是与这种趋势一致的。

(二)《解释》规定非法经营罪具有现实效力

虽然本文第一部分论证了《解释》关于非法经营罪条款没有对应的"国家规定"条款、解释文本逻辑矛盾,但是不可否认的是,《解释》仍然具有指导司法实践的实际效力。博登海默认为,应当区分法律的有效性与实效性。前者是指某行为规则是否具备作为法律规则的资格条件,后者是指行为规则是否事实上得到了实施。实践中存在越权解释、类推解释、违反法理等问题的司法解释,不管学界如何批评，仍然普遍具有实际效力。该效力体现在两方面，一是代替立法，二是引领立法。

1. 代替立法

例如，最高人民法院1997年《关于审理盗窃案件具体应用法律若干问题的解释》将盗窃数额较大财物的累犯作为"情节严重"和将盗窃数额巨大财物的累犯作为"情节特别严重"对待，违反了《刑法》第六十五条规定对累犯只能从重处罚的规定。具体到非法经营罪中，也存在越权解释。如"两高"2009年《关于办理妨害信用卡管理刑事案件具体应用法律若干问题的解释》规定：违反国家规定，使用销售点终端机具（POS机）等方法，以虚构交易、虚开价格、现金退货等方式向信用卡持卡人直接支付现金，情节严重的，以非法经营罪定罪处罚。但是迄今为止并不存在相关的国家规定。即便如此，全国司法机关无一例外地对上述司法解释执行不误。这说明司法解释实际起到补充立法、甚至代替法律的作用。

2. 引领立法

例如，1997年《刑法》第四百三十五条第一款规定了逃离部队罪：违反兵役法规，逃离部队，情节严重的，处三年以下有期徒刑或者拘役。该罪存在空白罪状，需要"违反兵役法规"。但是1998年《兵役法》第六十二条却规定：现役军人以逃避服兵役为目的，拒绝履行职责或者逃离部队的，按照中央军事委员会的规定给予行政处分；战时逃离部队，构成犯罪的，依法追究刑事责任。显然，按照1998《兵役法》的规定，对非战时逃离部队的行为只能进行行政处分而不能追究刑事责任，《刑法》第四百三十五条第一款将成为废文。但是"两高"2000年《关于对军人非战时逃离部队的行为能否定罪处罚问题的批复》却规定："军人违反兵役法规，在非战时逃离部队，情节严重的，应当依照《刑法》第四百三十五条第一款的规定定罪处罚。"在此，司法解释明确无视《兵役法》的规定而肯定了刑罚的适用。值得注意的是，2015年修订的《兵役法》第六十七条规定：现役军人以逃避服兵役为目的，拒绝履行职责或者逃离部队的，按照中央军事委员会的规定给予处分；构成犯罪的，依法追究刑事责任。2015《兵役法》将条文修改为与刑法条文和司法解释一致。司法解释起到了引领立法修改的作用。就本文涉及《解释》的非法经营罪条款而言，虽然暂时可能有越权解释之嫌疑，但是由于其导向的正确性、实践的指导性、实际的有效性，将会发生的结果可能是《固体废物污染环境防治法》进行修订，加入非法经营罪定罪处罚的条款。

从上述分析可见，我国司法解释在一定程度上超越了"解释"的界限，行使了立法职权。如何看待这一问题，如果仅就理论而言，说一句否定是很轻松的事。但具体到司法实践，我们不得不考虑其具有实际效力的问题。就具体审判、适用司法解释的法官而言，几乎不可能拒绝适用，即使个人认识到问题，也难以抵抗住"流水线"式的司法作业方式和现行的带有行政色彩的内部关系。所以，在我国目前的体制特别是司法解释体制下，即使是带有越权嫌疑的司法解释，也具有实际效力，这是中国特色的"相对合理主义"①。并且，如果这种越权解释在政治上正确、实质上合理，在我国非常强烈的实质主义法治观②的环境下，更加会畅行无阻，而无人重视被其所篡改的法律本身。就《解释》有关非法经营罪条款而言，笔者认为，在肯定其具有实际效力的前提下，将具体案件进行进一步的分类，将类似蒋某案的行为排除在犯罪之外，将其他严重侵害环境资源法益的行为纳入其中，是从司法的视角来看更为妥当的态度。

四、对"环境污染司法解释"非法经营罪条款的再解释

《解释》的制定者应该明知上述问题，不然其不会用模糊的"同时构成非法经营罪的，依照处罚较重的规定定罪处罚"来进行"指引"，也不会以"可以认定为非法经营情节显著轻微危害不大，不认为是犯罪"来给非法经营罪的适用开口子。只是解释者的这种模糊处理的心路历程没有通过更为成熟的文字表达出来，法官如果仅看《解释》文本，可能会在实际裁判中出现问题：一方面，对类似本案蒋某无证经营废旧电池的行为定罪处罚；另一方面，对无证经营危险废物并以污染环境的方式进行处置的行为（但尚未处置或处置行为和污染结果未查清）认为不构成非法经营罪。所以，需要对《解释》文本进行再解释。

首先，应当区分当罚与不当罚的行为类型。对行为类型的分类应当从形式和实质角度来进行。一是从形式的角度看，值得以非法经营罪来处刑罚的行为类型应当集中于"处置"（包括排放、倾倒），单纯的"收集、贮存、利用"不是本罪处罚的行为类型。二是要对"收集、贮存、利用、处置"进行实质理解。之所以形式上"处置"值得用刑罚规制而其他行为不需要，源于实质上"处置"会造成环境污染而其他行为不会。所以，从实质的角度理解，如果"收集、贮存、利用"会造成环境污染，其也属于和"处置"相同的地位。具体而言，当罚与不当罚的根本区别就在于该行为是否会造成环境污染。一般而言，当罚的非法经营危险物品的行为是：无危险物品经营许可证，取得危险物质后不正常处置，而必然（或已经）采取排放、倾倒、掩埋、丢弃等污染环境的方式来处置，造成环境污染；不当罚的行为是：无证经营危险物品，但是不会造成环境污染后

---

① 所谓"相对合理主义"，是指在一个不尽如人意的法治环境中，在多方面条件的约束下，无论是司法改革，还是司法操作，都只能要求一种相对合理，不能企求尽善尽美。参见龙宗智：《相对合理主义视角下的检察机关审判监督问题》，载《四川大学学报》2004年第2期。

② 关于我国传统法治中的实质主义，可参见孙笑侠：《中国传统法官的实质性思维》，载《浙江大学学报》2005年第4期；高军、龙一平：《中国传统法律文化与现代西方法律发展趋势若干契合现象之探讨》，载《山东科技大学学报》2005年第2期；陈金钊：《法治反对解释的原则》，载《法律科学》2007年第3期。

果或者会降低危险物质对环境的污染程度。

其次，应当采取目的解释的方法进行再解释。耶林指出："目的是全部法律的创造者。每条法律规则的产生都源于一种目的，即一种实际的动机。""解释方法之桂冠当属目的论之解释方法，因为只有目的论的解释方法直接追求所有解释之本来目的，一寻找出目的观点和价值观点，从中最终得出有约束力的重要的法律意思，从根本上讲，其他的解释方法只不过是人们接近法律意思的特殊途径。"以目的解释的视角来看《解释》的非法经营罪条款，可以认为构成犯罪的行为是具有造成环境污染的危险的无证经营危险物质的行为。因此，"无证收集、贮存、利用、处置"，应当将其再解释为"以最终将造成环境污染为目的"的"无证收集、贮存、利用、处置"，相反，"以无害化处理或降低对环境的污染为目的"的"无证收集、贮存、利用、处置"则不构成犯罪。需要指出的是，这里的"目的"不同于《刑法》中的其他目的犯中的目的，如"非法占有目的""以谋利为目的"，这里的目的一般来说是行为人的间接目的，其直接目的一般是谋取非法利益。在犯罪构成要件中加入目的性、限制性的构成要件要素已有先例。理论界和司法实践对虚开增值税专用发票罪加入"以骗取税款为目的"便采取了上述目的解释之方法。

因此，笔者的结论是，应当将《解释》非法经营罪条款再解释为：无危险废物经营许可证从事收集、贮存、利用、处置危险废物经营活动，以最终将造成环境污染为目的的，以非法经营罪定罪处罚。与原《解释》文本相比较，这样再解释具有以下几个优点。一是以"目的"为限制性的构成要件要素，该构成要件仍然属于单行为犯或"短缩的二行为犯"，仍然遵循了非法经营罪的基本犯罪构成，不涉及另行新设构成要件类型的问题，维持了法秩序的统一。同时，该构成要件要素属于"主观的超过要素"①，不需要与之对应的客观要素存在，这使得定罪在证据要求上也更为宽松。二是"目的"要素将可涵盖已造成环境污染和尚未造成环境污染、环境污染事实无法查清等几类情形，均可将这些情形作为非法经营罪处理，而原条文表述出的意思仅仅为造成环境污染实害结果，不足以体现《解释》的意图和前文所述对预备犯、帮助犯独立规制、不依赖于实行行为、正犯查处的刑法发展方向。三是对不具有造成环境污染目的的非法经营活动，即使符合《解释》第一条规定的"严重污染环境"情形的（特别是第二项"非法排放、倾倒、处置危险废物三吨以上的"），也不能以非法经营罪定罪处罚。所以，对蒋某无证经营废旧电池的行为，即使其不仅仅是收集、贮存，甚至进行了拆解、提取物质、回收利用等处置行为，只要其采取了相关措施防止或减小了废旧电池对环境的危害，也不能以非法经营罪定罪处罚。

---

① 关于"短缩的二行为犯"和"主观的超过要素"，参见张明楷：《刑法分则的解释原理》，中国人民大学出版社2011年版，第416–419页。

第二节　环境资源行政执法与刑事司法的衔接和联动机制

行刑衔接问题首先体现的是国家行政执法权与刑事司法权之间的分立，其次也反映了二者之间互相制约、互相监督的关系。"行刑衔接"问题在我国自20世纪末就成为学界研究的命题，但直至十八届三中全会后才真正意义上引起学界广泛关注，我国有学者将该制度的立法沿革与相关理论脉络分为三个阶段进行了梳理。虽然概念的具体表述略有不同，例如："行刑衔接"是指行政执法与刑事司法之间的衔接，包括行政执法机关将行政执法过程中发现的疑似刑事犯罪案件移送刑事侦查机关和刑事侦查及审查起诉机关将不认为是犯罪但是需要行政处罚的案件移送行政执法机关两种；① 又如"行刑衔接"机制是指行政机关依法将行政执法过程中发现的涉嫌犯罪的案件移送给司法机关，由司法机关决定案件的最终归属，或者司法机关将不构成犯罪但需要追究行政责任的案件，依照法定程序移送给行政机关进行处理的，由行政机关、刑事司法机关、监督机关共同参与，以各部分相互协作、相互监督、共同打击行政违法犯罪为内容的程序运作系统；② 还有学者指出行刑衔接程序是指行政执法机关在依法查处违法行为过程中发现违法事实涉及的金额、违法事实的情节、违法事实造成的后果等，根据刑法及相关司法解释的规定，涉嫌构成犯罪，依法需要追究刑事责任，而依照规定向司法机关移送的程序。③ 但"两法衔接"的大致框架已不会产生变动，学界多以办案协作机制、工作机制、程序机制来定位行刑衔接机制的概念。

环境资源行政执法与刑事司法衔接与联动是行刑衔接问题在环境资源治理领域的重要组成部分。针对两法衔接的问题，已有的规范性法律文件包括：《行政执法机关移送涉嫌犯罪案件的规定》（国务院令第310号）、《人民检察院办理行政执法机关移送涉嫌犯罪案件的规定》（高检发释字〔2001〕4号）、《国务院关于整顿和规范市场经济秩序的决定》（国发〔2001〕11号）、《关于加强行政执法机关与公安机关、人民检察院工作联系的意见》（高检会〔2004〕1号）、《关于在行政执法中及时移送涉嫌犯罪案件的意见》（高检会〔2006〕2号）、《关于在整规工作中加强法制建设和执法衔接工作的通知》（高检会〔2006〕2号）、《关于加强行政执法与刑事司法衔接工作的意见》（中办发〔2011〕8号）等。四川省人民代表大会常务委员会于2018年12月7日通过了《关于加强行政执法与刑事司法衔接工作的决定》。针对环境资源两法衔接的规制，2007年5月，原

---

① 参见周林：《试论行刑衔接制度之完善》，载《法学杂志》2011年第11期。
② 参见吴彬彬：《食品安全行政执法与刑事司法衔接机制研究》，湘潭大学博士学位论文2017年6月，第17页。
③ 参见胡肖华、吴彬彬：《检察机关在行刑衔接程序中的功能定位》，载《湖南社会科学》2017年第1期。

国家环保总局、公安部和最高人民检察院发布《关于环境保护主管部门移送涉嫌环境犯罪案件的若干规定》(环发〔2007〕78号),这是首份专门针对环境保护行刑衔接的规范性法律文件;2013年,环保部和公安部联合发布《关于加强环境保护与公安部门执法衔接配合工作的意见》(环发〔2013〕126号);2015年5月,国务院审议通过的《关于加快推进生态文明建设的意见》明确要求"健全行政执法与司法衔接机制",并将其作为推动生态文明建设的一项基本方略;2017年1月,环保部、公安部、最高人民检察院印发了《环境保护行政执法与行政司法衔接工作办法》,进一步健全了环境保护行政执法与刑事司法衔接工作机制。部分地方省市由此出台了地方环境资源保护行刑衔接规范文件,如福建省高级人民法院等11家单位联合出台《关于加强生态环境资源保护行政执法与刑事司法工作无缝衔接意见》,提出健全完善联席会议、案件咨询、督办预警、信息共享、认罪认罚从宽、举报、多元调解和解等七项工作制度。①

在学界,环境资源"两法衔接"机制也引发了一部分学者的关注,并针对行政执法与刑事司法内部衔接机制和外部监督机制进行了理论和实证研究,包括信息共享机制、联合执法或联席会议制度、介入支持制度、情况通报制度、案件移送程序、证据移送制度、公益诉讼、检察监督等程序和制度。

一、行刑衔接的理论争议与困境

行刑衔接的理论争议和困境主要在于两方面:一方面是对行政责任与刑事责任能否并存,以及行政处罚能否代替刑事处罚的争议,另一方面是刑事处罚与行政处罚或者说刑事程序与行政程序优先次序的争议。行政犯罪兼具行政违法性与刑事违法性双重属性,这是学界共识,同时也是行刑衔接问题产生理论争议的根源所在。

由于行政责任和刑事责任均属公法上的责任,部分学者认为,依据"一事不再罚"原则,行为人不应同时承担行政和刑事双重法律责任。我国刑法学界有学者伊始便提出"一事不再理"是对于行政犯罪进行双重处罚的主要障碍,② 这亦得到了当时部分学者与司法实务部门的认同。也有部分学者持相反意见:这两种处罚的性质、依据和功能都不一样,相互间不能替代也不能免除,这种双罚制也不适用于一事不再罚原则;③ 一事不再罚中的"不"仅适用于行政法律关系中,绝对不能理解为行政处罚可以代替某个刑事处罚的原则;④ 行政刑法规范中的法

---

① 潘园园:《联合打击生态环境资源违法犯罪行为》,来源:福建日报,网址:http://www.xinhuanet.com//local/2017-06/16/c_129634210.htm,2018年12月10日访问。
② 参见陈兴良:《论行政处罚与刑罚处罚的关系》,载《中国法学》1992年第4期。
③ 参见简敏:《行政处罚中"一事不再罚"原则的适用于例外》,载《重庆大学学报(社会科学)》2002年第4期。
④ 参见关保英:《一事不再罚理论的再认识——试从哲学层面上分析》,载《法律科学》2002年第1期。

律后果部分具有自身的特点，行政犯罪的双重违法性决定了其责任的双重性，即既要追究刑事责任，又要追究行政责任；犯罪行为既违反了行政法律规范，又违反了刑法规范，应该实行双重处罚。① 纵使学界以两种处罚的性质不同为由，认为二者并不存在竞合的问题，但法律法规当中对于行政处罚与刑事处罚的"折抵"规定似乎意味着对一事不再罚原则的遵循，因而修正学说被陆续提出，其中具有一定影响力的有互为代替、并列适用和附条件并科，② 以上理论基本是对"有限的一事不再罚"原则的认同，③ 受此影响，传统的"刑事优先"原则亦被动摇。

关于行政处罚与刑罚的适用位次问题，绝大多数学者对此持"刑事优先"观点。具言之，针对同一不法行为，需要同时予以行政处罚与刑事处罚时，应当优先追究其刑事责任。之所以刑事优先，是因为行政犯罪与行政违法行为相比社会危害性更严重，应优先审查，制裁程度更为严厉，应优先施行，行政处罚并非刑事处罚的必经程序，且后者认定的证据对前者具有当然效力；④ 实行刑事优先原则有利于打击犯罪，实行刑法的防卫机能，当然对于个别在追究刑事责任的同时需要及时追究行政责任的，可以采取刑事附带行政的方式解决。⑤ 但如上文所述，实践当中的法律法规似乎并未因后续的刑罚而彻底折抵之前所有的行政处罚，形成了所谓的"有限的刑事优先"，例如仅就人身和财产权的处罚享有优先性。但对有限优先所引起的行政执法机关在就涉嫌犯罪违法行为移送后行政执法的矛盾状态，有学者提出同步协调原则，即无论是行政执法机关，还是刑事司法机关，一旦发现同一违法、犯罪行为的线索，就先立案、先调查、先处罚，行政执法机关针对涉嫌犯罪行为采取移送而不停止调查及处罚，刑事司法机关针对需要及时采取能力（资格）罚的犯罪行为则商请行政执法机关及时作出处罚决定。⑥ 此外，晚近有学者也提了刑事优先的行刑衔接程序设计，不仅异化、消解了行政程序的激励机能，而且使得行政程序的控权机能难于践行。进而认为行政犯罪法律责任的实现，在程序上应以"行政优先"为原则，在实体上应以"并合实现"为必要，即由行政执法机关对行为人依法先予追究行政责任，再由刑事司法机关依照刑事诉讼程序进行刑事责任的追究。对于在先适用的行政责任形式，与在后适用的刑事责任形式的竞合，按照功能相同者予以折抵，功能不同者

---

① 参见戴玉忠、刘明祥：《犯罪与行政违法行为的界限及惩罚机制的协调》，北京大学出版社 2008 年版，第 383 – 386 页。
② 参见汪永清：《行政处罚与刑罚的适用范围和竞合问题》，载《政治与法律》1993 年第 2 期。
③ 参见练育强：《行刑衔接视野下的一事不再罚原则反思》，载《政治与法律》2017 年第 3 期。
④ 参见周佑勇、刘艳红：《论行政处罚与刑罚处罚的适用衔接》，载《法律科学》1997 年第 2 期。
⑤ 参见陈兴良：《论行政处罚与刑罚处罚的关系》，载《中国法学》1992 年第 4 期。
⑥ 参见练育强：《行刑衔接中的行政执法边界研究》，载《中国法学》2016 年第 2 期。

分别执行的原则处理。① 以上理论争议对行刑衔接实务产生了一定程度的影响。

二、环境资源行刑衔接与联动现状与问题

经过从中央到地方自上而下的强化治理，当前我国环境资源行政执法工作已经取得了令人瞩目的重大成效，刑事司法治理也呈现出良性趋势。根据生态环境部 2018 年 5 月 22 日在重庆召开全国环境执法工作会议公布数据显示，2015—2017 年，全国立案查处违法案件数分别为 9.7 万、13.78 万和 23.3 万件，年增长幅度为 33%、42% 和 69%；处罚金额由 42.5 亿增长到 115.8 亿元。其中，2017 年全国实施停产限产、按日计罚、查封扣押、移送拘留、移送涉嫌环境污染犯罪等五类案件总数 3.96 万件，同比增长 74%。②

2015 年 3 月到 2016 年 12 月，最高人民检察院在全国范围部署开展了破坏环境资源犯罪专项立案监督活动，取得明显成效。全国各级检察机关共建议行政执法机关移送破坏环境资源类案件 3 868 件 4 982 人，监督公安机关立案侦查涉嫌犯罪案件 4 017 件 4 853 人，同时发现并移送职务犯罪案件线索 171 件 246 人，立案 158 件 271 人。③

根据最高人民法院 2017 年 7 月发布的《中国环境资源审判（2016—2017）》显示，2016 年 7 月至 2017 年 6 月，全国各级人民法院共受理各类环境资源刑事案件 16 373 件，审结 13 895 件，给予刑事处罚 27 384 人；共受理各类环境资源民事案件 187 753 件，审结 151 152 件；共受理各类环境资源行政案件 39 746 件，审结 29 232 件；共受理社会组织提起的环境民事公益诉讼案件 57 件，审结 13 件。各试点地区人民法院共受理检察机关提起环境民事公益诉讼案件 71 件，审结 21 件；受理行政公益诉讼案件 720 件，审结 360 件；受理省级政府提起的生态环境损害赔偿诉讼案件 3 件，审结 1 件。④

针对两法衔接问题，全国各地两法衔接平台已经基本建立，中央层面的"两法衔接"平台也正在研发过程中，⑤ 四川省行政执法与刑事司法衔接信息共享平台于 2015 年 1 月进入试运行。在专业化建设方面，经过近几年的努力，当前全国各地公、检、法已逐步建立起环境资源侦查部门、生态环境资源检察部门、环境资源审判庭的专业化队伍，并初步建立与行政执法机关联合办案、召开联席会

---

① 参见田宏杰：《行政犯罪的法律属性及其责任——兼及定罪机制的重构》，载《法学家》2013 年第 3 期。
② 生态环境部：《生态环境部召开全国环境执法工作会》，来源：生态环境部网站，网址：http://www.gov.cn/xinwen/2018-05/24/content_5293132.htm，2018 年 12 月 10 日访问。
③ 徐日丹：《最高检部署开展新一轮破坏环境资源犯罪专项立案监督活动》，来源：正义网，网址：http://www.spp.gov.cn/zdgz/201703/t20170330_186804.shtml，2018 年 12 月 10 日访问。
④ 引自最高人民法院《中国环境资源审判（2016—2017）》。
⑤ 《最高检：推动加强"两法衔接"信息共享平台高效利用》，来源：正义网，网址：http://www.spp.gov.cn/spp/zdgz/201804/t20180425_376487.shtml，2018 年 12 月 20 日访问。

议等协作机制。

但是,从司法实践现状来看,目前环境资源"行刑衔接"不畅、机制不健全的情况仍然较为突出,主要表现为环境资源行政处罚率与刑事处罚率存在极大落差,案件移送率低,移送标准不明、证据收集与转化不规范,法律监督未落到实处,行政执法机关与刑事司法机关之间未建立长期有效的衔接联动机制,从而从整体上影响了环境资源违法犯罪行为的综合治理。从近四年全国和四川省环境执法案件和移送刑事司法处理的案件情况来看,行政机关自身查处行政处罚案件的数量呈上升趋势。但是,由行政机关移送的刑事案件数量并未随着行政处罚案件数量的增加而出现显著增长,移送公安机关处理的刑事案件数量所占行政处罚案件数量比率一直很低,并未出现明显增长趋势,2017年全国行政机关移送公安机关处理的刑事案件仅占行政处罚案件数量1.17%,而四川省移送刑事案件占比则仅为0.65%。具体情况如表5-1、表5-2所示。

表5-1 我国2014—2017年环境行政处罚与涉罪案件移送情况统计表[①]

数量	2014	2015	2016	2017
行政处罚案件	83 200	97 000	137 800	233 000
移送刑事案件	2 180	1 685	2 023	2 736

表5-2 四川省2014—2017年环境行政处罚案件与涉罪案件移送情况统计表[②]

数量	2014	2015	2016	2017
投诉或信访案件	12 302	31 279	10 634	44 104
行政处罚案件	1 592	1 812	1 751	11 014
移送刑事案件	13	17	10	72

之所以形成上述现状,是基于多方面原因造成,既有立法和制度本身的缺陷,也有内部执法理念的落后与被动、行政权力本位及地方保护主义等思想理念的因素,同时,还存在执法和司法监督不到位、各部门之间衔接不畅等外部因素。

1. 环境资源行政执法与刑事司法立法衔接不足

环境资源违法行为与环境资源犯罪行为之间的界限在于,刑法分则条文中规

---

① 表中数据均来自生态环境部发布信息,网址:http://news.sina.com.cn/o/2018-04-10/doc-ifyteqtq7097471.shtml;http://env.people.com.cn/n1/2017/0421/c1010-29228085.html http://china.caixin.com/2015-04-16/100800923.html;2018年12月20日访问。

② 以上数据来自四川省生态环境厅公布的《四川省环境状况公报》,网址:http://www.schj.gov.cn/,2018年11月5日访问。

定了"情节严重""数量巨大"等限定语,只有当达到行为性质或后果达到一定程度,才会触发刑法,启动司法程序。而以上标准又具体规定在一系列司法解释中,如《最高人民法院、最高人民检察院关于办理环境污染刑事案件适用法律若干问题的解释》(2017)、《最高人民法院、最高人民检察院关于办理非法采矿、破坏性采矿刑事案件适用法律若干问题的解释》(2016)、《最高人民法院、最高人民检察院印发〈关于办理盗伐、滥伐林木案件应用法律的几个问题的解释〉的通知》(1987)、《最高人民检察院、公安部关于印发〈最高人民检察院、公安部关于公安机关管辖的刑事案件立案追诉标准的规定(一)〉的通知》(2008)等。这些司法解释的标准均由司法机关掌握,且部分文件在原有司法解释基础上进行了修改重新发布实施,具体标准发生了变更,而且在部分条文中仍然存在模糊用语,行政执法机关要在行政执法过程中掌握这些精细化标准,并把握罪与非罪的界限,无疑加重了其主体责任。

关于行刑衔接的相关程序性法律规定,最早是在1996年公布的《行政处罚法》第22条中:"违法行为构成犯罪的,行政机关必须将案件移送司法机关。"该规定从程序上确定了行刑衔接的基本原则,即由行政机关主动移送司法机关。2001年,国务院出台《行政执法机关移送涉嫌犯罪案件的规定》,其中第三条规定:"行政执法机关在依法查处违法行为过程中,发现违法事实涉及的金额、违法事实的情节、违法事实造成的后果等,根据《刑法》关于破坏社会主义市场经济秩序罪、妨害社会管理秩序罪等罪的规定和最高人民法院、最高人民检察院关于破坏社会主义市场经济秩序罪、妨害社会管理秩序罪等罪的司法解释以及最高人民检察院、公安部关于经济犯罪案件的追诉标准等规定,涉嫌构成犯罪,依法需要追究刑事责任的,必须依照本规定向公安机关移送。"该规定中将审查违法案件涉嫌犯罪的义务和责任归于行政执法机关。此后,人民检察院于2001年12月发布《人民检察院办理行政执法机关移送涉嫌犯罪案件的规定》,主要针对人民检察院管辖移送、立案侦查、立案监督等问题进行了规定;公安部于2016年制定并公布《公安机关受理行政执法机关移送涉嫌犯罪案件规定》。以上既有的规范性文件中,只有《行政处罚法》属于法律,同时,《行政处罚法》涉及行刑衔接的条文只有一条原则性规定。国务院制定的《行政执法机关移送涉嫌犯罪案件的规定》与最高人民检察院和公安部各自制定的司法解释均是基于各自管辖和立案的角度分别进行规定,出现了多头性的局面,无法形成统一和合力,且移送程序主要依赖于行政执法机关的主动性。2007年环保部、公安部和最高人民检察院共同制定《关于环境保护行政主管部门移送涉嫌环境犯罪案件的若干规定》,2017年1月,环保部、公安部和最高人民检察院再次出台《环境保护行政执法与行政司法衔接工作办法》,以上两个文件系三部门针对环境保护行刑衔接程序所制定的专门规范性文件,使得各部门之间形成了相互配合、相互制约的关系,但以上文件规定与《行政处罚法》《刑事诉讼法》之间还存在不一致或不能衔接之处，且实施和适用还需要在实践中进一步细化。

2. 行政权力本位、"以罚代刑"等观念导致环境资源行政执法理念的被动性与移送案件不力

刑法分则所规定的破坏环境资源个罪绝大部分均有"违反国家规定""违反……法规"等前置条件，因此，环境资源刑事案件立案过程有其特殊性，往往存在行政执法前置程序。鉴于现在部分省份和地区尚未设立专门的环境资源警察队伍，主要案件线索来源于群众举报和行政执法机关的移送。而群众举报因为欠缺取证和专业性审查，同时举报渠道具有一定滞后性，公安机关能够真正立案的相对较少，因此，环境资源刑事案件的立案在很大程度上依赖于行政执法机构的主动移送或提供的案件线索。但由于我国环境资源行政执法机构的设置一方面要接受上级环境资源执法部门的指导，另一方面，也要接受地方政府的领导和管理，而且，后者的影响力和制约作用更为重要。在我国长时间以经济建设为中心的发展战略指引下，在过去较长的时间内，地方政府对于本地经济发展的关注远远高于对环境资源破坏的治理。因此，地方保护主义无疑为查办环境资源案件带来了难题，在已经公布的典型案例中，某些地区行政执法部门对于本地企业的保护和纵容确实在一定程度上推动了严重破坏环境资源恶性案件的发生。另一方面，环境资源犯罪案件的高发还可能导致环境资源行政执法机构面临监管失职的拷问，因此，行政执法机构的行刑衔接理念相对落后，移送具有被动性。尽管近几年来国家狠抓环境资源治理，行政处罚案件数量大幅度提升，但"以罚代刑"的行政执法理念依然根深蒂固，这一系列原因造成了环境资源行政执法机关移送案件不力，大量涉嫌环境资源犯罪的案件被消解于环境行政执法环节，而难以流入刑事司法领域。①

3. 证据收集标准不一致，可直接转化的证据范围不确定，案件移送标准把握权限存在疑问

《刑事诉讼法》第54条第2款规定："行政机关在行政执法和查办案件过程中收集的物证、书证、视听资料、电子数据等证据材料，在刑事诉讼中可以作为证据使用。"该规定使得行政执法证据向刑事司法证据转化在立法规范层面有据可依。根据该规定，除了言词证据、鉴定意见、勘验、检查、辨认、侦查实验等笔录外，其他行政执法证据均可以直接转化为刑事诉讼证据使用。但由于行政执法证据和刑事司法证据收集主体、收集程序和证据标准不同，学界和司法实务界对于该条规定的适用均提出了意见，认为行政执法证据向刑事司法证据转化存在以下问题：

第一，收集证据的主体适格问题。有学者认为，刑事侦查权涉及公民的基本

---

① 参见：康慧强：《我国行政执法与刑事司法衔接的困境与出路》，载《郑州大学学报（哲学社会科学版）》2017年1月第50卷第1期。

权利，必须由法律明确授权的特定司法机关才能拥有。刑事侦查权不能分散到公安机关以外的其他行政机关。① 环境资源行政执法机关并不具有刑事侦查权，其通过行政执法收集的证据能否作为刑事诉讼证据存在障碍。同时，只有司法机关有权采取刑事强制措施，在刑事立案前，不能采用刑事立案后的强制侦查措施取证。② 但根据《环境保护法》《行政强制法》《环境保护主管部门实施查封、扣押办法》之规定，环境保护部门有权在执法中针对财产采取强制措施。那么，对于以上采取强制措施期间收集的行政执法证据的直接使用可能与刑事诉讼法所规定的刑事强制措施只能在立案后采取并取证相冲突和矛盾。

第二，证据的收集程序合法性问题。行政执法机关的取证程序与刑事司法机关的取证程序有很大区别。而行政执法机关的具体取证程序规定远不如公安机关的取证程序规定严谨和规范，行政执法证据在取证程序上可能不符合刑事证据的合法性标准。我国迄今为止并没有一部统一的行政法，在行政执法证据收集程序方面也没有统一、明确的规定，有关行政证据的取证规定散见于《行政强制法》《行政处罚法》《环境监察办法》《环境行政处罚办法》等法律法规中。《行政处罚法》第 36 条、第 37 条规定了行政机关有调查和检查的权利，但对于调查和检查的程序规定非常简单；《环境行政处罚办法》虽然专设"调查取证"章节，但相关规定也较为简单，例如第四十三条对调查取证有如下例外规定："下列情形不影响调查取证的进行：（一）当事人拒不到场的；（二）无法找到当事人的；（三）当事人拒绝签名、盖章或者以其他方式确认的；（四）暗查或者其他方式调查的；（五）当事人未到场的其他情形。"但根据《刑事诉讼法》和《公安机关办理刑事案件程序规定》的规定，刑事诉讼的现场勘验笔录要求办案人员必须签字，且现场勘查的侦查人员不得少于两人，并且必须有与案件无关的公民作为见证人，现场勘验、检查笔录必须由参见勘查的人和见证人签名，以上规定明显比行政法规更为严格。另外，鉴定难也是环境资源行刑衔接中的重要难题，主要体现为委托鉴定主体不明确，鉴定机构不明确，且专业性的司法机构较少。我省目前就没有专门的环境资源司法鉴定机构，限制了鉴定机构的可选性，跨区域选择司法鉴定机构则导致鉴定费用增加、时限延长、证据采集不便等问题，检材提取的合法性和鉴定意见的合法性与准确性也直接影响了案件办理的质量和效果。

第三，证据收集的全面性问题。行政执法证据证明的是行政处罚的事实依据，而刑事证据证明的是刑事处罚的事实依据，二者在证据要求上的不同以及取证主体的专业性程度导致了证据收集的范围不同。《刑事诉讼法》第五十二条规定："审判人员、检察人员、侦查人员必须依照法定程序，收集能够证实犯罪嫌

---

① 参见：赵旭光：《生态环境执法与刑事司法衔接中的证据问题及解决》，载《证据科学》2017 年第 25 卷（第 5 期）。

② 参见龙宗智：《初查所获证据的采信原则》，载《人民检察》2009 年第 13 期。

疑人、被告人有罪或者无罪、犯罪情节轻重的各种证据。"即办案机关既应当收集有罪证据，也应当收集无罪和罪轻证据。尽管《行政强制法》《行政处罚法》《环境监察办法》《环境行政处罚办法》等法律法规均规定了收集证据应当全面这一原则，但全面的范围却不如《刑事诉讼法》所规定的如此准确和具体。同时，根据《环境保护行政执法与刑事司法衔接工作办法》第六条规定，环保部门一旦决定移送，即是有罪推定，其所收集和移送的材料并不包括无罪或罪轻的证据。

第四，证据的合法性标准与犯罪嫌疑人、被告人的抗辩权问题。《刑事诉讼法》规定了非法证据排除原则，《行政处罚法》等行政法律法规虽然也规定了证据收集必须合法，但并未规定对非法证据的排除。因此，有学者认为两法衔接证据转化可能规避非法证据排除规则，两法衔接证据转化可能有损犯罪嫌疑人、被告人辩护权，一定情况下可假借行政执法之名，做收集刑事证据之实。①

第五，可转化的证据范围问题。《刑事诉讼法》第54条第2款规定："行政机关在行政执法和查办案件过程中收集的物证、书证、视听资料、电子数据等证据材料，在刑事诉讼中可以作为证据使用。"鉴定意见、勘验笔录、检查笔录不在可直接转化范畴内，而《环境保护行政执法与刑事司法衔接工作办法》第20条规定："环保部门在行政执法和查办案件过程中依法收集制作的物证、书证、视听资料、电子数据、监测报告、检验报告、认定意见、鉴定意见、勘验笔录、检查笔录等证据材料，在刑事诉讼中可以作为证据使用。"该范围明显超出了刑事诉讼法之明确规定。

除了行刑证据转化以外，案件移送程序本身亦具不少争议。因现有立法及规范性文件多注重行政执法机关向司法机关移送案件的单向流程，将案件移送标准的把握交给了行政执法机关，但行政执法机关对于刑事法规、行政政策和司法解释的理解不一定准确和透彻，可能造成移送和接受案件中的困境。《环境保护行政执法与刑事司法衔接工作办法》第五条规定："向公安机关移送的涉嫌环境犯罪案件，应当符合下列条件：（一）实施行政执法的主体与程序合法。（二）有合法证据证明有涉嫌环境犯罪的事实发生。"但以上条件仅仅是形式条件，对于案件本身是否涉嫌刑事犯罪才是是否应当移送的实质标准。同时，该工作办法第六条规定，环保部门向公安机关移送涉嫌环境犯罪案件时，应当附案件移送书。且其中案件移送书中应当载明移送机关名称、涉嫌犯罪罪名及主要依据，这明显是将案件是否涉嫌犯罪的审查权交给了行政机关，存在有罪推定之嫌。

---

① 参见赵旭光：《生态环境执法与刑事司法衔接中的证据问题及解决》，载《证据科学》2017年第25卷（第5期）。

4. 立案监督、行政监督与司法监督不到位，各部门之间缺乏行之有效的沟通与协调

行刑衔接过程中，行政机关的外部监督是确保行刑衔接顺畅的重要手段。外部监督是指行政机关以外的权力与非权力主体对行政机关及其工作人员实施的监督，其中外部权力监督包括：国家权力机关的监督和国家司法机关的监督；外部非权力监督包括：人民政协以及各民主党派的行政监督、社会群众及舆论监督。检察机关和监察机关是行刑衔接工作外部监督机关的中坚力量，其主要监督对象包括以下三个方面：第一，对破坏生态环境资源犯罪的立案进行监督，主要由检察机关行使。《刑事诉讼法》第一百一十三条赋予了人民检察院立案监督权，《最高人民检察院、公安部关于刑事立案监督有关问题的规定（试行）》对于人民检察院立案监督进行了专门规定。《环境保护行政执法与刑事司法衔接工作办法》第十四条和第十五条分别规定了人民检察院对环境保护行刑衔接案件移送监督和立案进行监督。第二，对环境资源保护领域的行政违法或犯罪行为进行监督，具体包括对国家机关及其工作人员的贪腐渎职犯罪行为和行政失职行为进行监督、调查和处置，主要由监察机关行使。第三，对环境民事、行政诉讼行为进行司法监督，主要由检察机关行使。包括：一方面，是对当事人向检察机关申请民事案件再审抗诉的案件进行审查监督，并提起抗诉；另一方面，是对发生重大环境污染事故，又没有适格原告向法院起诉，或者环保部门执法不力的案件，由检察机关作为主体参与支持环境资源公益诉讼。

在近年来的行刑衔接工作中，检察机关积极作为，其权威性和影响力逐步扩大。尽管如此，检察机关对行刑衔接工作开展监督的法律依据却并不周全。我国宪法规定检察机关是"国家的法律监督机关"，但其监督的定性和范围一直以来都充满争议。在行刑衔接的立案监督方面，《刑事诉讼法》对于通知立案和纠正违法后仍不立案的情形，并无相应救济性设定。在行刑衔接问题最集中、矛盾最突出的移送监督方面，因为尚未进入刑事诉讼程序，检察机关对其进行法律监督的依据阙如，"《人民检察院组织法》……没有规定检察院拥有主动审查行政案件、从行政案件中发现违法犯罪线索的职权。在目前的法律框架下，检察机关只能被动接受环保部门以及公安机关的案件移送"。[1]《人民检察院组织法》二次审议稿依据党的十八届四中全会相关精神，提出增加"人民检察院在履行职责中发现行政机关有违法行使职权或者不行使职权的行为，应当督促其纠正"的建议，但该修改意见2018年10月在三次审议时已被正式删除。以国务院《行政执法机关移送涉嫌犯罪案件的规定》为代表的法规、规章及其他规范性文件虽赋予检察机关对行政执法机关移送涉嫌犯罪案件的监督权，但却并不符合《立法法》的

---

[1] 吕敬美、苏喆：《行刑衔接难题：宜地方人大立法分类破解——以环保行政执法与刑事司法衔接为例的分析》，载《河北法学》2016年第10期。

规定。

此外，根据我国刑法和相关司法解释的规定，为案件移送设定的徇私舞弊不移交刑事案件罪的犯罪主体是行政执法人员而不包括单位集体，主观上必须是故意而不包括重大过失，客观上必须有徇私舞弊行为且达到"情节严重"。因为主观故意、徇私舞弊情节在证据收集方面存在的难题，该罪名的设置门槛过高，不利于打击和震慑不移交刑事案件的犯罪行为，① 甚至为行政机关及其执法人员回避监督、抗拒监督提供了天然港湾。据统计，2000 年以来，德阳市两级检察院均未办理徇私舞弊不移交刑事案件。此外，"情节严重"的原有执行标准为《关于人民检察院直接受理立案侦查案件立案标准的规定（试行）》（1999 年）设定的"八类情形"，而监察体制改革完成后，检察机关已不再直接受理立案侦查案件，"情节严重"的界定标准需进一步明确。相关法规、规章等规范性文件对检察机关开展法律监督的方法和手段方面并无体系性的、明确的规定。根据《人民检察院组织法》规定，检察机关的法定监督手段为提出抗诉、纠正意见和检察建议三种。在司法实践中，对于公安机关应立不立案，检察机关可以按照立案监督程序进行监督，既可以提出检察建议，也可以提出纠正意见，但针对前述的公安机关经通知立案和纠正违法后仍不立案的，检察机关却只能按照内部的规定《人民检察院刑事诉讼规则》报上一级检察院协商同级公安机关处理。对于行政机关应移而不移案件，法律虽无明确规定，在环境资源行刑衔接中起重要作用的《办法》和检察机关内部《人民检察院办理行政执法机关移送涉嫌犯罪案件的规定》则明确进行设定，即检察机关发现环保部门不移送涉嫌环境犯罪案件的，可以查询、调阅相关案卷材料，提出建议移送的检察意见。然而，查询、调阅案卷材料需环保部门同意并支持配合，对于行政机关不为查询、调阅案卷材料提供便利，甚至不接受检察意见的情况，《办法》则并未明确救济措施，只能通过联席会议进行研究或向主管部门进行反映，法律监督最后成了变相请求、协调商量。同时，由于专业领域的限制，部分检察人员对环境资源案件的相关业务数据、知识、标准的认识、分析、研判能力不足，提出的检察意见和建议用词含糊、内容空洞，缺乏操作性，进一步降低了监督的硬度和力度。

2011 年中办、国办转发《关于加强行政执法与刑事司法衔接工作的意见》后，各地加快建设行政执法与刑事司法衔接信息共享平台，四川省于 2015 年 1 月正式建成，实现了行政执法和刑事司法信息省、市、县三级互联互通。但自 2018 年 3 月起，四川省行政执法机关行政处罚案件信息统一录入平台由原来的行政权力公开运行平台调整为一体化政务服务平台，而新建的一体化平台与行刑衔接信息共享平台未实现对接联通，制约和限制了监督工作的开展。根据《办法》规定，接入平台的环保部门、公安机关、人民检察院要在作出决定之日起 7 日内

---

① 王振：《珠海市行政执法与刑事司法衔接工作研究》，华南理工大学学位论文，2016 年第 35 页。

录入相关信息，但有的部门没有实现"三类信息"①应录尽录，存在迟录、漏录甚至不录问题，且录入内容不够全面、详细、规范，影响监督线索发掘。此外，备案审查虽然是被动引起的监督方式，却在立案监督中发挥重要作用。而在办案实践中，有的行政机关向公安机关移送涉嫌犯罪案件和公安机关作出立案或不立案决定后，存在不备案或备案不及时的问题，直接影响人民检察院立案监督线索的发现。

行政公益诉讼作为行刑衔接监督机制的组成部分，其诉前程序成为重要一环。虽然我国当前尚无专门环境行政公益诉讼规范，但从规则重心、规制对象和规范重点等方面看，现行的行政公益诉讼规则体系可视为环境行政公益诉讼规则体系。有学者指出，目前我国诉前程序由于定位不明确，导致了法律监督功能未能很好地嵌入行政诉讼构造，亦导致诉讼主体身份争议，此外条文设定不科学导致公益保护范围窄，检察机关作为受限。②经全国人大常委会授权，自2015年7月，在北京、内蒙古等13个省、自治区、直辖市开始进行为期两年的环境破坏和资源保护等领域的公益诉讼试点。在试点两年后，2017年6月27日，全国人大常委会对《民事诉讼法》和《行政诉讼法》进行了修改，正式确立了检察机关在公益诉讼中的主体地位和检察公益诉讼制度。2018年3月2日起施行的《最高人民法院、最高人民检察院关于检察公益诉讼案件适用法律若干问题的解释》对于检察机关作为主体提起的民事公益诉讼和行政公益诉讼原则性问题进行了规定。当前，人民检察院作为环境资源案件中公益诉讼主体参与民事公益诉讼与行政公益诉讼正在有益探索之中，民事公益诉讼与行政公益诉讼的程序启动在一定程度上还依赖于对破坏环境资源违法行为信息的掌握，以及与行政执法机关的配合、沟通和衔接。

三、完善环境资源行刑衔接长效工作机制

目前我国正针对破坏环境资源违法行为进行专项治理，为避免"运动式"的治理模式，促进环境资源行政执法与刑事司法活动的良性互动，从而从长远角度保护我们的环境资源和生存家园，应当从宏观和微观各层面完善现有的行刑衔接制度，并建立环境资源行刑衔接的长效工作机制。

（一）解决环境资源行刑衔接问题的基本原则：效率优先兼顾刑事司法优先

针对行政执法程序与刑事司法程序的优先问题，应当注重环境资源案件处理

---

① 即使用一般程序的环境违法事实、案件行政处罚、案件移送、提请复议和建议人民检察院进行立案监督的信息；移送涉嫌犯罪案件的立案、不予立案、立案后撤销案件、复议、人民检察院监督立案后的处理情况，以及提请批准逮捕、移送审查起诉的信息；监督移送、监督立案以及批准逮捕、提起公诉、裁判结果的信息。

② 参见刘超：《环境行政公益诉讼诉前程序省思》，载《法学》2018年第1期。

程序的特殊性，单一的行政优先或刑事优先模式均无法解决行刑衔接的难题。在行政处罚与刑事处罚的竞合和位次上问题，学界观点中的"吸收主义"与"并合主义"也不是单一模式，持吸收主义观点的学者赞同将并合主义作为例外，而持并合主义观点的学者亦认可类似的责任形式应当折抵的观点。因此，在实体处罚问题上，基于行政处罚和刑事处罚种类的不同，应当进行适当区分。人身罚和财产罚是性质最为严重的处罚，无论是"先刑后罚"还是"先罚后刑"，对于人身罚和财产罚等种类相同的处罚均应当进行折抵，这是理论界和实务界均认同的通说，《行政处罚法》第二十八条对行政拘留折抵拘役和有期徒刑以及罚款折抵罚金也进行了明确规定。笔者认为，关于行政处罚法中警告、责令停产停业、暂扣或者吊销许可证、暂扣或者吊销执照及其他行政处罚以及《刑法》中规定的非刑罚性处置措施、职业禁止等刑罚不存在重复使用问题，可以进行并合适用。已经进行行政处罚的，仍然可以适用刑事处罚，相应类似或相同的行政处罚种类进行折抵；已经进行刑事处罚的，可以在人身罚和财产罚之外再进行行政处罚；免予刑事处罚的，不排除再适用行政处罚。

在程序启动的优先问题上，理论界关于"有限的刑事优先""同步协调""行政优先原则与刑事先理例外的互补"① 等原则都是解决行刑衔接的有益探索。在破坏环境资源案件的立案程序上，应当重视在办案过程中，一般是由行政机关先接触到案件来源这一现实情况，并且，根据《刑事诉讼法》规定，刑事程序持续时间较长，行政机关的调查取证及行政处罚的作出均比刑事程序的启动和终结效率要高。尤其是环境资源案件中调查取证的过程具有很强的时效性，以大气污染和水质污染为例，如果调查取证不及时，相关数据和证据极有可能发生变化或灭失。其次，从恢复性处罚措施的实施时效看，改正行政违法行为、责令采取补救措施等恢复性行政处罚无疑比具结悔过、赔偿损失等非刑罚处罚方法更有利于及时修复环境资源的破坏结果。单一的"刑事优先"原则显然未考虑上述因素。针对移送案件的时间节点，根据《行政处罚法》第三十八条规定："调查终结，行政机关负责人应当对调查结果进行审查，根据不同情况，分别作出如下决定：……（四）违法行为已构成犯罪的，移送司法机关。"行政机关应当在调查终结后对结果进行审查，并将涉嫌犯罪的案件移送至司法机关，如果根据该条规定，移送司法机关后，行政程序即告终结了。但是，这样的设置无疑将会使行政处罚折抵刑事处罚的规定形同空文。为解决这一问题，行政执法程序与刑事司法程序的协同与并行应当是行之有效的途径。理论界有观点提出"效率优先原则及刑事司法优先原则"，② 我们将这一原则改良为"效率优先兼顾刑事司法优先"，

---

① 参见田宏杰：《行政犯罪的归责程序及其证据转化——兼及行政衔接的程序设计》，载《北京大学学报（哲学社会科学版）》第51卷第2期。

② 参见四川师范大学法学院张唯一硕士学位论文：《我国环境行政执法与刑事司法之衔接协同程序研究》第7页。

即在解决具体案件的行刑衔接问题时,以效率优先作为基本原则,刑事司法优先作为次要原则。行政执法机关已经启动调查取证程序的,如果发现案件涉嫌刑事犯罪,可以先行将案件情况通报侦查机关,由侦查机关同步配合开展刑事立案之前的初查工作,① 但通报时不停止调查取证程序,待调查程序终结后再移送;如果行政执法机关在调查取证过程中,违法行为结果有延续和扩大趋势,必须立即采取行政强制和处罚措施予以制止的,应当以行政处罚程序优先,待行政处罚决定作出后,再将案件材料和处罚决定一并移送侦查机关。行政执法机关在调查终结时发现涉嫌刑事犯罪,且移送案件不影响案件调查取证和环境资源修复的,可在审查后直接移送侦查机关。如刑事司法机关在办案中发现案件可能不涉嫌刑事犯罪的,也应当及时通报行政执法机关,并在作出撤销案件决定或不起诉决定时将案件材料及时移送行政执法机关,由行政执法机关作出相应行政处罚,实现"双向移送"。该原则不仅可以较好地灵活解决当前行刑衔接的原则性问题,而且符合我国行刑衔接的立法体系与司法实践。

(二)完善行刑衔接的信息共享一体化平台,落实各部门协作机制,使沟通、衔接和协作实现高效和常态化

随着网络技术的日益发达,"大数据"在行政执法和司法实践各领域充分发挥了其优势和作用。在当前各地"两法衔接平台"已经建立的情况下,要实现信息共享的及时、公开与全面,应当进一步完善行刑衔接的信息共享一体化平台,抓手集中于建设信息共享机制。首先,应当在行政执法机关、公安机关和检察机关中分别指派专人专门负责信息录入与沟通,并将其日常工作列入考核,以保证案件信息和案件进程及时更新,办案人员可及时跟进工作;其次,行政执法机关除了主动移送的涉嫌刑事犯罪案件材料之外,应当按期将办理的行政执法案件数据和概况通报公安机关和检察机关,以建立实时监督机制;再次,应完善案件移送备案审查和查询制度,针对移送案件资料建立数据库,以保证各环节衔接的透明和通畅,杜绝行政腐败和司法腐败。

《环境保护行政执法与刑事司法衔接工作办法》第四章"协作机制"中对于联席会议、双向案件咨询制度、环保部门对司法机关的环境监测和技术支持、通报制度、联合调查、出庭作证、联合督办、职务犯罪监察等进行了明确规定,其目的是实现各单位和部门之间的相互配合、相互协作和相互制约。以上具体规定已经比较完善,当前的关键问题在于促进各机关和部门之间衔接和联动的常态化,将各项规定落到实处,以实现案件办理过程的流畅与高效,提高办案质量和效果。同时,各省市地区有必要制定具体的工作办法,限定各主体之间沟通的时

---

① 参见田宏杰:《行政犯罪的归责程序及其证据转化——兼及行政衔接的程序设计》,载《北京大学学报(哲学社会科学版)》第51卷第2期。

限和考核机制,发挥行政机关和司法机关协作的主观能动性。

(三)优化行政执法与刑事诉讼及公益诉讼的衔接和联动机制,充分发挥检察机关在公益诉讼中的地位和作用,促进依法行政、严格执法

《民事诉讼法》第 55 条规定:"对污染环境、侵害众多消费者合法权益等损害社会公共利益的行为,法律规定的机关和有关组织可以向人民法院提起诉讼。人民检察院在履行职责中发现破坏生态环境和资源保护等损害社会公众利益的行为,在没有前款规定的机关和组织或者前款规定的机关和组织不提起诉讼的情况下,可以向人民法院提起诉讼。前款规定的机关或者组织提起诉讼的,人民检察院可以支持起诉。"上述规定中,对检察院行使民事公益诉讼职责设置了前提条件。在民事公益诉讼中,只有当国家和社会缺乏提起民事公益诉讼的机关和社会组织时,才需要检察机关充当公益诉讼的主体;而一旦法定机关和社会组织提起诉讼,检察机关就应当依法退出,检察机关提起民事公益诉讼的主体定位是补充性的。检察机关履行民事公益诉讼职能的案件分为两种,一种是对尚未构成犯罪的破坏生态环境资源违法行为提起民事公益诉讼,另一种是针对涉嫌环境资源犯罪行为提起刑事附带民事公益诉讼或单独提起民事公益诉讼。以上两种案件的民事公益诉讼均存在与行政执法机关的配合与衔接。第一,检察机关发现的违法行为和涉嫌犯罪案件线索很大程度上来源于行政执法机关;第二,对行政机关已经作出行政处罚,或者行政处罚仍不足以保护国家和社会公共利益,且没有法定机关和组织提起公益诉讼的,由检察机关提起民事公益诉讼,作为行政执法的有益补充;第三,对于涉嫌犯罪的刑事案件提起附带民事公益诉讼,有利于修复已经造成的损害,保护国家和社会公共利益。

《行政诉讼法》第 25 条第 4 款规定:"人民检察院在履行职责中发现生态环境和资源保护等领域负有监督管理职责的行政机关违法行使职权或者不作为,致使国家利益或者社会公共利益受到侵害的,应当向行政机关提出检察建议,督促其依法履行职责。行政机关不依法履行职责的,人民检察院依法向人民法院提起诉讼。"检察机关提起行政公益诉讼的前提条件是,行政机关拒不纠正违法行为或者不履行法定职责,国家和社会公共利益仍处于受侵害状态;有明确的被告、具体的诉讼请求、国家和社会公共利益受到侵害的初步证据。根据前述法律规定,一方面,检察机关提起行政公益诉讼的诉前程序阶段,应当主动掌握行政机关行政违法或不作为行为的相关线索,并在调查核实后行使监督职能,建议行政机关纠正违法或不作为行为;另一方面,行政机关未纠正违法行政行为的,检察机关通过行政公益诉讼强制督促行政机关依法行政、严格执法。

(四)加强环境资源行刑衔接专业智库化建设

2015 年 1 月,中共中央办公厅、国务院办公厅印发《关于加强中国特色新型智库建设的意见》，提出"加强中国特色新型智库建设，建立健全决策咨询制度"的号召，党的十九大报告再次强调，加强中国特色新型智库建设。在目前全国各地已经建立"环境警察""环境检察""环境法官"等专业队伍的情况下，需要整合各方面力量，加强环境资源行刑衔接的专业智库建设，为环境资源保护和治理提供智力支持。四川省环境保护厅、四川省公安厅2015年3月10日发布的《关于加强环境污染违法犯罪案件执法衔接配合工作的通知》（川环发〔2015〕22号）就提出了逐步建立环境污染违法犯罪案件咨询专家库的要求，组织召集我省环境法学、水、土壤、大气、放射性、固体废物以及环境污染违法犯罪案件侦办等方面的专家和技术骨干，为各级环保部门、公安机关打击环境污染违法犯罪提供专业支持。笔者认为，专家库不仅应当包括环境法学方面的专家，也需要刑法学、诉讼法学、行政法学方面的学者和实务专家。理论学界与实务部门之间的沟通交流既有利于解决环境资源行刑衔接中的具体问题，也有利于促进行刑衔接理论研究的进一步发展，并推动环境资源行刑衔接的立法和司法完善。

（五）加强舆论宣传与引导，注重典型案例的示范与指导作用

经过近几年的专项治理，保护生态环境资源已经逐步成为深入民心的基本国策。行政与公、检、法机关均非常重视舆论宣传，各地行政执法机关将具有典型意义的行政处罚案件及执行情况进行了公布和曝光，最高人民法院和各省市人民法院也相继发布了一批典型案例。典型案例对行政机关依法开展行政执法工作和法院依法审理环境资源案件均具有一定的引领、示范和指导作用，有利于解决案件中的疑难复杂问题，促进案件裁判规则的制定和裁判尺度的统一，进一步提升环境资源司法水平；同时，典型案例可作为法制宣传教育的教材和示范，引导和警示社会公众理解生态环境资源保护的重要性，预防破坏生态资源的违法与犯罪行为；典型的行政处罚案例大部分均有一定社会影响力和危害后果，是行政执法机关向公安机关移送涉罪案件的重要组成部分，行政处罚案件、行政诉讼案件和行政公益诉讼案件还能为行政执法部门依法实施行政执法行为提供有价值的参考；通过对典型案例的参考和提炼，可以为立法和司法解释的出台及理论研究提供实证基础。同时，为加大对破坏生态环境资源违法行为的打击力度，有必要通过邀请媒体跟随执法、新闻通报会、网站、微博、微信等多形式、多渠道对环境资源执法和司法工作情况进行宣传，及时准确地向社会各界反映执法和司法工作动态与成效，并将各部门之间联合联动的情况进行定期通报，以加强行刑衔接的力度和效果。

第六章
其他典型罪名与行为的刑法解释适用

第一节 "敲诈勒索公私财物"的解释适用

《刑法》第二百七十四条规定:"敲诈勒索公私财物,数额较大或者多次敲诈勒索的,处……。"本条规定的普通敲诈勒索罪行为只有八个字"敲诈勒索公私财物",属于简单罪状。敲诈勒索罪的构成要件需要通过解释来进一步确定。在司法实践中,敲诈勒索罪的适用主要存在两方面的问题:一是"事出有因"型敲诈勒索罪[①]的认定;二是抢劫罪和敲诈勒索罪的区分。要解决这些问题,最关键的是要从解释论角度进一步对敲诈勒索罪的构成要件进行分析,得出妥当结论。

一、争议案件及分析

(一)争议案件

案例一:黄静敲诈勒索案

2006年2月9日,犯罪嫌疑人黄静在海淀区一公司购买一台华硕牌笔记本电脑,后因电脑发生故障,华硕服务部对该电脑进行了维修。后黄静伙同周成宇以华硕销售的笔记本电脑中使用的是测试版的 CPU 为由,多次到华硕公司进行谈判,以向媒体曝光等为由,向华硕敲诈500万美金,后被抓获。海淀区人民检察院最终对该案作出不起诉决定,认为一方面事实不清、证据不足,另一方面也不宜定性为敲诈勒索罪。

案例二:张明敲诈勒索案

2010年8月28日中午,张明(化名)到妻子工作地点找妻子吃饭,没想到撞见妻子与一男子赤身裸体躺在床上,张明血往上涌,回身到厨房拿了菜刀,用

[①] "事出有因"的原因的类型多种多样,包括债权债务纠纷、行使损害赔偿权利、婚恋纠纷等等,对其的概括也不尽相同。有"事出有因""被害人有过错""行使权利""过度维权"等。笔者认为以"事出有因"来概括是比较合适的,其他几种提法只是关涉到原因中某一方面的内容。

刀背对着男子一阵乱砍。张明仍不解气，又要求男子再付 5 000 元精神赔偿费。该男子没有那么多现钱，张明即同其到银行取了 2 000 元，又让其出去借了 3 000 元，才把他放走。该男子获得自由后报了警。重庆市检察机关对该案作了无罪化处理。

案例三：夏甲等人敲诈勒索案（刑事审判参考第 509 号）

犯罪嫌疑人夏甲、夏乙系姐弟关系，夏乙、熊丙系夫妻关系。夏甲、夏乙的母亲叶某系某县经济开发区村民。2005 年 4 月，香港某公司与浙江某公司共同投资组建一旅游公司在县里开发项目，其中拆迁由开发区管委会委托拆迁公司实施。2005 年 11 月中旬，叶某与拆迁公司签订了拆迁自家房屋的协议，其后收到应得的房屋拆迁和坟墓迁移补偿费。后夏甲认为是开发区管委会实施拆迁造成其亲属不和，加上先前其大儿子在校猝死一事未按其意愿处理，遂产生重新向开发区管委会等单位索取赔偿费和儿子死亡精神损失费的想法。2005 年 12 月底，夏甲先后起草了一份要求开发区管委会、香港某公司与浙江某公司赔偿住宅和祖坟毁坏及精神损失费计 61 万元的索赔材料，一份举报项目开发过程中存在违规、违法行为的举报信，由夏乙修改打印后，分别交给开发区管委会、县信访局。2006 年 1 月 13 日晚，拟成立的旅游公司的执行总裁唐某得知夏甲举报该项目后，主动约见夏甲、夏乙、熊丙。当时夏甲声称"不满足我们的要求，要举报这个项目不合法，要这个项目搞不下去"。唐某为不使举报行为对项目产生不利影响，答应赔偿，双方谈妥由唐某方赔偿给夏甲、夏乙、熊丙 25 万元。1 月 19 日，夏甲、夏乙、熊丙在一份由唐某起草的关于"愿意支付人民币 25 万元，夏甲不再举报该项目"的承诺书上分别签字后，收到唐某首期支付的 10 万元。该案一审判决三人构成敲诈勒索罪，二审改判无罪。

类似的案件还有很多。虽然笔者所列三个案件均为最终无罪的结果，但是在同样类型的案件中，判有罪的判例也非常多。如在消费者维权领域，类似的"食用油索赔案"① 被判有罪；在捉奸索赔类案件中，直接在百度中输入"捉奸"+"敲诈勒索"，即可查到很多有罪案例；在上访敲诈政府类型案件当中，有罪案件也不少。这种司法实践当中的同案异判现象足以表明敲诈勒索罪的适用存在很大争议。

（二）理论界对争议案件的分析述评

首先应当反对笼统的、一刀切式的研究方式，例如认为消费者维权型的敲诈勒索行为一律无罪、上访索财型的敲诈勒索行为一律有罪。实践案件千奇百怪，

---

① 具体案情为刘某发现自己刚刚购进的一桶食用油里有一橡胶圈，便和厂家联系，要求厂家赔偿 36 000元，如果厂家不答应，他就在网上发帖子，让媒体曝光，让该产品滞销，并告诉厂家其银行账号，让厂家将钱打入卡内。后厂家佯装同意，及时报警。某法院以敲诈勒索罪（未遂）判处刘某有期徒刑二年，缓刑二年。参见徐光华：《从典型案件的"同案异判"看过度维权与敲诈勒索罪》，载《法学杂志》2013 年第 4 期。

每一个所谓的类型都是由不同的事实要素构成，而不同要素的增减对于该事实是否还能够涵摄于我们预设的大前提里面去是不确定的。这种一刀切式的研究方式属于下定义，但敲诈勒索罪的构成要件实际来源于生活中的典型类型，这是不争的事实。所以应当以类型化的思维来对案件进行更为细化的研究。抽象的概念是封闭的，类型则是开放的，概念式的思维是一种"分离式""非此即彼"的思维，类型则是流动的、无法严格界定界限的思维，因而可以适应现实生活"或多或少"多样性的变化。①

从更为细化的类型、构成要件要素的角度考察问题，理论界对于上述敲诈勒索争议案件进行了多角度分析，提出了不同的解决问题的路径。有学者认为，应当从手段的合法与非法、目的的合法与非法进行四种排列组合的角度来解决不同组合的类型当中的罪与非罪问题；② 有的提出以索要的利益是否有依据与"非法占有目的"之间进行判断来解决；③ 有的从维权的依据、索赔的数额、索赔的方式等几个要素来综合考察；④ 有的以行为是否被社会公众认为具有社会相当性来判断是否构成犯罪。⑤ 此外，关于抢劫罪和敲诈勒索罪区分的研究，传统观点是以"两个当场"来判断，以当场实施暴力相威胁和当场获取财物的是抢劫罪，而以将来实施暴力相威胁和事后获取财物的是敲诈勒索罪。但是，目前主流的学说已经对此进行了否定，认为"两个当场"只是二罪区分的形式标准，实质标准则是暴力威胁是否达到一定的程度。如陈兴良教授认为，在当场使用暴力的情形下，如果暴力程度轻微，没有达到致使被害人不能反抗的程度，当场取财的，即使符合"两个当场"的特征，也不能认定为抢劫罪，而应以敲诈勒索罪论处。"两个当场"只是形式性的特征，对于敲诈勒索罪与抢劫罪的区分，不能根据"两个当场"，而是应当根据两罪之间的本质界限。⑥ 张明楷教授认为，胁迫被害人当场交付财物，否则日后加害被害人的，宜认定为敲诈勒索罪。行为人对被害人实施了没有达到抢劫程度的暴力、胁迫，被害人交付财物的，只能认定为敲诈勒索罪。行为人对被害人实施了足以压制其反抗的暴力、胁迫后，迫使其日后交付财物的行为，宜认定为抢劫罪。⑦

从上述学者们对敲诈勒索罪争议问题的最新研究来看，有几个值得关注的共

---

① [德] 亚图·考夫曼：《类推与"事物本质"——兼论类型理论》，吴从周译，学林文化事业有限公司1999年版，第47页。
② 孙万怀：《敲诈勒索罪中目的与手段的组合性质》，载《人民检察》2009年第5期。
③ 庄绪龙：《"先因型"敲诈勒索行为入罪之反思》，载《上海政法学院学报》，2015年第4期；宋继圣：《"事出有因"型敲诈勒索罪中的主观占有目的》，载《人民检察》，2014年第9期。
④ 徐光华：《从典型案件的"同案异判"看过度维权与敲诈勒索罪》，载《法学杂志》，2013年第4期。
⑤ 叶良芳：《权利行使与敲诈勒索罪的界限》，载《中国刑事法杂志》，2007年第3期。
⑥ 陈兴良：《敲诈勒索罪与抢劫罪之界分——兼对"两个当场"观点的质疑》，载《法学》，2011年第2期。
⑦ 张明楷：《刑法学》（第五版），法律出版社2016年版，第1015页。

同点。一是对本罪的研究深入到了构成要件要素环节;二是对各构成要件要素又进行了关联性研究,不单单是对个别词句的解释,而是进行整体的考察;三是力图在法教义学之内解决争议背后所体现出的法社会学因素(如公众感情、公众认同、可接受度等);四是对构成要件要素的解释的实质化。但是上述研究尚不能完全解决问题,原因在于敲诈勒索罪构成要件要素(如威胁、要挟、非法占有目的)多为评价、规范要素,而不单纯是记叙要素,导致敲诈勒索罪构成要件是开放式的而非封闭式的,在评判具体事实时往往要加入价值衡量等超狭义"解释"的法学方法。而目前的研究多仅能给定一个大致的原则,而不能落实到具体的规则,定性而不能定量,所以指导实践意义有限,对边缘类型的案件不能妥善安置。所以笔者拟从敲诈勒索罪构成要件的开放性入手,尝试对其进行一定程度的封闭化的研究,以求解决具体问题。

二、敲诈勒索罪的犯罪构成

(一) 敲诈勒索罪的概念

通说认为,敲诈勒索罪是指以非法占有为目的,以威胁或者要挟的方法,强索公私财物,数额较大或者多次敲诈的行为。[1] 也有学者将敲诈勒索罪的行为方式认为是"威胁(恐吓)"。[2] 不难看出,二者的分歧在于要挟是否属于敲诈勒索罪的行为方式。同时,刑法上与威胁常常进行近义辨析的"胁迫"也是我们考察的内容。

首先,应当对这几个词语的意思进行辨析。"辞典对刑法用语的解释不能成为我们办理具体案件的'法律依据';不能以辞典的解释取代我们对刑法用语的规范解释。"[3] 虽然语言的日常意义不能够决定其在法律中的意义,但是可以作为理解的基础。根据《辞海》,要挟是指利用人的弱点,迫使人答应自己的要求;威胁是指逼迫、恐吓;恐吓是指以要挟的话或威胁手段吓唬人;胁迫是指威胁、强迫。不难看出,日常用语中的几个概念几乎是同义反复,相互之间循环论证。但是我们从中也可以归纳出几个结论:一是威胁和恐吓几乎是相互解释的关系,也就是说属于同义词。从张明楷教授的定义"威胁(恐吓)"来看,也是在同一意义上使用的两个词语。二是对要挟的解释超出了其他几个概念之间的循环,指出了"利用人的弱点"相强迫的实质特点并且这种强迫没有限定于"威"或"恐"。三是对胁迫的解释是既包括了威胁也包括了威胁之外的强迫。

在上述辞典意义的基础上,我们进一步进行分析。笔者上述归纳的前两点从

---

[1] 高铭暄、马克昌主编:《刑法学》,北京大学出版社、高等教育出版社2014年版,第515页。
[2] 张明楷:《刑法学》(第五版),法律出版社2016年版,第1015页。
[3] 陈兴良:《组织男性从事同性性交易行为之定性研究——对李宁案的分析》,载《国家检察官学院学报》,2005年第1期。

刑法意义上理解也是一致的。而第三点则不同。结合抢劫罪、强奸罪以及敲诈勒索罪等法律条文和解释，我们可以很明确地对刑法上的威胁和胁迫进行区分。威胁是以暴力方式进行的"胁"；而胁迫则是采取暴力之外的方式（或不限于暴力方式）进行，与要挟的含义一致。所以总结起来，上述分歧问题的本质就是暴力方式之外的其他胁迫是否可以构成敲诈勒索罪的行为方式。如果仅仅将敲诈勒索罪的行为方式解释为"威胁"，敲诈勒索罪的行为方式无疑会减少一大部分，这显然是不合实际的。实际上，采取曝光隐私、举报违法等非暴力方式进行的敲诈勒索并不在少数。所以，将敲诈勒索的行为方式分为威胁和要挟（胁迫）是妥当的。

当然，上述辨析并非具有刑法上重要意义的"真问题"。其实就张明楷教授自己来说，当然不可能认为以暴力之外的方式之胁迫手段不是敲诈勒索罪的行为方式。其所谓的"恐吓"其实来源于日本、中国台湾地区刑法中规定的恐吓取财罪。而该恐吓的意义是指以恶害相通告，使其心生畏惧。而恶害的内容是被害人的身体、生命、自由、名誉抑或财产。[①] 由此可见，"恐吓"一词已经涵盖了我国刑法上威胁与要挟，比威胁的内容更多。那么，将威胁等同于恐吓就存在不妥之处。通过上述语义分析，我们虽然不能真正解决实践中的疑难问题，但是对概念与概念的区别、敲诈勒索罪行为方式的明晰可以起到积极作用。

（二）敲诈勒索罪的犯罪构成分析

单独讨论威胁、要挟或非法占有目的并不能解决实践中的疑难案件。虽然我们需要从具体的构成要件要素和具体的字义、词义出发来研究问题，但是整体性的思维方式仍然是起指导作用的。语义必须在具体的语境中才能彰显，构成要件要素之间也具有关联性。"一旦有人适用一部法典的一个条文，他就是在适用整个法典。"[②] 在事出有因型的敲诈勒索案件（如捉奸索财、消费者维权案）中，要挟行为无疑是存在的，但是索要的财物事出有因，有的甚至具有权利基础（如损害赔偿请求权），这种情况下如果权利不与索要的财物联系起来分析的话，对于行为是否具有法益侵害性、行为人主观上是非法占有还是合法占有目的，均不能有效界分。当然一个现实的问题随即出现，即应当将解决问题的路径放在三阶层的犯罪构成中的哪个阶层更为妥当。

这首先涉及采取何种阶层论的犯罪构成理论。从阶层论的犯罪构成理论发展历史来看，至少存在两种典型的对立：贝林、李斯特的古典的犯罪构成论和麦耶、威尔泽尔等为代表的新古典犯罪构成论。前者认为构成要件该当是客观的、无价值的[③]，而违法和责任是实质的、评价的。这一点也为陈兴良教授所主张。[④]

[①] 田宏杰：《海峡两岸敲诈勒索罪比较研究》，载《福建公安高等专科学校学报》，1999年第6期。
[②] ［德］卡尔·恩吉施：《法律思维导论》，郑永流译，法律出版社2004年版，第73页。
[③] ［德］克劳斯·罗克辛《德国刑法学总论》，王世洲译，法律出版社2005年版，第182页。
[④] 陈兴良：《刑法的知识转型（学术史）》，中国人民大学出版社2012年版，第237页。

而后者认为构成要件不可能是客观的、无价值的，必然包含了规范、评价因素，所以构成要件该当的判断也是实质判断。如张明楷教授进而将构成要件该当和违法合为一个阶层"不法"。① 并且，构成要件既是违法类型也是责任类型，因此法益侵害、故意、过失等内容都应当在构成要件该当中被讨论。具体到敲诈勒索罪中，在古典犯罪构成论看来，价值衡量问题应当是违法阶层讨论的问题，非法占有目的是责任阶层讨论的问题。而新古典犯罪构成论认为这些都应当是构成要件该当阶层讨论的问题。

从前人研究的情况来看，有的将非法占有目的作为解决问题的关键。但是这种方式存在问题。无论采取何种犯罪构成论，认定非法占有目的的前提必然是在肯定非法占有的基础上。如果我们以古典的犯罪构成论为分析出发点，将非法占有目的放在责任阶层，那么前提必然是行为已经符合了敲诈勒索罪的构成要件和具有违法性。但是我们在讨论消费者维权案、捉奸索财案等过程中，如果说该行为已经客观上违法，从教义学的角度将难以将行为人从主观上的责任阶层认定为无罪。因为在该类案件中，行为人主观上没有任何认识错误。如果说有，那只能是对自己行为的违法性的错误。而违法性错误并不阻却责任。所以，非法占有和非法占有目的必然是一致的。脱离开客观层面的违法来单独讨论非法占有目的不具有合理性。②

还有的研究将价值衡量作为关键点。这个点本身是正确的，但问题是将其放在构成要件该当还是违法阶层讨论。一种思路是将其放在违法阶层讨论，因为毕竟违法层面的核心就是法益侵害，而价值衡量是法益侵害的判断依据。而从形式上看，捉奸索财案、消费者维权案等均与"威胁、要挟方式强行索要公私财物"的类型一致（或者相似）。所以可以考虑的思路是首先肯定行为符合敲诈勒索罪的构成要件，但是不具有实质违法性（法益侵害）因而不构成犯罪。但是这种思路同样存在问题。暂且不论构成要件形式化还是实质化的问题，但是相对于违法阶层来说，构成要件更加类型化、形式、刚性一些，而违法判断则更加实质、自由一些。贝林将构成要件理解为挂衣服的"钩子"。"法官相当于有了一个钩子，他可以把案件悬挂在这样一个钩子上面。因为，所有犯罪类型都离不开一个行为指导形象的法定构成要件。"③ 相反，全面性的违法性判断——除却类型化的正当防卫、紧急避险等（这些也类似于"钩子化"了的违法类型）——则更多依赖于法官的自由裁量与价值判断。如果将此类问题放在违法性层面讨论，对消费者维权等本来就是极度具有争议、价值判断不确定的边缘类型得出的结果恐怕也是五花八门、忽左忽右，让人无所适从。

---

① 张明楷：《刑法学》（第五版），法律出版社2016年版，第107页。
② 客观上非法占有和主观上非法占有目的存在不一致的情形也有，如共同犯罪中从犯对主犯的非法占有不明知，从犯主观上就可能不具有非法占有目的。
③ ［德］恩施特·贝林：《构成要件理论》，王安异译，中国人民公安大学出版社2006年版，第30页。

因此，笔者的结论是，应当将问题在构成要件该当性层面进行研究和解决，得出更为刚性和统一的执法标准。

（三）构成要件的实质化与开放化

本来，贝林所倡导的客观的、无价值的构成要件论想要起到的作用就是将犯罪类型的第一步判断形式化、类型化，从而达到罪刑法定原则限制入罪的目的。但是遗憾的是，贝林的建构早已被理论的发展和实际情况所颠覆。"事实上，当我们将该当案件事实理解为法律构成要件所指涉的事实时，已经带有价值判断的性质，或者，其本身已然是一种有评价性质的归类行为。"① 看似最简单、最价值无涉的构成要件的概括，如"杀人"，当遇到"相约自杀""帮助他人自杀"等类型的案件时，仍然不能完全清楚地界定什么是杀人行为、案件当中行为人的行为是否属于杀人行为。因此，西原春夫认为，犯罪论的发展历史就是构成要件论崩溃的历史。② 目前，构成要件的类型性的形象指导的功能更受质疑，在构成要件中加入了价值判断、规范评价之后，构成要件该当与违法阶层有融合的趋势——骨架与血肉逐渐融合、钩子与衣服逐渐融合。

在这种背景下，有学者提出了开放的构成要件理论。③ 开放的构成要件的理论基础来源于法治的实质化发展方向、哲学诠释学对法律客观性的侵蚀以及语言哲学中家族相类似原理等。从认识论的角度来看，构成要件的开放性无疑是具有相对真理性质的。正如同韦伯对整个社会科学科学性的质疑，法律当中除了数字，很难说任何概念都有确定无疑的内涵和外延、都是客观中立价值无涉的。"法律现实化是一个对法律概念不断封闭与开放又封闭的过程。立法者将类型封闭于概念之中，判决则需要重新开启这些被过分被定义的概念，产生新的定义，新的定义又固化在概念之中，当新的生活事实出现，新的一轮开放与封闭又开始。"④ 具体到敲诈勒索罪中，概念中的"威胁""要挟""非法占有目的"、对法益侵害进行的评价以及通说的敲诈勒索罪的逻辑结构"行为人实施威胁要挟行为，被害人产生恐惧心理，进而基于恐惧心理而处分财产，行为人或第三者取得财产，被害人遭受财产损失"中的"恐惧心理"等，都是具有一定开放性的概念。敲诈勒索罪构成要件的开放性导致当我们面对"地痞流氓收保护费"这样的案件时，认为其行为符合威胁或要挟是没有疑义的，然而当我们面对"债权人要挟债务人还债"这样的案件时，案件事实中的"要挟"是否还能被评价为构成要件中的"要挟"就存疑了。

---

① ［德］卡尔·拉伦茨：《法学方法论》，陈爱娥译，商务印书馆2003年版，第2页。
② ［日］西原春夫：《犯罪实行行为论》，戴波、江溯译，北京大学出版社2006年版，第34页。
③ 刘艳红：《开放的犯罪构成要件理论之提倡》，载《环球法律评论》，2003秋季号。
④ ［德］亚图·考夫曼：《类推与"事物本质"——兼论类型理论》，吴从周译，学林文化事业有限公司1999年版，第119页。

笔者认为，尽管构成要件的实质化、开放化是一个不争的事实，但是法治的要求、罪刑法定原则的要求和构成要件理论本身所要解决的问题就是将犯罪行为进行限定，无法律规定不得定罪和处罚。然而理想是丰满的，现实是骨感的。由于构成要件要素充满了规范的、评价的内容，所以构成要件往往很难以封闭。但是我们仍然需要追求这种封闭性，希望在尽可能的范围内明确应受处罚的行为类型。正如考夫曼，虽然其以类型来代替概念，认为类推是法律的普遍属性，概念是无用的，但是这种颠覆性的认识是认识论方面的，在价值论层面，其追求的仍然是将类推划分为可接受的类推和禁止的类推，与概念所追求的非此即彼的封闭性，具有价值上的一致性。同理，法学方法论发展的目的并非是要以价值介入、法官造法等方式来否定法律、法律解释本身，而是探索在新的哲学、社会环境下，法学如何坚守自己相对的逻辑。同样，犯罪论的发展、构成要件的实质化、开放化，也并非要我们放弃对其相对类型化、客观化的追求。"我们不能把解构法治的理论当成法律解释指南，应该设法避免在解释中稀释法律。"①

三、敲诈勒索罪构成要件的封闭

（一）价值衡量的封闭

1. 价值衡量在构成要件中的体现

事出有因型的敲诈勒索案件，需要对原因事由和索要财物进行价值衡量。但这种价值衡量如果没有"附着"在构成要件中的话，那就只能作为违法阶层中的一个违法阻却事由，类似于正当防卫、紧急避险。但前文已述，不考虑这一路径。笔者认为，价值衡量本身对应的是违法性阶层的法益侵害概念，在构成要件阶层就应当以危害结果这一要素来体现。

尚需探讨的一个问题是：手段行为的合法或违法、违法程度的高低对敲诈勒索罪的成立是否有影响？笔者的观点是，对结果的价值衡量是入罪的唯一标准，手段行为无影响。只要有结果发生，手段行为即使合法，也成立敲诈勒索罪（如举报违法）；只要没有结果，即使手段行为再恶劣，也不可能构成本罪②。

2. 有无危害结果的教义学判断

行为人索要到了一定的财物，或索要了一定的财物，该财物是否被认为是敲诈勒索罪构成要件中的危害结果？既然我们已经将"价值衡量"附着于其中，很显然，这种危害结果是实质化的结果。对结果要素进行实质化的考察是妥当的。如果不对财物进行实质化考察，窃取自己所有、被他人非法占有的财物，也

---

① 陈金钊：《法治思维及其法律修辞方法》，法律出版社2013年版，第217页。
② 在手段行为更重的绑架、抢劫场合，如果索要的是债权债务的，无争议认为不可能构成绑架、抢劫罪。

成立盗窃罪中的危害结果，这是不可思议的。对此，我国立法和司法解释也是采取同样的立场。如《刑法》第二百三十八条第三款规定"为索取债务非法扣押、拘禁他人的，依照前两款的规定（非法拘禁罪）处罚"。从解释论的角度看，"索取债务"可以被认为是绑架罪"勒索财物"的一种表现形式，而"非法扣押、拘禁"当然也是"绑架"的行为表现方式，所以该款内容可以涵摄于绑架罪的构成要件当中。但是由于采用结果无价值的立场，进行了原因和结果的价值衡量，债务是有原因的财物，对债务的占有是合法占有而非非法占有，该结果没有财产犯罪中的法益侵害，因此只单独评价其中侵害人身权的部分"非法拘禁"。又如，《刑事审判参考》中的案例和陈兴良教授均认为，偷走自己被行政机关依法扣押的车辆的，不构成盗窃罪，除非之后再向行政机关索赔。（当然如果盗窃的是被司法机关扣押的车辆，另行成立非法处置查封、扣押、冻结的财产罪）① 同样采取的是结果无价值立场和价值衡量方法。

一个重要的问题是：价值衡量是对特定物的具体判断还是对物抽象之后的价值比较？例如，甲非法占有乙的 A 物，乙以威胁要挟方法索取甲的价值相当的 B 物，是否构成敲诈勒索罪？张明楷教授认为构成犯罪，并采取同样的立场认为盗窃他人特定财物但是给予足额补偿的，不影响盗窃罪的构成。② 其认为理由在于我国刑法分则第五章所规定的财产犯罪均为"对个别财产的犯罪"，而不是"对整体财产的犯罪"。后者是指对被害人的财产状态整体进行侵害的犯罪。德日刑法中背信罪属于对整体财产的犯罪。③ 但是笔者认为仅从德日刑法的立法模式和由其立法模式所抽象出的个别、整体财产犯罪理论出发，直接将其用于我国刑法中对相关罪名进行解读说服力不足。既然我国没有背信罪这种"对整体财产的犯罪"立法例，那所有的财产犯罪是否就当然被认为都是"对个别财产的犯罪"？为何不能既可以属于对个别财产的犯罪又可以属于对整体财产犯罪？并且，即使从德日刑事司法实践来看，其对敲诈勒索罪认定的态度摇摆也足以说明并不是单单一个"对个别财产的犯罪"概念就可以实现司法实践中对不同案件妥当处置。例如日本在 1897—1906 年，判例原则上对于债权人以诈欺、恐吓方式行使权利判决有罪。1913 年，日本大审院的判例明确宣示了权利行使的处理原则是：在权利范围内不成立恐吓罪、超出权利范围之时，如果物或者利益在法律上是可分的，仅就超出权利的部分，成立恐吓罪；如果不可分，则就所取得的财物或者财产性利益之整体成立恐吓罪。1955 年的判例又发生变化：对于在追讨 3 万日元的债权之际，通过恐吓而使对方交付了 6 万日元的案件，认为（对 6 万日元）成立恐吓罪；20 世纪 60 年代中期以后，对行使权利的行为又回

---

① 陈兴良：《判例刑法学》（下卷），中国人民大学出版社 2009 年版，第 297 页；刑事审判参考第 43 期第 339 号。
② 张明楷：《刑法学》（第五版），法律出版社 2016 年版，第 1018、951 页。
③ 张明楷：《刑法分则的解释原理》，中国人民大学出版社 2011 年版，第 64 页。

到了不处罚化的状态……①

笔者认为，应当进行抽象的价值之间而不是对特定物的衡量，对特定物之间应当进行价值衡量再判断是否构成犯罪。理由一是我国刑法理论中的结果要素本就是实质的而非形式的结果。《刑法》第十四条、第十五条关于故意、过失的概念中均运用了"危害社会的结果"之语，在意味着故意、过失是实质化的同时，还意味着结果不是形式而是实质的。二是如果采取实质化的解释立场，那就应该进行实质判断，而孤立的认为 A 物非 B 物，就是一种形式判断。实质判断的要求是抽象出事物本质进行判断。作为财产性犯罪中财物的物，共同的本质特征就是具有价值。因此对其进行价值相当性的判断是正确的。三是既然在入罪的场合，"财物"已经被扩大解释至包括"财产性利益"，而二者的共同点也就是具有价值，那么，在涉及罪与非罪、出罪的场合，更应该进行抽象的价值衡量。四是在类型滥觞、概念式微的时代，既然基于处罚妥当性的考量，在进行法律解释时要尽量减少概念之间的对立、形成概念之间的位阶关系，如杀人可以被评价为伤害、活人可以被评价为尸体，更没有理由把更具有共同点的两个财物不作为共同体来评价。卡多佐说，概念的专横乃是"产生大量不正义现象的根源"。② 因此，笔者的结论是不同的财物之间应该进行整体的价值衡量，不同的权利（如身体损害和索要财物）也应当进行价值衡量以确定有无危害结果发生。

3. 具体标准

一是将索要财物金额与原因事由之间进行价值衡量。如果索要财物金额超出了原因事由所体现的价值，就有结果，反之则反。二是对"事出有因"型敲诈勒索罪的价值衡量，不能把握得过于严苛，可以借鉴正当防卫"明显超过"标准。只有索要财物金额"明显超过"原因事由价值的，才能够认为具有结果；没有明显超过、在合理的范围之内的，均应作无罪处理。三是对"明显超出""合理范围"的认定，应当对不同领域的问题不同对待，综合考虑维权成本、侵权成本、公众认同等因素，并从司法者内心确信的公平正义标准出发进行判断。

（1）消费者维权领域——引入"惩罚性赔偿"

以前述黄静敲诈勒索案为例，黄静购买问题笔记本电脑权利受损金额为 2 万元人民币，索要金额为 500 万美元，价值衡量是否得出有危害结果的结论？如果以《消费者权益保护法》的规定为解释依据，其权利基础只有双倍赔偿的 4 万元，其索要金额超出权利基础近 1 000 倍。笔者认为，应当引入"惩罚性赔偿"作为其权利基础的依据。"惩罚性赔偿"在民众中具有心理认同度。通过新闻对国外一些消费者天价索赔案件的报道，老百姓普遍知晓了"惩罚性赔偿"这种

---

① 徐光华：《从典型案件的"同案异判"看过度维权与敲诈勒索罪》，载《法学杂志》2013 年第 4 期。
② ［美］E. 博登海默：《法理学：法哲学与法律方法》，邓正来译，中国政法大学出版社 2004 年版，第 508 页。

事物，并且均赞同、羡慕，而对我国司法也抱有同样的希望。即使暂不具有民法实体法上的基础，但这种认识不能排除会影响到其对消费者维权和敲诈勒索的界分，影响到对本罪的违法性认识。除心理因素外，维权成本可以作为惩罚性赔偿的具体标准。消费者维权领域成本和收益不成正比，导致绝大多数消费者放弃索赔，反而助长了不良商家制造问题商品。假设对问题商品仅有千分之一的消费者选择维权，那么只要其获赔金额在一千倍以内，商家就有利可图，在改进商品和继续制造问题商品之间其就会选择后者。那么从司法的角度就应该进行引导，对一千倍以内的索赔应当支持、鼓励，在刑法上就更不应该对这种行为作为犯罪处理。

（2）严重侵权、犯罪领域——考虑间接损失、精神损害、惩罚等

这类型案件的共同点在于行为人被严重侵权或是犯罪的被害人，而被"敲诈勒索"人是侵权人或犯罪的人。众所周知，民法上的侵权损害赔偿包括对直接损失的赔偿和对间接损失、精神损害等的赔偿，所以在刑法中考虑价值衡量时，就应当在原因的价值中加入直接损失和间接、精神损害等；在涉及犯罪场合，刑法中也在损害赔偿之外设立了罚金刑，所以不能仅仅以损害赔偿金额为限来作为价值衡量的依据。具体而言，在捉奸索财类型案件中，婚姻、家庭关系遭受的破坏是难以用金钱量化的，直接损失不好计算，但我们可以参考离婚案件当中一方通奸、出轨对财产分割的影响，作为行为人的索赔依据。在现在的社会经济环境下，笔者认为对通奸者索要万元以下的"赔偿"均可以作无罪化处理，万元以上的可作不起诉、免予刑事处罚、缓刑等相对的轻缓化刑事处理。而在行为人被人身伤害、被盗窃财产等情形，法律不可能对这种行为以"恢复原状"为原则。否则，人人都会乐意去伤害他人，只要花钱治好就了事；人人都会不事生产而去行盗窃之事，因为被抓住只需要返还财物即可。之所以以犯罪对待这些行为，里面必然包含了惩罚性、预防性因素在内。所以在遭受这些违法甚至犯罪侵害之下的索赔行为，笔者认为即使超过受损金额数倍也在"合理范围"之内，是侵权、犯罪人应当容忍之付出。这也是在轻伤害类案件当中，行为人方希望与被害人达成谅解协议以求不羁押，被害人则以高额赔偿"要挟"行为人方，此是从来没有人认为被害人的行为构成敲诈勒索罪的实质原因（表面上的原因是认为被害人的行为具有"社会相当性"）。

（3）民事违约领域——考虑成本、适当宽泛

债权债务纠纷也是实践中引发敲诈勒索等财产性犯罪的重要原因。此类问题本来属于民法上意思自治的领域，刑法在此保持一定的"谦抑"是应有之义。"刑法的谦抑性，是指刑法应依据一定的规则控制处罚范围与处罚程度，即凡是适用其他法律足以抑止某种违法行为、足以保护合法权益时，就不要将其规定为

犯罪。"① 如前所述，在涉及债权债务纠纷领域，不管是涉及重罪绑架罪还是较轻的盗窃罪，刑法和司法解释的立场都是保守和谦抑的。在敲诈勒索罪的场合，应当进行同样的考虑。如果索要财物没有超出债权债务金额的，当然不构成犯罪；如果索要财物有超出的，也不能一律入罪，应当考虑的可扣除不作为犯罪金额的事项至少包括利息损失、维权成本、期待利益损失，等等。在考虑到这些种种因素并吸收行为人辩解的合理成分的基础上，对于此类案件中价值衡量的是否明显超过的标准也可适度放宽。

（二）"要挟" + "恐惧心理"的封闭

在具备结果要素的基础上，行为成为敲诈勒索罪构成要件中的第二个需要研究的要素。敲诈勒索罪行为方式之一的"要挟"是指以自由、名誉或财产等身体权利之外的恶害相通告，使被害人产生恐惧心理进而交付财物的行为。要挟行为使人产生恐惧心理进而交付财物的，构成要挟型的敲诈勒索罪。这里的要挟行为和使人产生恐惧心理涉及手段行为的下限，即要挟行为较为轻微，是否能够使人产生恐惧心理。如果"被害人"不可能产生恐惧心理，或者只是基于无奈、怜悯等情绪交付财物的，行为人的行为就可能不能成立刑法意义上的要挟。这种较为轻微的要挟在具体案件上主要体现在"碰瓷"案件以及上访索财案件中。

从理论上讲，构成要件应当起到的作用就在于明确犯罪的类型，限定犯罪的边界。但是显然，在此类案件中的有罪与无罪判决的交织显示出"要挟"作为构成要件要素在一定程度上失效了。笔者认为，原因在于"要挟"是一个开放的而非封闭的构成要件要素。与威胁相对比，威胁是以暴力相通告，而要挟是以暴力之外的方式相通告。这就类似于以危险方法危害公共安全罪中的"危险方法"——"以放火、爆炸等类似的其他方法"——终归是一个开放的类型。同样，敲诈勒索罪中的"以自由、名誉或财产等要挟"也起不到限定作用。这些恶害是列举式的，后面有个"等"字。例如以举报被害人违法犯罪相通告，当然也可能起到要挟的作用。这里我们可以看出能够起作用的是"类型"而非"概念"。不同类型的索要财物都被归纳于"要挟"类型当中。但是这种归纳之后，法官在适用法律时却可能忘却"初心"，忘却了概念所来自的生活中的典型类型，或者由于本身的阅历不够，没有足够的经验来比较典型类型与摆在其面前的现实案件，而径行由无本之木的"要挟"概念来判断是否构成犯罪。"概念没有类型是空的，类型没有概念是盲目的。"② 但是这种理解方式遇到边缘的类型，就会出现认定上的障碍。

要挟型敲诈勒索案构成要件封闭的关键点在于"恐惧心理"，必须将"恐惧

---

① 张明楷：《论刑法的谦抑》，载《法商研究》1995 年第 4 期。
② ［德］考夫曼：《法律哲学》，刘幸义等译，法律出版社 2004 年版，第 192 页。

心理"与"要挟"结合在一起来评价，才能得出较为封闭的结论。单纯就要挟的概念来讨论，永远得不出确定的结论。上述争议案件之所以争议，关键点在于法官多是从形式化、概念化的视角来看待"要挟"，没有以实质化的视角——被害人基于恐惧心理交付财物——来看问题。从表面上看，以"碰瓷"方式索要他人财物、以上访索要政府财物，当然都是要挟。但从实质上看，他人是否因恐惧心理向碰瓷者交付财物、政府是否因恐惧心理向上访人支付财物，都是存疑的。

有观点认为敲诈勒索罪中要挟行为的内涵不仅仅是恐惧心理，还包括"不情愿心理"。① 其认为在加入"不情愿心理"的内涵下，可以将碰瓷案件当事人非基于恐惧心理而交付财物的行为纳入本罪的打击范围。笔者认为，这样的理解会进一步扩大"要挟"要素的开放性，进一步扩大不合理的处罚范围，不具有妥当性。使人产生恐惧心理作为要挟行为的内涵是合适的。这类行为不应当以敲诈勒索罪认定。当然该行为也并非一律无罪，也可能涉及寻衅滋事罪、以危险方法危害公共安全罪等。

要挟能否"足以"使人产生恐惧心理是认定敲诈勒索行为的关键。如果行为本身不足以使人产生恐惧心理的，应当认为是手段不能犯，不属于敲诈勒索构成要件的行为，不构成本罪。如果足以使人产生恐惧心理，但是由于意志以外的原因未取得财物，应当认定为犯罪未遂。"足以"的判断既要站在当事人立场，又要站在社会一般人立场，但应当以社会一般人立场为基准。如果社会一般人看起来某行为是可以对人产生恐惧心理，那就可以认为是敲诈勒索行为，除非有反证。反证的情况在于：如果社会一般人认为足以产生恐惧心理，可以产生结果，但是对本案的当事人不足以产生的，在这种情况下，笔者认为可以构成犯罪，以未遂论。相反的情况，如果一个行为从社会一般人的角度看不可能对人产生恐惧心理，但是对具体案件的特殊当事人真的产生了，不宜作为犯罪处理。

在上访索财类案件中，笔者认为，无论其有无合理合法的权利基础，此类案件均应认为手段不能犯，不宜作为犯罪处理。理由一是政府法人不应当产生恐惧心理。并不是说任何法人团体都不能产生恐惧心理，比如上文所举黄静案，电脑公司产生恐惧心理是可以认定的。这里的法人之恐惧心理应当是一种拟制。但是政府的特殊地位要求其即使在面对暴恐袭击、绑架人质等情况下也不允许产生恐惧心理，更何况敲诈勒索？二是上访影响地方政府考核、影响政府官员仕途甚至乌纱是事实，但是这种实际情况不具有群众认可的"社会相当性"。也就是说，尽管事实上政府和官员特别"怕"老百姓上访，但这是不能公开说的，老百姓的一般感官是政府就应当依法办事。三是对接访人员的索要行为也难以认定具有心理强制作用。如果接访人员不给过节费、路费，上访人员就赖着不走，接访人

---

① 张勤勇：《敲诈勒索罪司法认定中的疑难问题研究》，山东大学，2014年硕士论文。

员完不成工作。这种情形下接访人员的心理状态一般只能认定为息事宁人、无可奈何，恐惧心理尚难以认定。四是政府实际支出的费用有名、有出处，该费用不应当被法律上认定为被敲诈勒索的结果。如果被认为是结果，尚存在政府及其官员不依法办事、滥用职权、玩忽职守等法律上的后遗症，所谓杀敌一千、自损八百。如果认为是敲诈勒索犯罪，政府的威信和公信力会扫地，长远来看得不偿失。

(三)"威胁"的封闭

威胁型的敲诈勒索案是以暴力相威胁，使被害人产生恐惧心理进而交付财物的行为。这里涉及的争议问题是敲诈勒索罪的上限——威胁型敲诈勒索罪与抢劫罪的界分。威胁内涵的"恐惧心理"与抢劫罪行为的内涵——使人不敢反抗——之间的区别。在争议案件中，行为人一般是当场对被害人实施一定的暴力或者以实施暴力相威胁，要求被害人交付财物。行为人构成犯罪无疑，但是构成抢劫罪还是敲诈勒索罪则存在争议。

前文已述，对此问题存在形式论和实质论之争。形式论认为只要符合"两个当场"就构成抢劫罪，不符合则构成敲诈勒索罪；而实质论认为暴力程度是否足以压制被害人反抗是关键，足以压制被害人反抗的是抢劫，不足以的是敲诈勒索。从认识论的角度看，实质论的观点无疑是正确的。例如行为人不持械、仅仅采取打耳光等轻微暴力方式、没有以更严重程度的暴力相威胁，索要被害人财物的，即使符合"两个当场"，也难以认为符合抢劫罪的构成要件。但是实质论的问题在于暴力程度是开放的评价要素，以之为标准难以得出确切的界限。

笔者认为，在威胁型敲诈勒索案件中，如果要以暴力程度或者被害人恐惧的程度是否达到不敢反抗的程度来区分抢劫罪和敲诈勒索罪，几乎不可能达致相对确定标准的目标。因而采取一定的形式化的标准是必要的。这种形式化的标准也是一种类型化思维的体现。所以笔者的结论是，应当以"两个当场"作为判断的基础，将实质化的判断作为修正；同时，应当将实质化的"暴力程度""恐惧心理的程度"以一定的外部条件加以客观化、固定化，防止抽象、主观的判断。具体而言，一是以当场暴力相威胁，当场取得财物的，一般应当认定为抢劫罪，除非暴力程度显著轻微，被害人能够反抗、逃跑、报警等，其意志没有由于行为人的暴力威胁受到不可抗拒的抑制的。二是以将来实施暴力相威胁，或者当场对行为人施加暴力，要求被害人将来给付财物的，一般应当认定为敲诈勒索罪，除非这种将来的威胁或将来的给付财物存在被害人不可能反抗的情形。三是暴力威胁的程度主要根据当事双方人员、力量对比、是否持械、打击力度、打击部位、持续时间等综合判定；在非当场情况下被害人不可能反抗的情况主要是其既不可能逃跑或者"跑得了和尚跑不了庙"、又不可能报警或采取其他反抗方式。对"非当场情况下被害人不可能反抗"笔者目前所能想象到的情形只有行为人方属于黑恶势力、在当地称霸一方、与警察等沆瀣一气，被害人知道不可能寻求到其他帮助。当然，现实生活总是丰富多彩的，列举式的类型不可能穷尽所有情形。"谁在起草法律时……可能完全预见全部的构成事实，它们藏身于无尽多变的生活海洋中，何曾有一次被全部冲上沙滩？"① 所以在抽象的原则之下确定相对客观、固定的规则并结合部分的列举，应当能够为司法实践提供最大限度的指导。

第二节　制售网络游戏外挂行为的刑法学分析

制售网络游戏外挂行为的刑法规制在理论与实践上均存在严重分歧。该行为具有严重的法益侵害性，应当以刑法进行规制。外挂属于非法出版物的认定存疑，且侵犯著作权前提存疑，因此不构成非法经营罪。外挂行为与免费软件模式下的著作权运营模式明显不同，不构成侵犯著作权罪。外挂行为由于属于自害行为，不构成侵入、非法控制计算机信息系统罪。外挂对服务器数据的删除、修改、增加是间接的，但是仍然可以被解释为第286条第二款之行为，当这种数据变化足够重大时，可以破坏计算机信息系统罪定罪处罚。

一、问题的提出

制售使用网络游戏外挂行为，是随着网络游戏的发展壮大而衍生出的现象。其中，玩家的个人使用网络游戏外挂的行为，不具有刑法意义上的较大的社会危害性，因此对其不作为犯罪处理在理论界和实务界均没有太大争议。然而，制作网络游戏外挂并销售给使用者谋利的行为如何规制、是否应当以刑法规制、应当以何罪名规制均存在争议。

笔者在所从事的司法实践中遇到如下案例②：犯罪嫌疑人李某自2006年开始编写针对《刀剑英雄onlion》网络游戏名为"irobot""小雨帮战""小雨练级"三个版本的游戏外挂程序，并通过发展代理的方式在网上出售，同时李某招聘犯罪嫌疑人刘某等人代理《刀剑英雄onlion》网络游戏外挂程序并销售。从2010年至2017年，李某累计获利约70万余元，刘某累计获利16万余元。经鉴定，李某制作的"irobot""小雨帮战""小雨练级"易语言源代码编译后的程序存在对《刀剑英雄》游戏客户端实施增加、修改的操作，对游戏的正常操作流程和正常运行方式造成了干扰。

对该案如何定性，形成了几种观点。第一种观点认为犯罪嫌疑人李某、刘某的行为构成破坏计算机信息系统罪。认为李某、刘某的行为对计算机信息系统功

---

① ［德］拉德布鲁赫：《法学导论》，米健、朱林译，中国大百科全书出版社1997年版，第106页。
② 该案例截至笔者撰写时仍然在诉讼过程中，因此不具实名。

能进行了删除、修改、增加、干扰,根据司法解释达到后果严重的标准。第二种观点认为构成提供侵入、非法控制计算机信息系统程序、工具罪。认为该游戏外挂避开原计算机信息系统安全保护措施,未经授权,通过替换、篡改原有程序的方式,实现干扰、控制原游戏程序的功能。第三种观点认为构成非法经营罪。认为该外挂程序属于破坏、修改他人享有著作权的互联网游戏作品的非法互联网出版物。第四种观点认为构成侵犯著作权罪。认为通过对原程序的复制使用属于侵犯著作权罪中的"复制发行"行为。第五种观点认为该行为没有较大的社会危害性,也不符合上述罪名的构成要件,不构成犯罪。

从中国裁判文书网上搜索相关判决,发现除了没有不构成犯罪的判例外,上述 4 种观点均有判例支持。其中,以非法经营罪进行判处的最多,达到 47 份,其次是《刑法》第 285 条规定的非法获取计算机信息系统数据、非法控制计算机信息系统罪、提供侵入、非法控制计算机信息系统程序、工具罪,达到 24 件,以侵犯著作权罪判处的 11 份,以破坏计算机信息系统罪判处的 7 份。[①]

从上述判例统计可以看出,制售网络游戏外挂行为的刑事司法处断已经成为极其混乱的一个领域,严重影响到了司法公信力。有必要对此问题进行深入研究,统一认定标准,对制售网络游戏外挂行为进行合法合理的处理。

二、各观点理由综述及评析

(一)关于是否应当以刑法规制的问题

我国《刑法》第 13 条规定:一切危害国家主权等危害社会的行为是犯罪,但情节显著轻微危害不大的,不认为是犯罪。学者们将其概括为实质的犯罪概念,以区别于形式的犯罪概念,并将"严重的社会危害性"认为是犯罪的本质特征。而在法益的概念逐渐引入我国以后,刑法学界逐渐出现以"法益侵害"取代"社会危害"的趋势。笔者下文均以法益侵害性代指社会危害性,将二者等同视之。

衡量一个行为是否应当入罪(特别是在立法论中),其是否具有严重的法益侵害性成为我们首先需要考虑的问题。与网络游戏外挂相关的行为是否应当受刑事处罚,首先要考虑其法益侵害性。或许形式解释论者会反对说首先应当考虑形式上是否该当构成要件,并且阶层论的犯罪构成理论也是从构成要件该当性入手。但是很简单的问题是我们先要对网络游戏外挂的制作销售和使用行为区别对待,如果先从形式上考虑,不管是破坏计算机信息系统罪还是侵犯著作权罪等,制作、销售、使用等行为都是一体的,要么都构成犯罪,要么都不构成。之所以(个人)使用网络游戏外挂的行为无争议的不构成犯罪,正是由于其对法益的侵

---

① http://wenshu.court.gov.cn,最后访问时间 2018 年 6 月 28 日。

害远小于制作、销售行为。因此要先将使用行为排除在外,首先从法益侵害性角度进行论述。

鉴于"外挂"等行为对国内网络游戏产业的侵害,2003年12月23日,新闻出版总署、信息产业部、国家工商行政管理总局、国家版权局、全国扫黄打非工作小组办公室联合下发的《关于开展对"私服""外挂"专项治理的通知》明确提出:"私服""外挂"违法行为属于非法互联网出版活动,应依法予以严厉打击。并且认为,外挂现象的出现,严重侵害了著作权人、出版机构以及游戏消费者的合法权益,扰乱了互联网游戏出版经营的正常秩序,给国家、企业和消费者造成了巨大经济损失,在社会上产生恶劣影响。

有学者总结了制售网络游戏外挂行为的法益侵害性表现在三方面:一是对合法游戏运营商的损害,二是对游戏产业的损害,三是对游戏玩家的利益损害。① 还有学者归纳为:一是从著作权人、运营商和消费者的角度看,外挂会导致服务器核心数据损坏或丢失、增加运行成本、破坏游戏平衡性导致用户流失,二是从国家信息产业的长远发展看,外挂会增加产业发展成本。② 还有认为一是外挂严重干扰了网络虚拟社会的正常秩序,制约了网络经济的发展;二是外挂引诱用户破坏规则和秩序;三是内容得不到任何审批和保证,很多外挂制作者在外挂软件中安装木马等病毒程序,专门盗取用户的计算机信息资料。③ 而认为不具有较大法益侵害性、不应当以刑法进行规制的观点其实并不否认上述分析,但是认为这种法益侵害性没有达到应当由刑法来规制的程度,从刑法谦抑性的角度出发,宜由民事或行政手段来调整。

笔者认为,上述对制售网络游戏外挂行为的法益侵害性的分析较为客观,现实存在,具有刑法介入的必要性。需要注意的是,这种法益侵害必须体现在行为对整体的网络游戏运营系统产生了重大影响,会导致整个体系的损害,才能达到刑法所要求的严重程度。因此,规模化的、影响大的制作、销售网络游戏外挂的行为可以以刑法进行规制,而个别化的、使用范围有限的使用行为,一般不应以犯罪论处。

(二) 关于非法经营罪

从上述判例情况可以看出,对制售网络游戏外挂行为以非法经营罪进行判处的最多。众所周知,对于某一具体类型的行为能否构成非法经营罪一般要以行政法规或司法解释明确规定,而制售网络游戏外挂行为并无相应文件明确规定。其

---

① 于志刚、陈强:《关于网络游戏中"外挂"行为的刑法思考》,载《山东警察学院学报》2009年第1期。
② 于同志:《网络游戏"外挂"的认定与处罚》,载《政法论丛》2008年第6期。
③ 龚红卫、蔡文霞:《网络游戏外挂现象的法律分析》,载《广西政法管理干部学院学报》2009年第6期。

依据主要来源于上文所引到的五部门《通知》中将外挂行为规定为"非法互联网出版活动",而《最高人民法院关于审理非法出版物刑事案件具体应用法律若干问题的解释》规定对非法出版物可以非法经营罪定罪处罚。

而反对者则提出了以下理由：一是网络出版物不同于内容上有问题的出版物；二是制售网络游戏外挂行为未严重扰乱市场秩序；三是外挂与私服相比，法益侵害性远小于后者，而对后者适用轻罪侵犯著作权罪而对前者适用重罪非法经营罪明显失衡；四是"两高一部"《关于办理侵犯知识产权刑事案件适用法律若干问题的意见》明确规定：非法出版、复制、发行他人作品，侵犯著作权构成犯罪的，按照侵犯著作权罪定罪处罚，不认为非法经营罪等其他犯罪。①

笔者认为，制售网络游戏外挂行为不应以非法经营罪定罪处罚，但理由不完全同于上述观点。首先，网络游戏外挂是否属于非法出版物存疑。非法出版物是建立在合法出版物的基础上，认为网络游戏外挂属于非法出版物的观点（包括五部门的《通知》）是建立在认为网络游戏外挂是侵犯原网络游戏程序著作权的基础上的，而这一点笔者认为并不成立，下文将进行论述。在不涉著作权的前提下，网络游戏外挂与其他自行开发、在网络上流传的程序并无不同，并不需要行政审批，不存在非法出版的问题。其次，制售网络游戏外挂行为未必不能严重扰乱市场秩序。一个大型网络游戏足以形成一个市场，这一市场甚至比很多实体经济领域的市场还要大，对网络游戏经营秩序的扰乱可以达到严重扰乱市场秩序的程度。再次，赞同上述对外挂和私服处理失衡的理由。综上所述，虽然制售网络游戏外挂行为可能严重扰乱市场秩序，但是网络游戏外挂不属于非法出版物，不能以非法经营罪定罪处罚。

（三）关于侵犯著作权罪

认为制售网络游戏外挂行为构成侵犯著作权罪的学者主要持以下观点。一是外挂复制了网络游戏程序的源代码中的部分内容，是以原程序为基础，这种复制符合侵犯著作权罪中构成要件中的"复制"。二是外挂未经著作权人许可，破译和擅自使用了网络游戏的通信协议。② 三是外挂通过复制游戏数据加密算法、数据处理逻辑、提取数据等方式在外挂中使用，符合侵犯著作权罪中"复制"行为，而销售行为符合"发行"行为。③

而反对的观点则认为，外挂对网络游戏影响的实现一般有两种情况。第一，通过对硬盘、内存之中的网络游戏客户端程序、数据进行修改或者对服务器端与客户端间的网络数据包拦截、修改来完成。第二，还有一些外挂基本不修改网络

---

① 喻海松：《网络犯罪二十讲》，法律出版社2018年版，第194-195页。
② 喻海松：《网络犯罪二十讲》，法律出版社2018年版，第197页。
③ 于志刚、陈强：《关于网络游戏中"外挂"行为的刑法思考》，载《山东警察学院学报》2009年第1期。

游戏的程序指令、数据，而是挂接到网络游戏环境中运行。不管外挂技术上的实现形式如何，外挂行为侵害的是网络游戏著作权人的权利，具体地讲，侵害的是修改权。① 还有观点认为，制售网络游戏外挂行为是对网络游戏外挂程序的开发、复制、发行，而不是对原作品的复制、发行。

笔者认为，判断一个行为是否构成某罪，除了从文字上理解条款意思，必须结合其规范保护目的来解释。就侵犯著作权罪来讲，其规范保护目的是保护作品著作权及其所体现的经济价值。就计算机软件的发展历史来看，经历了从付费软件到免费软件的变化。过去的计算机软件一般为付费软件，如果行为人将他人享有著作权的付费软件私自提供给他人并收费且达到数额情节标准的，当然构成侵犯著作权罪。但是当某些计算机软件变为免费软件之后，免费软件的营利模式和相应的侵权模式也会发生相应的变化。以网络游戏软件为例，软件本身的下载使用均为免费，著作权人的营利模式是通过用户的注册、使用过程中进行收费，而架设私服行为的侵犯著作权的本质之处不在于复制同样的网络游戏软件供他人下载使用，而在于其取代了著作权人来收取本应由著作权人收取的使用者在使用过程中所产生的费用。但是制售外挂行为与此明显不同，即使行为人在制作外挂过程中复制了网络游戏软件的某些程序、数据，但是并未改变游戏本身的营利模式，游戏仍然在著作权人的控制之下进行运行和营利。因此，制售网络游戏外挂行为即使有复制发行行为，这种复制发行行为与免费软件的著作权运营模式下的侵权方式不同，没有侵犯作品著作权及其所体现的经济价值，不应当构成侵犯著作权罪。

（四）关于侵入、非法控制计算机信息系统罪，提供侵入、非法控制计算机信息系统程序、工具罪

司法实践中以本罪判处的案例不少，但是判决书并未深入分析构成本罪的理由，理论研究文章中也基本没有针对是否构成本罪的分析研究，而是一般将其与破坏计算机信息系统罪合并在一起分析是否构成。理论上不加区分的可能思路是认为此罪与破坏计算机信息系统罪是程度高低的区别——破坏罪是程度较高的计算机类犯罪，而侵入、非法控制罪是在危害程度达不到"破坏"时的低一级罪名。因此，司法实践中以此罪判决的思路应该是：此类行为涉及的是危害计算机信息系统安全的犯罪，但是由于其危害程度达不到破坏罪的严重程度，因而以本罪判处。

但笔者以为，外挂行为在适用本罪与破坏计算机信息系统罪方面是完全不同的考虑路径。其一，外挂在运行过程中，当然会对某些程序进行侵入和控制，但是需要注意的是，这种侵入和控制不是针对游戏运营商的服务器，而是针对每一

---

① 詹毅：《网络游戏外挂行为的法理分析》，载《法治论丛》2007年第1期。

个具体使用者的客户端程序。而每一个客户端是否使用、如何使用本就是由使用者自己决定的事情。自己决定让自己的客户端程序被外挂程序侵入和控制，属于刑法意义上的自害行为或者被害人承诺的行为，因此阻却其刑事违法性。其二，即使认为外挂程序构成侵入、控制，但这种侵入、控制由于其个别化和自主决定化，在法益侵害性上也达不到刑法要求的严重程度。因此，制售网络游戏外挂行为不构成侵入、非法控制计算机信息系统罪，提供侵入、非法控制计算机信息系统程序、工具罪。

三、破坏计算机信息系统罪之证成

（一）破坏计算机信息系统罪构成要件分析

破坏计算机信息系统罪之构成要件由《刑法》第 286 条规定，分为三类：一是违反国家规定，对计算机信息系统功能进行删除、修改、增加、干扰，造成计算机信息系统不能正常运行，后果严重的；二是违反国家规定，对计算机信息系统中存储、处理或者传输的数据和应用程序进行删除、修改、增加的操作，后果严重的；三是故意制作、传播计算机病毒等破坏性程序，影响计算机系统正常运行，后果严重的行为。

对于三种行为共同要件"后果严重"，司法解释有相应的规定，但三者有一处明显的区别在于：第一、三种构成要件中要求有"造成计算机信息系统不能正常运行"和"影响计算机系统正常运行"，而第二种则没有相应要求。因此造成对第二种构成要件的理解存在较大争议。有学者认为，正是由于第二种构成要件类型中对数据和应用程序的删除、修改、增加行为没有要求是否危及计算机信息系统功能的正常运行和安全状态，导致破坏计算机信息系统罪有成为司法中新"口袋罪"的趋势。① 有学者分析了司法实践案例，发现"盗用用户名和密码进入公安机关网络系统，消除、变更交通违章信息或私增户口信息""修改、变更计算机数据直接致使他人受损（如对电信公司、电力公司、订票网站、股票网站、游戏网站等计算机信息系统的数据进行修改致其损失）"等行为均被以破坏计算机信息系统罪立案、起诉或判决。②

笔者认为，学者对第二种构成要件类型的质疑是有道理的，对上述案件以破坏计算机信息系统罪处理也是存有疑问的。理由一是对法律条文的解释必须参考规范保护目的，不能仅限于文字表述。"只有目的论的解释方法直接追求所有解释之本来目的，一寻找出目的观点和价值观点，从中最终得出有约束力的重要的

---

① 于志刚：《口袋罪的时代变迁、当前乱象与消减思路》，载《法学家》2013 年第 3 期。
② 俞小海：《信息网络视野下计算机信息安全刑事保护的精确性与科学性》，载《尊重司法规律与刑事法律适用研究（下）——全国法院第 27 届学术讨论会获奖论文集》，2016 年，第 924 页。

法律意思，从根本上讲，其他的解释方法只不过是人们接近法律意思的特殊途径。"① 由于本罪所保护的法益为计算机信息系统的安全和稳定，所以不管哪种构成要件类型的行为——包括未明示的第二款行为，均应当对其进行"是否影响了计算机信息系统的安全和稳定"的违法性审视。二是立法者之所以对于第二种构成要件行为没有规定"影响计算机信息系统正常运行"内容，并非立法疏漏，而是由于在自然意义上，对非计算机信息系统运行本身必须的数据和应用程序的删改，本就不可能使整个计算机信息系统崩溃或者造成本质影响，因此如果规定此要件，反而会使该条款想打击的行为类型反而无法适用。因此，立法者只能以笼统的"后果严重"来指代其法益侵害性。但是司法解释在制定时没有注意到这一区分，对 286 条第一、二款采取相同的解释标准，导致司法适用时出现一定问题。因此，笔者认为，对第二种构成要件类型的对数据和应用程序的删改行为，必须达到这种删改是大规模的、影响整个数据体系的完整性、准确性，造成整个系统的数据体系紊乱的程度，才应当符合本构成要件类型所应当达到的严重的法益侵害的程度。以此进行检视，上述对公安机关网络系统中的个别数据的删改等行为，不应当以破坏计算机信息系统罪定罪处罚。

（二）外挂之性质分析

学界对外挂的定义为：故意编制的、以对网络游戏或者包含网络游戏在内的一系列程序直接或者间接影响的、并非网络游戏本身客户端程序的程序。② 而外挂根据不同的研究目的有不同的分类，比如善意外挂、恶意外挂，作弊类、辅助操作类、机器人类等。而法学学者出于正确适用法律的目的出发对此有不同的分类。如有法学学者将外挂分为挂机类外挂和作弊类外挂，认为挂机类外挂仅提供辅助功能，不宜打击，而作弊类外挂影响游戏环境公平性，应予打击。还有的学者将是否侵入服务器作为区分，认为行为人仅是利用游戏服务器判别数据的缺陷，未对原游戏程序做修改或复制，也没有侵入游戏服务器，不存在修改的问题，因此不构成破坏计算机信息系统罪，而侵入服务器的外挂则存在破坏计算机信息系统罪的问题。③

笔者认为，如果网络游戏外挂可以直接侵入服务器端的计算机信息系统，直接修改其程序、数据等，直接影响网络游戏的计算机信息系统，当然构成犯罪无疑，存在争议和值得探讨的只是不侵入服务器，而只是作用于客户端、对客户端程序进行修改或改变客户端与服务器端往来数据的网络游戏外挂。实践当中的外挂绝大多数都为不影响服务器、只影响客户端的外挂。但笔者认为，此类外挂并

---

① [德] 汉斯·海因里希·耶赛克、托马斯·魏根特：《德国刑法教科书》，徐久生译，中国法制出版社 2001 年版，第 193 页。
② 寿步等：《外挂程序的定义特征和分类》，载《电子知识产权》2005 年第 8 期。
③ 刘守芬、申柳华：《网络犯罪新问题刑事法规制与适用研究》，载《中国刑事法杂志》2007 年第 3 期。

非真正的不影响服务器，而是这种影响是间接的，是通过影响客户端及其操作者而最终影响到服务器。因此，笔者将此类外挂定义为"间接影响类外挂"。包括本文开头所举案例在内的很多作弊类外挂、挂机类外挂均属于此类。这些外挂的共同特点是不直接作用于服务器的程序或数据，而其所起的作用会对最终从客户端传输回服务器的数据进行间接影响。当然，作弊类外挂和挂机类外挂的实际起作用的原理不同。作弊类外挂一般是将服务器端传输给客户端的数据进行解密、修改等，将比如本来是秘密的其他对战者的位置等让使用者知悉，从而对其作战起到帮助作用。而挂机类外挂一般是在客户端设置模拟鼠标、键盘等操作模式，让游戏可以实现自动打怪、补血、捡拾物品等功能。而这类外挂都会间接影响服务器数据——改变胜负关系，使本应公平正常的胜率变得异常；或者改变虚拟物品、虚拟财物的多寡。

上述"间接影响类外挂"能否构成侵犯计算机信息系统罪，有两个问题需要解决。一是这类外挂对服务器数据的间接影响的方式是否该当本罪的构成要件行为，二是其影响的严重性是否达到本文前文所论证的"大规模的、影响整个数据体系的完整性、准确性，造成整个系统的数据体系紊乱的程度"从而达到构罪标准。

1. 关于行为模式

间接影响服务器数据的方式确实与标准的"删除、修改、增加"数据方式不一致。标准的行为方式是以黑客或者病毒等技术手段，直接将重要数据删除、修改、增加。例如，采取黑客手段侵入网络游戏服务器中大规模删除数据，让程序无法运行或者大规模的游戏者的物品消失、损毁等。虽然我们的惯性思维模式认为黑客手段或技术手段直接篡改数据才是正确的行为模式，但是由于事物的发展性、犯罪手段的翻新性，这种惯性思维并非永远正确和一成不变。由于刑法条文规定的原则性，给了我们解释条文的空间。"人类立法者根本不可能有关于未来可能产生的各种情况的所有结合方式的知识。这种预测未来能力的缺乏又引起关于目的的相对模糊性。"[①]

笔者根据目前的网络空间发展现状，将网络中广大数据（也即大数据）的形成及变化方式分为四种模式，一是直接技术方式，如黑客手段；二是人工方式，人的每一次点击、每一次发帖、回复、购物、付款等，均会造成计算机系统中数据的变化；三是集团式的人工方式，包括雇用网络水军恶意刷数据、超量访问导致系统缓慢乃至崩溃等行为；四是间接技术方式，典型的如本案所讨论的外挂。

---

① ［英］哈特：《法律的概念》，张文显等译，中国大百科全书出版社1996年版，第128页。

从导致数据①变化的因果关系上看，直接技术方式为直接导致数据变化，其余三种均为间接导致。直接方式直接作用于服务器，而间接方式直接作用于客户端；前者直接更改整体数据，后者只改变客户端的个别化数据，最后汇总到服务器之后引起整体数据的改变。从行为方式与《刑法》第 286 条构成要件的相当性上看，技术方式与人工方式又有本质不同。技术方式是在计算机信息系统话语体系之内的行为方式，而人工方式是在非计算机信息系统话语体系的行为方式。这两者的差别类似于窃电手段和盗窃普通物品的手段之间的差别，一种是采取更改电表等手段而另一种是物理占有。以上两种差异对于我们考虑这几种行为是否构成破坏计算机信息系统罪至关重要。

这四种方式是否一律构成侵犯计算机信息系统罪呢？需要具体分析。上面我分析的行为的两个特点：因果关系的直接性或间接性、相当性的技术方式或人工方式至关重要。直接导致结果的行为和技术行为倾向于入罪，也即上文四种行为模式中的直接技术方式。而间接导致结果的行为和人工行为倾向于出罪，也即人工方式和集团式的人工方式。虽然集团式的人工方式在某种程度上能够达到侵犯计算机信息系统罪的法益侵害程度，比如召集多人在同一时间访问某网页导致服务器近乎崩溃的情形。但是这种行为方式中的上网、访问等方式是合法行为，即使利用了计算机系统承载能力有限的弱点，也很难将其理解为破坏计算机信息系统的行为。否则的话我们会在解释的路上走得太远，达到类推的边界。

上述结论从常理的角度验证也是正确的：直接技术方式就是典型的本罪行为方式，而人工方式如果有入罪可能性的话将会人人自危，因为我们的任何一个上网行为均会导致数据变化，有涉嫌犯罪的可能性。

而最具争议的行为模式则是间接技术方式，即外挂的行为模式。从因果性上看其间接性倾向于出罪，而相当性上的技术性又倾向于入罪。其具有破坏计算机信息系统行为的技术性的特点，但是又不是直接删改计算机信息系统中的数据，而是通过技术手段所引发的一些变化后再间接导致系统数据的变化。笔者认为，间接技术行为应当被认为是有资格成立破坏计算机信息系统罪的行为，但是要对不同行为进行个别、实质审查，慎重对待处理。有资格的理由在于笔者所言的两个行为特点：因果性和相当性均为倾向性的而非必然性的。法条并未明确规定行为必须直接破坏程序或数据，也未明确规定行为必须是技术性手段。例如我们设想一种人工手段：采取刀砍斧劈方式毁掉一块硬盘及其中保存的极为重要的数据，硬盘本身价值可能达不到故意毁坏财物罪的起刑点，这就需要考虑适用破坏计算机信息系统罪了。所以说，人工方式也不是必然不能构成本罪，只是情形较为罕见而已。同理，间接导致数据变化的技术方式就不是绝对不可能构成犯罪

---

① 笔者讨论的与《刑法》第 286 条相关的包括此处在内所言"数据"，均是指网络服务器中所存储的、与整个系统相关的数据，而非客户端的个人数据。

了。制售网络游戏外挂的行为，由于其行为会导致使用外挂者最终汇集到服务器的数据变化，具有成立本罪的基础。

2. 关于法益侵害程度

根据前文所述，外挂行为所导致的数据变化应当是重要且重大的。这就要求我们要对外挂使用的规模和影响进行评估，以及对外挂所导致的不公平性进行评估。从证据的角度，很难以证明现实的数据和应然的数据之间的差别，从而直接证明计算机信息系统受影响的程度，因此只能用宏观的、常规的证据加上推定等方式加以证明。例如关于外挂造成的影响，我们可以考虑其造成虚拟世界"货币秩序""经济秩序"等的异常变化、制售者的不法获利、游戏因外挂泛滥而玩家流失导致衰落等方式；而外挂所导致的不公平性可以用外挂的"善意"或"恶意"的程度、运营商等对外挂的容忍程度等来考量，如在对战类游戏中"开挂"让输赢颠倒是恶意外挂，而有的善意外挂甚至是对游戏缺陷的有意补充，得到游戏运营商的默认。所以，使用范围较为广泛、影响整个网络游戏运营、严重影响游戏的公平性的恶意外挂，是具有较为严重的法益侵害性的值得科处刑罚的对象。

四、结论

制售网络游戏外挂的行为既具有计算机网络时代的特点，又具有传统行为的特点；既具有目的的传统经营性，又具有手段的现代技术性；既具有技术性手段的基础，又在对计算机信息系统数据（服务器数据）的影响上具有类人工性。这种复杂性导致了对该行为刑法规制上的疑难。笔者认为，对此类行为的规制，既可以从目的方面考虑传统的侵犯著作权罪、非法经营罪，也可以考虑手段方面的计算机类犯罪，二者并非非此即彼的，而是可以形成竞合关系。然而，侵犯著作权罪、非法经营罪本身存在构成方面的问题，应当选择破坏计算机信息系统罪。适用本罪时，应当着眼于外挂对服务器数据的大规模的删除、修改、增加而不是对个别客户端。虽然外挂对服务器数据的影响是间接的，但通过对本罪构成要件的合理解释，仍然能够将此类行为囊括在内。对影响重大的制售网络游戏外挂的行为，可以破坏计算机信息系统罪定罪处罚。